中经"精品课程"系列
中经新文科·物流专业系列规划教材

智慧配送管理实务

主　编：胡晓娜　兰振东　李　平
副主编：胡明洋　俞　芬　马秀丽
　　　　宋　林　范兴兵　李会聪

中国经济出版社　　中国石化出版社
·北京·

图书在版编目（CIP）数据

智慧配送管理实务 / 胡晓娜，兰振东，李平主编．
北京：中国经济出版社：中国石化出版社，2025.8.
ISBN 978-7-5136-8276-3

Ⅰ．F252.14-39

中国国家版本馆 CIP 数据核字第 20254DU118 号

选题策划　雷　生
责任编辑　彭　欣
责任印制　李　伟
封面设计　任燕飞

出版发行	中国经济出版社
印 刷 者	北京科信印刷有限公司
经 销 者	各地新华书店
开　　本	889mm×1194mm　1/16
印　　张	18.5
字　　数	470 千字
版　　次	2025 年 8 月第 1 版
印　　次	2025 年 8 月第 1 次
定　　价	55.00 元

广告经营许可证　京西工商广字第 8179 号

中国经济出版社　网址 http://epc.sinopec.com/epc/　社址 北京市东城区安定门外大街 58 号　邮编 100011
本版图书如存在印装质量问题，请与本社销售中心联系调换（联系电话：010-57512564）

版权所有　盗版必究（举报电话：010-57512600）
国家版权局反盗版举报中心（举报电话：12390）　　服务热线：010-57512564

PREFACE 前言

在数字经济与产业融合的浪潮下，智慧配送已成为现代物流体系转型升级的核心驱动力。配送管理的高效性、智能化和前瞻性直接影响企业供应链竞争力，而数字化技术的深度应用更是对从业者的知识结构与实践能力提出了全新要求。作为培养技术技能型人才的高职院校，亟须一本紧贴行业前沿、融合"岗课赛证"育人理念的教材，助力学生掌握智慧配送的核心技能，适应产业变革需求。

《智慧配送管理实务》以"五维一体"教学体系为框架，系统解构智慧配送全流程。教材编写团队由高校教师团队与行业企业专家共同组成，结合全国职业院校技能大赛规程、物流服务师国家职业标准及头部电商企业岗位能力模型，将教学内容划分为五大进阶模块：配送认知篇夯实理论根基；基础实操篇强化标准化作业；管理进阶篇赋能决策思维；技能竞赛篇对标职业竞技；电商企业实战篇接轨新兴业态。通过动态调度算法、智能装备应用等场景设计，构建"学—训—赛—创"一体化培养路径。

本教材的特色创新体现在三个方面：其一，"岗课赛证"深度融通，将电商物流企业真实岗位任务（如冷链宅配规划、无人机巡检运维）转化为教学项目，同步嵌入全国技能大赛赛题与物流师职业认证考点，实现能力培养与行业需求无缝对接；其二，技术赋能教学闭环，依托智能配送机器人等数字化工具，配套动态评价系统实时追踪学习轨迹，形成"任务驱动—实操演练—数据反馈—能力认证"的智慧教学模式；其三，产教融合实战赋能，引入社区团购网格化配送、跨境保税仓"次日达"等多个企业真实案例，开发可拆解的工单式实训包，助力学生在新零售、跨境电商等风口领域快速形成职业迁移能力。

本教材由湖州职业技术学院胡晓娜、浙大宁波理工学院兰振东、宜宾学院李平主编，胡明洋、俞芬、马秀丽、宋林、范兴兵、李会聪共同编撰。在编写过程中，参考了国内外智慧物流领域的最新研究成果，并获物流管理与工程类专业教学相关专家的悉心指导，在此一并致谢。

智慧配送的革新速度远超传统教材更新周期，尽管编写团队力求融入2025年行业最新动态，但仍可能存在局部前瞻性不足的问题。我们诚挚期待广大教师、学生及企业使用者提出宝贵建议，共同推进职业教育教材的敏捷化迭代。

愿本教材成为高职学子打开智慧物流世界的钥匙，助力其在"互联网＋物流"的星辰大海中破浪前行！

编者

2025 年 3 月

CONTENTS 目录

项目一 配送认知篇 ... 001

任务一 配送概述 ... 001
任务二 配送中心概述 ... 009
任务三 配送中心的发展 ... 022

项目二 基础实操篇 ... 029

任务一 配送模式选择 ... 029
任务二 进货作业 ... 035
任务三 储存作业 ... 044
任务四 订单处理作业 ... 060
任务五 拣货作业 ... 077
任务六 补货作业 ... 090
任务七 配送作业 ... 094
任务八 退货作业 ... 116

项目三 管理进阶篇 ... 128

任务一 物动量 ABC 分类 ... 128
任务二 库存控制 ... 142
任务三 配送调度安排 ... 152
任务四 配送中心选址 ... 162
任务五 订单 EIQ 分析 ... 180
任务六 配送绩效管理 ... 188

项目四　技能竞赛篇　　199

任务一　某年职业院校技能大赛智慧物流作业方案设计与
　　　　实施赛项样题 199

任务二　某年职业院校技能大赛智慧物流作业方案设计与
　　　　实施赛项样题 215

任务三　某年全国职业院校技能大赛智慧物流作业方案设计
　　　　与实施赛项样题 229

任务四　某年全国职业院校技能大赛智慧物流作业方案设计
　　　　与实施赛项样题 245

项目五　电商企业实战篇　　263

任务一　生鲜电商物流配送 263

任务二　跨境电子商务物流配送 273

任务三　电商仓配一体化物流配送 283

参考文献 288

项目一
配送认知篇

任务一　配送概述

学习目标

知识目标

1. 掌握配送的概念。
2. 熟悉配送的分类。
3. 掌握配送的模式。
4. 了解配送的功能要素和作用。

技能目标

1. 能够识别不同的配送类型。
2. 能够根据实际选择合适的配送模式。
3. 能够掌握配送对降低库存成本的作用。

素养目标

1. 培养诚信负责、吃苦耐劳精神。
2. 增强专业认同感，践行节约理念。
3. 培养服务意识与沟通素养。

引导案例

唯品会物流配送中心

唯品会旗下网站于 2008 年 12 月 8 日上线，2012 年 3 月 23 日在美国纽交所上市。唯品会成为继阿里巴巴、京东后的第三大电商平台，在中国开创了"名牌折扣＋限时抢购＋正品保障"的创新电商模式，并持续深化为"精选品牌＋深度折扣＋限时抢购"的正品特卖模式。这一模式被形象地誉为"线上奥特莱斯"。截至 2022 年第三季度，唯品会已连续 40 个季度保持盈利，创造了电商行业的奇迹。

唯品会的持续快速发展离不开两大优势：一是区别于其他电商平台的特卖模式，其特卖模式在中国特卖市场占比达到 38.1%，处于中国特卖第一的位置；二是唯品会物流的优势，唯品会凭借其强大的自建物流体系，保障客户订单的配送时效，持续提升客户体验，多年来在电商市场上始终占据有利竞争地位。

唯品会在全国拥有七大区域配送中心和五大海淘仓，全国仓储面积超过 300 万平方米。在唯品会的七大区域配送中心，到处可见先进的自动化物流设备，如自动输送系统、Miniload 集货系统、商品分拣系统、包裹分拣系统、蜂巢式电商 4.0 系统、智能 AGV 搬运机器人等。唯品会配送中心的自动化已涵盖商品库存管理、商品分拣、包裹分拣等各个作业环节，并实现全面信息化管理。这些物流自动化设备的引入极大地提高了配送中心的运作效率和作业准确率。七大区域配送中心的日均出仓单量高达 90 万单，高峰时期日出仓单量可达 240 万单。与此同时，唯品会各区域配送中心的自动化设备仍在不断升级，成为行业内各企业争相学习的对象。

启发与思考

1. 什么是配送？
2. 自动化设备对配送中心来说有什么意义？
3. 为什么唯品会的物流配送中心对其来说是一种优势？

1.1.1 配送的概念

1. 配送的定义

配送是指根据客户的要求，对物品进行分类、拣选、集货、包装、组配等作业，并按时送达指定地点的物流活动［参见《中华人民共和国国家标准物流术语》（GB/T 18354—2021）］。

配送是从送货、发货等工作中逐渐发展而来的，现代物流中所提到的配送已远远超出以前送货的范围。配送是现代物流业的一种特殊的、综合的活动形式，包含了存储、加工、包装、分割、组配、运输、装卸搬运、信息处理等，是现代物流的一个缩影，几乎涵盖了物流的所有功能要素。

2. 配送概念的理解

关于配送的概念可以从以下几个方面进行理解：

(1) 配送的用户导向性

配送是以用户需求为出发点,用户在此过程中起主导作用。配送是根据用户利益和要求开展的一种活动。因此,配送企业需要具有服务意识,需要从用户角度出发,在满足用户利益的基础上取得配送企业的利益。

(2) 配送的综合性

配送是"配"和"送"的有机结合,配送作业包含了物流活动中的多个功能要素,如存储、加工、包装、分割、组配、运输、装卸搬运、信息处理等。在配送前,一般会对商品进行分拣、配货等理货作业,使得送货达到一定的规模,并通过规模优势实现送货成本的降低。

(3) 配送的准时性

配送的定义中强调"按时送达",这就要求配送企业需在双方约定的时间范围内将物品送达。在物流活动中,用户对准时性的要求越来越高,配送企业能否准时将物品送达用户手中,将直接影响用户体验。

(4) 配送的准点性

这里的准点主要是指地点上的准确,配送企业需要根据用户的要求,把物品配送到指定地点。根据用户需求将物品送至指定地点,才能更好地为客户生产或销售提供便利,从而在一定程度上帮助用户节约物流成本。

3. 配送与送货的区别(拓展知识)

配送的实质是送货,但是配送与传统意义的一般送货有所不同,两者的区别如表 1-1-1 所示。

表 1-1-1 配送与送货的区别

对比角度	送货活动	配送活动
发展来源	是生产企业和商业企业的一种推销手段,通过送货达到多销售产品的目的	社会化大生产高度专业化分工的产物,是商品流通社会化的发展趋势
满足用户需求的程度	送货只能满足用户的部分需求	配送是以满足用户需求为目标,满足用户对时间、地点和送货物品的需求
专职程度	送货通常是送货单位的附带工作,送货单位的主要业务并非送货	配送是配送部门的专职,往往是专门提供配送服务的配送中心
工作效率	送货往往是一次向一个地方运送,缺乏科学的规划和配载	充分利用运力,考虑车辆的货物配载。重视运输路线优化,强调距离最短,并且一辆货车向多处送货
设备设施	送货设备设施往往比较简单	全过程有现代化物流技术和设备的保障,极大地保障了送货的规模、质量、效率和速度等

1.1.2 配送的分类

1. 按配送主体不同分类

(1) 配送中心配送

配送中心往往配备有专业的配送设施设备、配送团队和配送流程,能够为客户提供专业的配送服务。配送中心配送覆盖面广,配送的品种多、数量大,配送能力强,具有稳定的客户关系,能够承担企业主要物资的配送、门店的补充性配送等。得益于配送中心的规模化运作及规范化管理,配送中心配送具有配送效率高、成本低的优势，也是配送的最主要形式之一。但是，由于配送中心的建设投入大，一旦建成后就很难进行调整，因此具有投资高、灵活性差等局限性。

（2）仓库配送

仓库配送是以普通仓库作为物流节点的配送形式。它是在保持普通仓库的存储功能的前提下再增加一部分配送的功能，是将普通仓库改造成配送中心，实现配送中心的功能。仓库配送具有建设成本低、方便灵活等优势，可供中等配送规模选择。但是，由于此类配送中心不是按照专门的配送中心规划和设计的，其专业化程度低、配送规模较小。

（3）商店配送

商店配送是以商家或其他流通企业门店为组织者的配送形式。这些商家和流通企业门店的主营业务是零售，一般规模较小，但是品种齐全，能够根据客户的需求，将商店经营的品种配齐，同时代客户外购一些本商店没有的商品，然后将客户全部需求的商品一起配送给客户。商店配送模式是配送中心配送的辅助和补充形式，也是电商配送实践的一个重点发展方向。商店配送模式能够灵活满足客户需求，可以进行随机配送，但是由于其组织者能力有限，配送数量小。

（4）生产企业配送

生产企业配送是生产企业组织的一种配送形式。对于生产多品种产品的企业来说，由企业自身通过自己的配送系统进行配送，不需要将产品送往配送中心，减少了物流中转，对于不适合中转的产品如化工类、建材类，以及地域性较强的食品等具有优势。但是，该配送形式配送品种单一，无法像配送中心一样通过凑整运输来获得优势。

2. 按配送商品品类和数量不同分类

（1）少（单）品种、大批量配送

少（单）品种、大批量配送指的是客户对货物的需求量大，但需求品种少的配送。该配送形式常应用于规模较大的工业企业，单独一个品种或者几个品种就能达到较大运输量，实现整车运输，不需要与其他商品进行搭配。

（2）多品种、小批量配送

多品种、小批量配送指的是客户对货物的需求品种多，但是数量少的配送。该配送形式与当下客户消费多样化的观念相符，是配送中最典型的形式。该配送形式运作难度大，对作业水平要求高，作业设备往往比较复杂，配送计划制订难度大，对管理要求较高，需要高水平的作业管理组织保证。

（3）配套成套配送

配套成套配送指的是根据生产企业，尤其是装配型企业的需要，由配送企业集齐零部件后按照组装要求提前进行零部件的配套，再根据生产企业的生产节奏定时配送已配套好的成套零部件的一种配送形式。该配送形式由配送企业承担了生产企业的大部分供应工作，能让生产企业更专注于生产。

3. 按配送的时间和数量不同分类

（1）定时配送

定时配送指的是每次按照规定时间间隔进行的配送。该配送形式每次可间隔数天或者数小时，每次配送的品类和数量可以根据计划执行，时间固定，便于工作计划的安排、车辆安排以及用户发货的安排。但是，当产品品种和数量发生较大变化时，配送运力会出现困难。

（2）定量配送

定量配送指的是每次按照规定的品种和数量进行的配送。该配送形式每次配送的批量固定，但是配送时间不固定，由于配送批量固定，备货工作较为简单，运输组织容易，配送效率高。但是，如果客户对时效要求高，或者对多个用户进行共同配送时，该配送模式不适用。

（3）定时、定量配送

定时、定量配送指的是每次按照规定的批量以及规定的时间间隔进行的配送。该配送形式同时具备定时和定量两种配送方式的优点，但服务要求高，管理和作业难度较大，计划难度大。另外，该配送方式成本高，难以实现共同配送、联盟配送。

（4）定时、定线路配送

定时、定线路配送指的是在规定的运行路线上，制定到达时间表，按照运行时间表进行的配送。该配送形式能够有计划地开展接货和运送工作，有利于配送企业实现共同配送，便于管理，有助于成本的降低。但是，由于规定了路线和时间表，该配送形式的灵活性往往较差。

（5）即时配送

即时配送指的是完全按照客户要求的配送时间、品类数量进行的随时配送。该配送形式能快速满足客户需求，是一种灵活性很高的应急配送形式。但是，该配送形式对配送中心的设施设备、流程的专业化程度、管理水平、应变能力都有较高的要求，并且运作成本高，仅有少数配送中心可以开展。

4. 按配送的专业化程度不同分类

（1）综合配送

综合配送指的是在一个配送网点中组织不同配送领域的产品向客户配送的形式。该配送形式可以减轻客户为组织所需的全部商品进货的负担，客户仅仅需要与少数的配送企业联系便可以满足多种配送需求，是一种服务性较强的配送形式。但是，由于不同领域的产品性能、形状差别大，在组织时往往技术难度较大。

（2）专业配送

专业配送指的是按照不同产品的不同类别、性状适当划分专业领域的配送形式。该配送形式能够根据专业的共同需求优化配送设施、设备，制定合理的配送流程，提升配送效率。但是，专业化的划分不利于形成规模化的配送。

5. 按配送的经营形式不同分类

（1）销售配送

销售配送指的是一种以销售经营为目的、以配送为手段的配送形式。该配送形式的配送对象和客户往往不固定，配送的经营状况受到市场状况影响，因此这种配送形式的随机性较大，计划性较差。

（2）供应配送

供应配送指的是企业为了满足自己的供应需求而采取的配送形式。该配送形式由企业或企业集团组建配送据点，通过大批量集中进货来获得价格优势，然后再由该据点向本企业或者本企业集团若干企业配送。这种配送形式在保证供应水平、供应能力提高的同时，能够降低供应成本，普遍应用于大型企业、企业集团或联合公司，如连锁经营的商店，往往采用这种配送形式。

（3）销售—供应一体化配送

销售—供应一体化配送指的是销售企业在满足自己销售商品的同时，承担向其他客户配送供应商品的职能的配送形式。该配送形式中销售企业既是销售者，又是客户的供应代理人，如一些连锁直营店兼具向加盟店供应配送的职能。该配送形式是配送经营中的重要形式，有利于形成稳定的供需关系，保持流通渠道的畅通稳定。

（4）代存代供配送

代存代供配送指的是客户将自己的货物委托给配送企业，由配送企业代存、代供，有时候还需要委托配送企业代订的一种配送形式。该配送形式在实施过程中不产生商品所有权的转移，配送企业只是客户的委托代理人，发生的仅仅是商品物理位置的移动，配送企业只从代存、代供中获得收益，不获得商品销售的经营性收益。

1.1.3 配送的模式

1. 自营配送模式

自营配送模式指的是企业配送的各个环节由企业自身进行筹建并组织管理，从而实现对企业内部及外部货物配送的一种配送模式。该配送模式常见于连锁企业，连锁企业通过自建的配送中心实现对其各商场、门店的统一采购、统一配送以及统一结算。

自营配送模式有利于企业供应、生产、销售的一体化作业，既能够满足企业内部原材料、半成品以及成品的配送需求，又能够满足企业拓展市场的需求。但该模式由于自建体系投资较大，仅适用于规模较大的企业，如果企业规模较小，使用该模式会增加配送成本。

2. 第三方配送模式

第三方配送模式又称外部配送模式，指的是企业将自己的配送业务委托给第三方来完成的一种配送模式。受委托的第三方企业是具有一定规模的配送企业，通常配备有完善的配送设施、设备，具有专业化的管理团队、完善的作业流程，能够利用自身的优势为委托方提供配送服务。

第三方配送模式有助于专业化、社会化配送中心的建成，第三方配送企业可以专注于配送业务，更有助于配送服务的优化升级。此外，第三方配送企业不参与商品的购销，仅为客户提供存储、加工、分拣、装配、运送等服务，并收取服务费，经营风险相对较小。但该模式下，由于第三方企业本身不直接掌握货源，有时会出现调度困难、灵活性差等问题。

3. 共同配送模式

共同配送模式指的是在核心企业的统筹安排和调度下，由两个或两个以上的配送企业相互合作、联合行动，共同对多个客户进行配送的一种配送模式。为实现共同配送目标，各合作配送企业可以建造共同配送仓库，或者共享已建成的配送中心以及配送设备等。

共同配送模式能够实现配送资源共享和整合，使得配送资源得到合理配置，能够更好地满足客户需求，实现降本增效的目标。但由于该模式下涉及的配送企业多，对各个企业之间的协作要求高，管理难度较大。

4. 互用配送模式

互用配送模式是一种由两个或两个以上具备配送业务的企业通过契约协议，共享彼此配送系统，为多个客户提供服务的物流模式。企业不需要投入较大的资金和人力，就可扩大自身的配送规模和范围。

该配送模式需要企业有较高的管理水平以及与相关企业的组织协调能力。互用配送模式如图 1-1-1 所示。

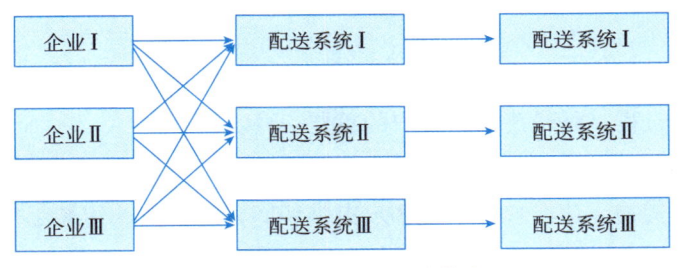

图 1-1-1　互用配送模式

共同配送与互用配送的区别如表 1-1-2 所示。

表 1-1-2　共同配送与互用配送的区别

共同配送	互用配送
旨在建立配送联合体，以强化配送功能为核心，为社会服务	旨在提高自己的配送功能，以企业自身服务为核心
旨在强调联合体的共同作用	旨在强调企业自身的作用
稳定性较强	稳定性较差
合作对象是需要经营配送业务的企业	合作对象可以是经营配送业务的企业，也可以是非经营配送业务的企业

1.1.4　配送的功能要素和作用

1. 配送的功能要素

配送实质上是物品集散的过程，该过程中包含备货、理货、送货三大基本环节。这三个环节又由一系列配送作业环节组成，这些作业环节保障了配送功能的实现，通常称为配送功能要素。配送的基本功能要素包含集货、存储、分拣、配货、配装、送货、送达服务、配送加工。

（1）集货

集货是根据客户的需求，在配送之前首先将分散的或小批量的物品集中起来，以便于后续的运输、配送作业。

（2）存储

存储可以分为储备和暂存两种形态。储备指的是有计划地按照一定时期的配送经营要求形成的对配送的资源保证。储备的数量往往较大，储备的结构比较完善，可以灵活地根据现有储备、货源、到货情况等确定储备的结构和数量。暂存指的是在具体执行配送时，按照分拣、配货的要求，在理货场地所做的少量储存准备。

（3）分拣

分拣是根据客户的订货要求或配送中心的作业计划，尽可能快速、准确地将货物从存储区域或者其他区域拣选出来的作业过程，其主要作用是支持送货、完善送货，为送货做准备工作。

（4）配货

配货是根据客户的订货要求，将货物进行包装、组配的过程。分拣和配货往往是同一流程中紧密关联的两项活动，在配送流程中通常是同时进行和完成的。

（5）配装

当单个用户无法满足运输车辆的有效载运负荷时，就需要集合不同用户的货品进行搭配装载，以充分利用运能和运力，提高车辆利用率和运输效率，进而降低送货成本。

（6）送货

送货指的是根据客户要求，将客户所订货物从制造商、厂商、批发商、经销商、零售商或配送中心等送到客户手中的过程，是最终面对客户的重要一环。

（7）送达服务

送达服务指的是在货物送达客户后，为客户提供装卸、退换货、组装、安装、调试及技术培训等配套相关服务。送达服务也是配送所具备的特殊业务。

（8）配送加工

配送加工指的是为了更好地满足客户需求，提高服务质量，根据客户的个性化需求对货物提供包装、分割、计量、分拣、刷标志、贴标签、组装等增值服务。

2. 配送的作用

（1）完善和优化物流系统

干线运输通常使用大载重量的运输工具，可以提高运输的效率，降低运输成本，但要满足客户的需求，仅干线运输是远远不够的，实践中需要辅以支线运输。支线运输需要有较强的灵活性、适应性和服务性，可以将配送和运输密切结合，实现支线运输和干线运输的有机统一，进而完善和优化物流系统。

（2）提高末端物流的经济效益

采用配送方式，通过集货、配货和集中送货等方式，或者与其他企业沟通实施共同配送，提高物流系统的经济效益。

（3）实现低库存或零库存

通过集中库存管理以及准时制配送方式，生产企业可以依靠配送中心的准时配送，不需要保持自己的库存，或仅仅保持少量的安全库存。这种方式可以帮助生产企业实现低库存或零库存，减少资金占用，改善财务状况。

（4）简化手续，方便客户

客户只要联系配送企业就能获得全过程、多功能的物流服务，不用对接多个企业，减少了沟通成本，简化了手续，为客户带来极大的便利。

（5）提高供应保证度

专业的配送企业具有专业的物流团队，能提供专业的物流服务，可以较低的成本、较高的效率满足客户的需求。客户可以将库存委托专业的配送企业进行管理，一定程度上保证了供应，降低了缺货风险。

（6）创造时间价值和空间价值

配送能够通过缩短时间、弥补时间差和延长时间差三种方式创造时间价值。另外，配送可以通过将货物从低价值区域转移到高价值区域，获得空间价值。

任务二　配送中心概述

学习目标

知识目标

1. 掌握配送中心的概念。
2. 了解配送中心的功能和分类。
3. 熟悉配送中心的岗位设置和设施设备。
4. 了解配送中心的基本结构。

技能目标

1. 能够根据不同配送中心的情况进行岗位设置。
2. 能够根据不同配送中心的特点进行基本结构搭建。

素养目标

1. 培养配送管理人员的组织协调能力。
2. 培养配送管理人员的团队协作意识。
3. 弘扬配送管理人员敬业和吃苦耐劳的精神。

引导案例

麦当劳物流配送案例分析

在麦当劳的物流中，质量永远是权重最大、被考虑最多的因素。麦当劳重视品质的精神，在每一家餐厅开业之前便可见一斑。餐厅选址完成之后，首要工作便是在当地建立集生产、供应、运输等于一体的网路系统，以确保餐厅得到高品质的原料供应。无论何种产品，只要进入麦当劳的采购和物流链，必须经过一系列严格的质量检查。麦当劳对土豆、面包和鸡块都有特殊的严格的要求，在面包生产过程中，麦当劳要求供应商对每个环节加强管理。比如装面粉的桶必须有盖子，而且要有颜色，不能是白色的，以免意外破损时碎屑混入面粉，而不易分辨。又如各工序间运输一律使用不锈钢筐，以防杂物碎片进入食品中。

谈到麦当劳的物流，不能不说到夏晖公司，这家几乎是麦当劳"御用3PL"（该公司客户还有必胜客、星巴克等）的物流公司，他们与麦当劳的合作，至今在很多人眼中还是一个谜。麦当劳没有把物流业务分包给不同的供应商,夏晖也从未移情别恋,这种独特的合作关系,建立在忠诚的基础上。麦当劳之所以选择夏晖,在于夏晖为其提供了优质的服务。

麦当劳对物流服务的要求比较严格。在食品供应中,除了基本的食品运输之外,麦当劳还要求物流服务商提供其他服务,比如信息处理、存货控制、贴标签、生产和质量控制等诸多方面,这些"额外"的服务虽然成本比较高,但它使麦当劳在竞争中获得了优势。"如果你提供的物流服务仅仅是运输,运价是一吨4角,而我的价格是一吨5角,但我提供的物流服务中包括了信息处理、贴标签等工作,麦当劳也会选择我做物流供应商的"。为麦当劳服务的一位物流经理说。

另外,麦当劳要求夏晖提供一条龙式物流服务,其中包括生产和质量控制。夏晖设在台湾的面包厂中,就全部采用了统一的自动化生产线,制造区与熟食区加以区隔,厂区装设空调与天花板,以隔离落尘,易于清洁,应用严格的食品与作业安全标准。所有设备由美国SASIB专业设计,生产能力每小时24000个面包。在专门设立的加工中心,物流服务商为麦当劳提供所需的切丝、切片生菜及混合蔬菜,拥有生产区域全程温度自动控制、连续式杀菌及水温自动控制功能的生产线,生产能力每小时1500千克。此外,夏晖还负责为麦当劳上游的蔬果供应商提供咨询服务。

麦当劳利用夏晖设立的物流中心,为其各个餐厅完成订货、储存、运输及分发等一系列工作,使得整个麦当劳系统得以正常运作,通过它的协调与连接,使每一个供应商与每一家餐厅达到畅通与和谐,为麦当劳餐厅的食品供应提供最佳的保证。目前,夏晖在北京、上海、广州都设立了食品分发中心,同时在沈阳、武汉、成都、厦门建立了卫星分发中心和配送站,与设在香港和台湾的分发中心一起,斥巨资建立起全国性的服务网络。

例如,为了满足麦当劳冷链物流的要求,夏晖公司在北京地区投资5500多万元人民币,建立了一个占地面积达12000平方米、拥有世界领先的多温度食品分发物流中心,该物流中心配有先进的装卸、储存、冷藏设施,5~20吨多种温度控制运输车40余辆,中心还配有计算机调控设施用以控制所规定的温度,检查每一批进货的温度。

"物流中的浪费很多,不论是人的浪费、时间的浪费还是产品的浪费都很多。而我们是靠信息系统的管理来创造价值"。夏晖食品公司大中华区总裁白雪李很自豪地表示,夏晖的平均库存远远低于竞争对手,麦当劳物流产品的损耗率也仅有万分之一。

"全国快餐品类实现冷链物流要求的只有麦当劳。"白雪李称,"国内不少公司很重视盖库买车,其实谁都可以买设备盖库。但谁能像我们这样有效率地计划一星期每家餐厅送几次货,怎么控制餐厅和分发中心的存货量,同时培养出很多具有管理思想的人呢"?与其合作多年的麦当劳中国发展公司北方区董事总经理赖林胜拥有同样的自信:"我们麦当劳的物流过去是领先者,今天还是领导者,而且我们还在不断地学习和改进。"

赖林胜说,麦当劳全国终端复制的成功,与其说是各个麦当劳快餐店的成功,不如说是麦当劳对自己运营的商业环境复制的成功,而尤其重要的是其供应链的成功复制。离开供应链的支持,规模扩张只能是盲目的超契约的合作关系。

令人感兴趣的是,麦当劳与夏晖长达30余年的合作,为何能形成如此紧密无间的"共生"关系?甚至两者间的合作竟然没有一纸合同?

"夏晖与麦当劳的合作没有签订合同,而且麦当劳与很多大供应商之间也没有合同"。在投资建设北京配送中心时，调研投资项目的投资公司负责人向夏晖提出想看一下他们与麦当劳的合作合同，白雪李如实相告。对方几乎不敢相信，不过仔细了解原因后，对方还是决定投资。

这种合作关系看起来不符合现代的商业理念，但却从麦当劳的创始人与夏晖及供应商的创始人开始一路传承下来。

"这种合作关系很古老，不像现代管理，但比现代管理还现代，形成超供应链的力量"。白雪李说，在夏晖的10年工作经历令他充分感受到了麦当劳体系的力量。夏晖北方区营运总监林乐杰则认为，这种长期互信的关系使两者的合作支付了最低的信任成本。

多年来，麦当劳没有亏待合作伙伴，夏晖对麦当劳也始终忠心耿耿。白雪李说，有时长期不赚钱，夏晖也会毫不犹豫地投入，因为市场需要双方来共同培育，而且在其他市场上这点损失也会被补回来。有一年，麦当劳打算开发东南亚某国市场，夏晖很快跟进，在该国投巨资建配送中心。结果天有不测风云，该国发生骚乱，夏晖巨大的投入打了水漂。最后夏晖这笔损失是由麦当劳给付的。

启发与思考

1. 什么是配送中心？
2. 在这个案例中，不仅涉及了麦当劳作为一个连锁企业的自身物流管理过程，还包含了其供应商夏晖公司的第三方物流运作模式。分析一下二者的关系。

1.2.1 配送中心的概念

1. 配送中心的定义

具有完善的配送基础设施和信息网络，可便捷地连接对外交通运输网络，并向末端客户提供短距离、小批量、多批次配送服务的专业化配送场所［参见《中华人民共和国国家标准物流术语》（GB/T 18354—2021）］。配送中心应基本符合下列要求：

（1）主要为特定的用户服务。

（2）配送功能健全。

（3）辐射范围小。

（4）提供多频率、多品种、小批量、多批次、短周期配送服务。

（5）主要为末端客户提供配送服务。

2. 配送中心的特点

配送中心与传统的仓储企业、普通仓库等相比，功能更加齐全，具备集货、存储、分拣、配货、配装、送货、送达服务、配送加工等功能要素。作为一个全新的物流据点，配送中心具有如下特点：

（1）配送速度高效化。配送中心对上游及下游的配送需求反应速度越来越快，配送效率提升，配送时间缩短。

（2）配送功能集成化。配送中心可以将物流与供应链的其他环节进行集成，如物流功能的集成、物流渠道之间的集成、物流环节与制造环节的集成等。

（3）配送作业标准化。配送中心将复杂的作业流程进行梳理，形成简单易学的标准化作业流程，使得配送作业更加规范和标准。

（4）配送技术现代化。配送中心通常配备有现代化的设施设备，以及先进的物流技术。

（5）配送组织网络化。配送中心具备完善、健全的物流配送网络，各网络节点之间的物流配送活动保持系统性和一致性，这样可使得整个物流配送网络保持最优的库存水平和库存分布，满足现代化生产和流通的需要。

（6）配送经营市场化。配送中心经营活动采用的是市场机制，配送企业自己组织的物流配送活动或者是委托第三方物流企业开展的配送活动都实行市场化运作。

（7）配送目标整体最优化。配送中心从企业整体角度出发进行物流配送活动的规划，不追求某一环节的最优，而是追求整体物流活动的最优化。

（8）配送服务综合化。配送中心在保留传统的存储、运输、加工等服务之外，增加了物流配送咨询、物流配送方案设计、物流配送培训等服务，使得配送服务更加综合化。

（9）配送管理规范化。配送中心配有完善的管理规范和制度，要求管理有规可循，保障配送中心规范化运作。

1.2.2　配送中心的功能

1. 备货功能

备货指的是配送中心根据客户的需要，为保障配送业务顺利实施所开展的配送准备工作或基础性工作，包括筹集货源、采购订货、集货进货以及相关的物流交接活动。可以集中客户的需求进行一定规模的备货，通过规模化实现成本降低。

2. 储存功能

配送中心的储存主要包含储备和暂存两种形式。储备的数量一般较大，储备结构完善，可以有计划地设置周转储备和保险储备的结构。暂存是根据分拣配货的要求，在理货场地所做的少量的储存准备。此外，另一种暂存是分拣、配货之后形成的发货暂存，其目的是调节配货和送货的节奏，通常暂存时间不长。

3. 分拣功能

分拣是配送中心将一批相同的或者不同的货物，根据不同客户的需求，拣选到一起后方便将同一客户的订单进行统一配送的过程。通常一个配送中心的服务对象有多个不同的客户，通过分拣可以提前将不同客户的订单进行拣选汇总，能提高整个配送系统的效率。

4. 配货功能

配货是配送中心根据不同客户的需求，将货物根据不同的品种、规格、型号、数量、送货时间以及地点进行包装、组配的过程。配货是对送货的支持和准备性工作，能够提高配送服务水平和效率。

5. 配装功能

配装是配送中心集合不同的客户订单进行搭配装载以达到提高送货车辆装载率目的的过程。

6. 流通加工功能

流通加工指的是配送中心根据不同客户的需求对产品进行包装、分割、计量、分拣、刷标志、贴标签、组装等简单作业的总称。流通加工能够提升客户满意度，实现配送中心的增值服务，具有重要作用。

7. 送货功能

送货指的是配送中心根据客户的需求，将已经配完的货物按照顺序进行装车，并送达客户处。送达服务需要考虑送货的地点、卸货的方式以及相关手续的办理等，标志配送工作的圆满结束。

8. 信息处理功能

信息处理功能是现代配送中心的重要功能，指的是配送中心利用计算机和网络技术，对各个作业环节包含备货、储存、分拣、配货、配装、流通加工、送达等产生的物流信息进行采集、分析，协调内部作业，同时将相关信息传送给客户的过程。

1.2.3 配送中心的分类

1. 按配送中心的经营主体分类

（1）制造商型配送中心

制造商型配送中心是制造商为方便将自己生产制造的货物进行存储、配送而设立的配送中心。这种配送中心的货物都是由配送中心自己生产制造的，用以降低物流费用、提高售后服务质量和及时将预先准备好的零部件运送到规定的加工和装配工位。制造商设置配送中心能够直接控制对应的物流配送环节，更好地协调生产和销售，一般来说制造商型配送中心不具备社会化要求。

（2）批发商型配送中心

批发商型配送中心是由批发商或者代理商设立的配送中心，以批发商或者代理商为主体，一般是按照部门或物品类别的不同，把每个制造商的货物集中起来，再以单一品种或者搭配向需求地的零售商进行配送。这种配送中心的货物一般来自多个制造商，它所提供的是一种社会化服务。

（3）零售商型配送中心

零售商型配送中心是由具有一定规模的零售商设立的，是由零售商向上整合、以零售业务为主体的一种配送中心。零售商型配送中心能够为专业商店零售商、超市、百货商店、粮油商店、建材商场等提供服务，其社会化程度介于制造商型配送中心和批发商型配送中心两者之间。

（4）专业物流配送中心

专业物流配送中心是以第三方物流企业为主体设立的配送中心。这种配送中心通常具有较强的运输配送能力，具有地理优势，能快速高效地将货物配送至客户处。专业物流配送中心的货物所有权仍属于客户（如制造商、供应商等），配送中心只负责提供配送服务，这种配送中心的现代化程度往往很高。专业物流配送中心如图1-2-1、图1-2-2所示。

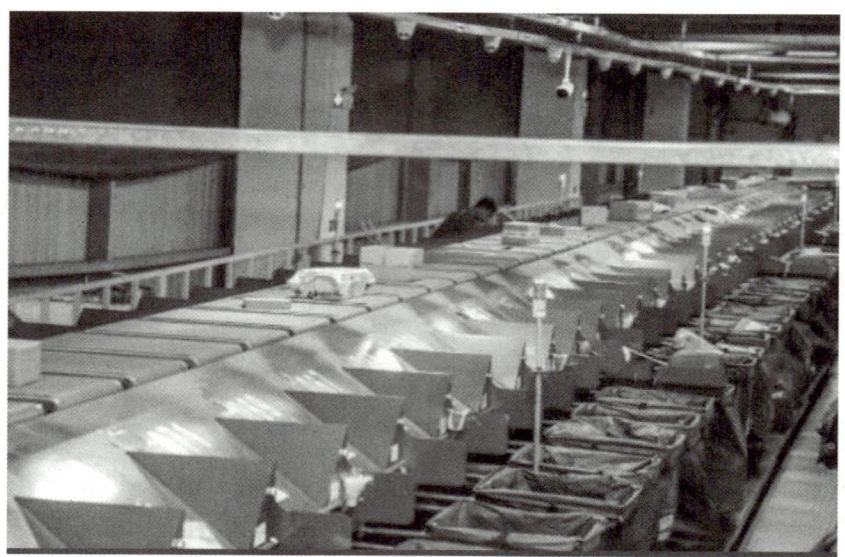

图1-2-1　自动化分拣配送中心

图1-2-2　人工拣选配送中心

2. 按配送中心的服务区域范围分类

（1）城市配送中心

城市配送中心是以城市为配送范围的配送中心。这种配送中心的服务对象一般是城市中的零售商、连锁店铺或生产企业，配送运输工具主要是货运汽车，可以直接配送到最终用户，一般来说辐射能力不强，实践过程中通常与区域配送中心联网运作。

（2）区域配送中心

区域配送中心是一种辐射能力很强、活动范围大，可以跨省、跨市，甚至跨国开展配送业务的配送中心。这种配送中心的经营规模较大，具有先进的配送设施设备，服务的用户规模也较大，配送货物的批量大而批次少。通常此类配送中心将货物配送到下一级城市配送中心，也配送到大型商业企业、营业所、批发商和企业用户。区域配送中心虽然也从事零星配送，但这不是它的主体形式。

3. 按配送中心功能分类

（1）储存型配送中心

储存型配送中心指的是以存储为主要业务的配送中心，具有较强的储存功能。这种配送中心通常有较大规模的存储区域，能够存放大量的货物，通常配送范围也比较大。

（2）流通型配送中心

流通型配送中心指的是以短暂存储或以随进随出方式进行配货、送货的配送中心。这种配送中心通常没有长期存储的功能，不需要安装大量高层货架，随进随出的配送方式使得配送成本低、配送效率高。

（3）加工型配送中心

加工型配送中心指的是以流通加工为主要业务的配送中心。这种配送中心根据客户的需求对配送货物进行分装、包装、初级加工、组装等加工活动。

4. 按配送中心在流通中承担的职能分类

（1）供应型配送中心

供应型配送中心指的是专门向某些客户供应货物，充当供应商角色的配送中心。这种配送中心的服务对象主要是生产型企业和大型商业组织，他们所需配送的货物以原材料、元器件和其他半成品为主。供应型配送中心的客户比较有限且稳定，客户的配送范围也相对稳定，通常属于企业型客户。

（2）销售型配送中心

销售型配送中心指的是以销售货物为主要目的、以开展配送为手段而设立的配送中心。这种配送中心一般可以分为两种：第一种是生产企业为了销售自己的货物、扩大自己的市场占比而建立的销售型配送中心；第二种是流通企业为了扩大销售而自建或者与其他企业合作设立的销售型配送中心。销售型配送中心的客户具有不确定性，客户数量大，且每个客户购买的数量都比较少。由于客户的不确定性，这种类型的配送中心计划性往往较差。

1.2.4 配送中心的岗位设置

1. 采购或进货管理组

采购或进货管理组主要负责订货、采购、进货等作业环节的安排及相关事务的处理，同时负责对货物的验收工作。

2. 储存管理组

储存管理组主要负责货物的保管、分拣、养护等作业环节的管理。

3. 加工管理组

加工管理组主要负责按照要求对货物进行包装、加工。

4. 配货组

配货组主要负责按照客户要求对出库的货物进行分拣和组配作业。

5. 运输组

运输组主要负责按照客户要求制订合理的运输方案，将货物送至客户，并对完成的配送进行确认。

6. 营业管理组或客户服务组

营业管理组或客户服务组主要负责接收和传递客户的订货信息、送达货物的信息,处理客户投诉、受理客户退货请求等。

7. 财务管理组

财务管理组主要负责对配送完成的表单、出库表单、进货表单、库存管理表单进行整理,协调、监控整个配送中心的货物流动,同时负责处理各类收费发票和物流收费统计,以及配送费用结算等工作。

8. 退换货作业组

退换货作业组主要负责当营业管理组或客户服务组接收到退货信息后,安排车辆进行退货商品的回收,再将其集中到仓库退货区域进行清点整理。

以上岗位设置是一般配送中心的岗位设置,根据配送中心规模、设备、服务范围和服务对象等的不同,岗位设置也有所不同。

1.2.5　配送中心的设施设备

1. 存储设备

配送中心的存储设备主要指的是货架,货架种类非常多,常见的货架类型有层架、托盘货架、阁楼式货架、悬臂式货架、移动式货架、重力式货架(流利式货架)等。

(1)层架

层架由立柱、横梁、层板构成,层架的各层间用于存放货品,其应用非常广泛。层架可以按照两种分类方法进行分类:按照层架存放货品的重量可以分为重型层架、中型层架和轻型层架;按照结构特点可以分为层格式层架和抽屉式层架。如图1-2-3、图1-2-4所示。

图1-2-3　轻型层架

图1-2-4 重型层架

(2) 托盘货架

托盘货架是专门用于存放堆码在托盘上货品的货架,其基本形态和层架类似,是目前仓库中常用的货架之一。托盘货架的结构简单,易于安装,费用经济,存储的货物形态为托盘装载的货品,便于实现机械化装卸,提高作业效率的同时也能够提高空间利用率。

(3) 阁楼式货架

阁楼式货架是在已有的工作场地或货架上建一个中间阁楼,用以增加存储空间,可以做两三层阁楼,多用于多品种、小批量货品的存储,能够充分利用空间。如图1-2-5所示。

(4) 悬臂式货架

悬臂式货架是在立柱上装设悬臂构成的,悬臂可以是固定的,也可以是移动的。悬臂式货架可以按照两种分类方法进行分类:按照承载能力可以分为轻量型悬臂式货架、中量型悬臂式货架和重量型悬臂式货架三种;按照结构形式可以分为单面悬臂式货架和双面悬臂式货架。如图1-2-6所示。

图1-2-5 阁楼式货架

图1-2-6 悬臂式货架

（5）移动式货架

移动式货架是货架底部装有滚轮，通过开启控制装置，滚轮可以沿着轨道进行滑动的一种货架。移动式货架能够减少通道数，使得地面使用率高达80%，存取方便，单位面积存储量是普通货架的两倍左右。但是移动式货架的机电装置多，建设成本和维护保养成本都比较高。如图1-2-7所示。

（6）重力式货架

重力式货架可以分为托盘重力式货架和箱式重力货架两种，其原理是利用货品的自重，使货品在有一定高度差的通道上，从高处向低处运动，从而完成进货、存储和出库作业。如图1-2-8所示。

图1-2-7　移动式货架

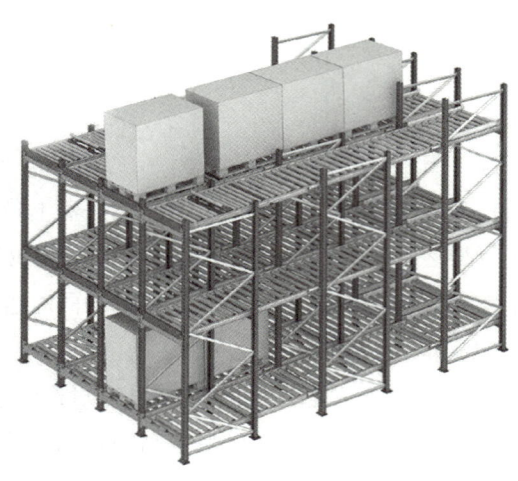
图1-2-8　重力式货架

2. 分拣和拣货设备

配送中心在分拣作业和拣货作业过程中使用到的设备非常多，如搬运设备和信息处理设备等，这些设备互相协调配合，共同完成分拣作业。如拣货台车（见图1-2-9）、自动分拣系统（见图1-2-10）、拣货机器人（见图1-2-11）、自动分拣机、电子标签分拣墙（见图1-2-12）等。

图1-2-9　拣货台车

图1-2-10　自动分拣系统

图1-2-11　拣货机器人　　　　　　　图1-2-12　电子标签分拣墙

3. 装卸搬运设备

配送中心用到的装卸搬运设备主要有叉车、无人搬送车、搬运车、托盘、输送机、垂直搬运机械、吊车、自动卸货设备等。其中叉车可以分为发动机式、电动机式、手动式、平衡重式、前移式和侧面式等；无人搬送车可以分为全方向移动型、高速分拣型以及天井走行式等；输送机可以分为皮带式、悬挂式、机械手等；吊车可以分为卡车吊、履带吊、门式、桥式和门座式等。叉车类型如图1-2-13至图1-2-19所示。

图1-2-13　平衡重式叉车（FBA-65系列）　　　图1-2-14　前移式叉车

图1-2-15　侧面式叉车　　　　　　　图1-2-16　叉腿式叉车

图1-2-17 低位拣选叉车

图1-2-18 高位拣选叉车

图1-2-19 集装箱叉车

4. 运输设备

配送中心的运输设备主要有货车（普通货车和厢式货车）、特种车、集装箱（通用集装箱和专用集装箱）、复合运输系统、第三方物流系统、冷冻冷藏集装箱等。

5. 信息设备和软件系统

配送中心的各环节作业离不开信息设备和软件系统的支持，常用的信息设备和软件系统有条码设备、识别设备、显示设备、打印机、扫描仪、控制设备、订货系统、运行管理系统、POS系统、EDI系统、GPS系统、WMS系统、TMS系统等物流中心管理系统。

6. 包装机械设备

配送中心的包装环节涉及的包装机械设备主要有灌装机、包装机、捆包机、封口机、封箱机、收缩机等。常用的包装机械如图1-2-20至图1-2-25所示。

图 1-2-20 灌装机

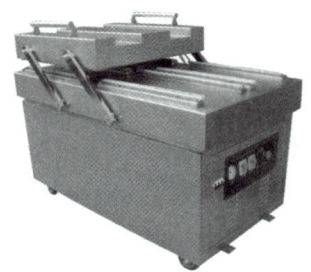
图 1-2-21 包装机

图 1-2-22 捆包机

图 1-2-23 封口机

图 1-2-24 封箱机

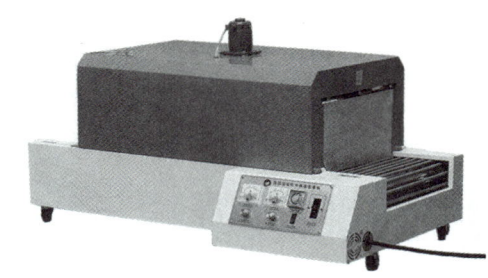
图 1-2-25 收缩机

1.2.6 配送中心的基本结构

配送中心是在一般中转仓库的基础上发展演变产生的，但配送中心的内部结构、布局与一般仓库有较大的不同。通常配送中心的工作区域配置如下：

1. 接货区

接货区设置的主要用途是完成接货及入库前的工作，如接货、卸货、清点、检验、分类入库准备等。接货区的主要设施有：进货铁路和公路、装卸货站台以及暂存验收检查区域等。

2. 储存区

储存区设置的主要用途是储存或分类储存所进的物资。与不断进出货物的接货区域相比，储存区域的面积一般较大，一般为静态区域，进货需要在此区域放置一定时间。大多数配送中心的储存区可占整个配送中心总面积的一半左右。

3. 理货、备货区

理货、备货区设置的主要用途是进行分货、拣货和配货作业，为送货做准备。这个区域的面积

会随配送中心的不同而有所变化，如对于多品种、小批量和多批次配送（如中、小件杂货）的配送中心，需要进行复杂的分拣、拣货和配货等作业，这类配送中心此区域的面积会很大。

4. 分放、配装区

分放、配装区设置的主要用途是按照客户的需求，将配好的货物暂存等待外运，或根据每个用户的货堆状况决定配车方式以及配装方式，然后直接装车或运送到发货站台后装车。分放、配装区是对货物进行暂存的区域，货物的储存时间通常比较短、货物在此区域周转较快，因此占地面积相对较小。

5. 外运发货区

外运发货区设置的主要用途是将准备好的货物装入外运车辆发出。外运发货区的结构与接货区结构比较相似，都有外运线路以及站台等设施。有些配送中心的外运发货区和分放、配装区是一体的，分好的货物可以通过传送带等传送装置直接送入装货场地。

6. 配送加工区

配送加工区设置的主要用途是对货物进行包装、分割、计量、分拣、刷标志、贴标签、组装等各种流通加工。该区域往往占地面积较大，不同的配送中心加工区的设施设备也有较大的区别。

7. 办公区

办公区是配送中心管理人员、文员等日常办公场所，可以集中设置在配送中心的某个位置，或分散设置在不同的功能区域。

任务三　配送中心的发展

学习目标

知识目标

1. 掌握配送中心的发展趋势。
2. 了解国外配送中心的发展情况。
3. 了解我国配送中心的特点。

技能目标

1. 能够进行配送中心现状分析。
2. 能够判断配送中心的发展趋势。

素养目标

1. 培养精益求精的工匠精神。
2. 培养爱国情怀。

引导案例

上海联华生鲜食品加工配送中心

上海联华生鲜食品加工配送中心有限公司是联华超市股份有限公司的下属公司，于1999年12月在上海市闸北区合资注册成立，注册资本500万元。其主营生鲜食品的加工、配送和贸易，拥有资产总额近3亿元，是具有国内一流水平的现代化的生鲜加工配送企业。公司总占地面积22500平方米，其中包括生产车间、冷库、配送场地、待发库、仓库（地下室）、办公楼等。冷库8700吨；运输车辆46辆（其中24辆为制冷保温车），保证商品安全生产，快速流通。联华生鲜食品加工配送中心是我国国内目前设备最先进、规模最大的生鲜食品加工配送中心。联华生鲜食品加工配送中心总投资6000万元，建筑面积35000平方米，年生产能力20000吨，其中肉制品15000吨，生鲜盆菜、调理半成品3000吨，西式熟食制品2000吨，产品结构分为15大类约1200种生鲜食品；在生产加工的同时配送中心还承担水果、冷冻品以及南北货的配送任务。联华生鲜食品配送中心的配送范围覆盖联华标超、快客便利、世纪联华、华联吉卖盛、联华电子商务（联华OK网）等2000余家门店，为企业的快速发展奠定基础。

连锁经营的利润源重点在物流，物流系统好坏的评判标准主要有两点：物流服务水平和物流成本。物流服务是指对在供应链中商品要在企业和供应商/顾客之间移动，与每笔交易相关的资金和信息移动相关的业务流程进行管理。物流成本是物流活动中所消耗的物化劳动和活劳动的货币表现。物流成本管理方法有以下几种：第一，通过采用物流标准化进行物流管理。物流标准化是以物流作为一个大系统，制定系统内部设施、机械设备、专用工具等各个分系统的技术标准。制定系统内各个分领域如包装、装卸、运输等方面的工作标准，以系统为出发点，研究各分系统与分领域中技术标准与工作标准的适配性，统一整个物流系统的标准。第二，通过实现供应链管理，提高对顾客物流服务的管理来降低成本。实行供应链管理不仅要求本企业的物流体制具有效率化，也需要企业协调与其他企业以及客户、运输业者之间的关系，实现整个供应链活动的效率化。第三，通过效率化的配送降低成本。短时间内满足用户订货要求，建立高效、准确的进货机制是企业物流发展的客观要求，但是，随着配送产生的成本要尽可能降低，尤其在多频度、小单位配送要求日益增加的背景下，更要求企业采取效率化的配送，重视配车计划管理，提高装载率以及优化车辆运行管理。

因此，拥有快速物流配送的能力和超低的物流成本，是一家现代连锁商业企业取得竞争优势的关键一环，也是企业的核心竞争力。在这方面，联华曾对外界发布过一个引以为豪的数字——联华物流的配送费率（即配送一定价值商品所需的物流配送成本）一直被控制在2%以内，甚至低于沃尔玛4.5%的水平，这为整个联华的快速发展提供了强有力的保证和支持。

启发与思考

1. 配送中心未来的趋势是什么？
2. 中国的配送中心有什么特点？

1.3.1 国外配送中心的发展

1. 国外配送中心的发展历程

配送中心是社会生产发展、社会分工专业化和现代化的必然结果。配送中心的发展是伴随着生产的发展而发展的,国外配送中心的发展可以划分为三个阶段:形成阶段、发展阶段和成熟阶段。

(1) 形成阶段(第二次世界大战后到20世纪60年代末)

第二次世界大战后,美国、日本及西欧一些国家经济高速增长,迅速建立起社会化大生产体制,但是流通落后问题随之而来,这使得物流成本居高不下,阻碍了生产力的进一步发展。各个企业为谋求自身发展扩张,增加自备车辆,导致道路拥挤、停车时间长,影响了企业收集和发送物品的效率,造成了社会总物流成本的攀升。为解决流通结构分散和物流成本居高不下的问题,美国、日本及西欧国家的一些企业把二战期间的"军事后勤"应用到企业管理中,不少公司设立了新的流通机构,将独立、分散的物流统一集中,推出了新的送货方式,成立配送中心。这个阶段配送中心的配送活动范围往往比较小,配送中心的规模也不大,配送物品的种类也不多,配送的主要目的是促进销售。

20世纪60年代中期,社会经济快速发展,物流运输量急剧增加,商品竞争结构日益激烈,配送得到了进一步发展。欧美国家的一些企业相继调整了仓库结构,并设立了配送中心,普遍开展了物品配装、配载及送货上门服务。

(2) 发展阶段(20世纪60年代末到80年代初)

20世纪60年代末期,随着工业全球化的发展,企业在世界范围内的贸易往来日益增多,企业与其合作伙伴之间的供应链条变得更长、更复杂、更昂贵,运输成本普遍超过企业的承受能力。为了降低企业的运费和服务费,生产制造企业开始致力于寻找最佳的物流途径,以保障自身能够比竞争者提供给市场更快捷、更可靠、更具价格优势的产品,物流逐步成为企业关注的焦点。这也促进了配送中心的进一步发展。该阶段配送中心所配送的物品种类逐渐增多,包含了服装、食品、药品、旅游用品、生产资料产品等;配送范围不断扩大,如在日本,配送范围从城市扩展到了省际,美国开展了州际间的配送,物流配送服务水平得到极大提高。这个阶段曾试行了"共同配送",并建立起了相应的配送体系。

(3) 成熟阶段(20世纪80年代初至今)

20世纪80年代初,随着美国政府制定的一系列法规的出台,运输业解除了管制,运输市场全面实现了市场化、自由化。配送中心的组织者能够根据客户的需求,提供差异化的物流配送服务,加速了配送中心向规模化、集约化、综合化和专业化的发展。这个阶段物流信息系统也开始被引进,配送的区域范围进一步扩大,配送中心规模和数量也快速增加,配送品种更加全面,物流配送逐渐形成了规模经营优势,物流配送成本逐渐下降。如荷兰部分企业的配送范围已经扩张到了欧盟各国。此外,各种先进的技术也开始应用于物流配送中心,如自动分拣、光电识别、条形码等,先进技术的应用极大地提高了物流配送的效率和准确性,进一步降低了物流配送成本。

2. 国外配送中心的发展实践

(1) 美国配送中心的发展实践

美国的配送中心主要为连锁店服务,大致可分为批发型、零售型和仓储型三种。批发型配送中心主要是由批发商设立，下游零售商通过信息系统向配送中心传递订货信息，再由配送中心向生产商发送订货信息以满足客户需求。如美国加州食品配送中心是全美第二大批发配送中心，其主要通过计算机系统管理，获取客户订货信息，及时向厂商和储运部发出订货单，厂商和储运部再根据要货指示单的先后缓急安排配送。零售型配送中心一般由大型零售商建立，如沃尔玛超市配送中心，专门为企业的连锁店按时供应商品，保证门店稳定经营。仓储型配送中心主要是受独立零售商或者连锁零售商的委托，为地区内加盟店进行商品配送，该配送中心内的库存量通常比较大，如美国福来明公司的食品配送中心就是典型的仓储型配送中心。

美国配送中心的特点如下：第一，重视客户服务，把客户满意度放在首位，重视向客户提供稳定可靠的服务；第二，配送准确率高，配送的每个环节都经过多次核对，保证数据的及时性和准确性；第三，提供即时服务，客户何时需要，配送就何时送达；第四，通过先进的技术及设施降低作业成本，普遍采用计算机信息技术、机械化设备、GPS 和 GIS 技术等先进技术。

（2）日本配送中心的发展实践

日本配送中心主要分为大型商业企业自身建设的配送中心、第三方配送中心以及批发商投资、小型零售商加盟组建的配送中心。大型商业企业自身建设的配送中心一般是由资金雄厚、门店众多、配送业务频繁的商业销售企业或连锁企业投资建设的，这种类型的配送中心主要为本企业内部零售店配送，同时也为小零售商店提供配送服务。第三方配送中心是为小型便利店或者超市提供配送服务，双方以合同为约束手段开展稳定的业务合作。

日本配送中心的特点如下：第一，采用先进的信息技术，实现计算机网络管理；第二，规章制度严格，作业规范化；第三，物流配送实现一体化，集成收货、验货、储存、装卸搬运、拣货、配货、流通加工、配送、财务结算到信息处理等多种功能；第四，物流设施设备先进，自动化程度高。

（3）西欧配送中心的发展实践

西欧配送中心主要分为运输业配送中心、零售业配送中心、批发业配送中心和汽车制造业配送中心。运输业配送中心是以运输货物为主，围绕运输开展配送的配送中心，这种配送中心的运输能力很强，更类似于运输的中转站。零售业配送中心是由零售公司建立的，这种配送中心既提供物流服务，又是商品的销售中心，主要为零售业提供服务。批发业配送中心是由批发商建立的，这种配送中心的库存能力强、配送规模大、效率高、设施设备完善，可以满足不同客户的需求。汽车制造业配送中心是为了满足市场对汽车配件不断增加的供给需求建立的，对各类企业配件进行存储、分拣、运输等物流作业。

西欧配送中心的特点如下：第一，规模化、集中化运作，许多分散在各国的配送中心开始形成联盟，扩大规模，减少数量，提高效率；第二，配送中心以运输为主，由运输企业发展而来，是以实现运输为主的配送活动。

1.3.2 国内配送中心的发展

物资部门是我国配送中心的发展雏形，20 世纪六七十年代，我国的一些大中城市的物资部门在一个城市设置一个或多个集中供货点，开始按指标备货、配货和送货，并且实行相对集中库存、集中送货、集中供应到厂以提高效率的物资流通方式。这种流通方式是我国配送的雏形，但是由于当时计划经济体制的限制，这种配送方式没有得到持续发展。

20世纪80年代以来，我国的物流配送方式得到了进一步的发展。随着市场的开放，流通格局发生了很大的变化，流通企业开始开展多种方式的配送服务。这个阶段我国物流配送的规模、水平、速度、效率、库存管理和配送质量等方面都得到很大的提升。但是由于这一时期配送中心仍有浓重的计划经济色彩，配送发展受到限制，配送模式也比较单一。

20世纪90年代以来，我国政府部门开始有计划、有组织地推进物流配送工作。在政府的积极推进下，出现了一批不同类型的专业配送中心，配送得到了快速发展，并呈现如下特点：第一，各地政府积极培育物流配送业；第二，出现了各具特色的不同类型的现代物流企业；第三，随着连锁企业的发展扩张，连锁企业内部的配送中心在硬件设施、管理水平以及管理信息系统建设方面均取得了较大的发展；第四，现代物流的技术研发取得显著成效。

拓展训练

一、单选题

1. 配送是指根据客户的要求，对物品进行（　　）等作业，并按时送达指定地点的物流活动。
   A. 分类、拣选、集货、包装　　　　B. 分类、拣选、集货、组配
   C. 分类、拣选、组配、打包　　　　D. 分类、拣选、集货、包装、组配

2. 以下不属于配送模式的是（　　）。
   A. 自营配送模式　　B. 第三方配送模式　　C. 共同配送模式　　D. 第四方配送模式

3. 以下不属于配送作用的是（　　）。
   A. 完善和优化物流系统　　　　　　B. 增加配送时长
   C. 实现低库存或零库存　　　　　　D. 简化手续，方便客户

4. 按照配送中心的经营主体，可以将配送中心分为制造商型配送中心、批发商型配送中心、零售商型配送中心和（　　）。
   A. 专业物流配送中心　　　　　　　B. 自营配送中心
   C. 第三方配送中心　　　　　　　　D. 特殊商品配送中心

5. 下列不属于配送中心功能的是（　　）。
   A. 集散功能　　B. 储存功能　　C. 金融功能　　D. 流通加工功能

6. 配送中心的业务活动是以（　　）发出的订货信息作为驱动源。
   A. 生产订单　　B. 客户订单　　C. 采购订单　　D. 内部订单

7. 配送中心的进货作业不包括（　　）。
   A. 订货　　B. 盘点　　C. 接货　　D. 验收入库

8. 配送中心的货物数量验收方法不包括（　　）。
   A. 标记法　　B. 条码法　　C. 分批清点法　　D. 定额装载法

9. 以货主为主体的协同配送不包括（　　）。
   A. 厂家　　B. 批发商　　C. 运送业者　　D. 零售商

10. （　　）是共同配送的特点。
    A. 送货一方实现少量物流配送　　　B. 收货一方可以统一进行总验货

C. 适合中小型企业　　　　　　　　D. 一车多户，经济送货路线

二、判断题

1. 配送是以用户需求为出发点，用户在此过程中起主导作用。配送是根据用户利益和要求开展的一种活动。因此，配送企业需要具有服务意识，需要从用户角度出发，在满足用户利益的基础上取得配送企业的利益。（　　）

2. 自营配送模式指的是企业配送的各个环节由企业自身进行筹建并组织管理，从而实现对企业内部及外部货物配送的一种配送模式。（　　）

3. 备货是配送中心将一批相同的或者不同的货物，根据不同客户的需求，拣选到一起后方便将同一客户的订单进行统一配送的过程。（　　）

4. 存储区的主要用途是对货物进行包装、分割、计量、分拣、刷标志、贴标签、组装等各种流通加工。（　　）

5. 日本的配送中心主要为连锁店服务，大致可分为批发型、零售型和仓储型三种。（　　）

6. 合理储存的实质是，在保证储存功能实现前提下尽量多地投入，也是一个投入产出的关系问题。（　　）

7. 按配送服务范围的不同可以将配送分为城市配送和区域配送。（　　）

8. 配送就是送货，是生产企业推销产品时直接从事的销售性送货，两者没有区别。（　　）

9. 与传统仓储相比，现代仓储由空间的管理转到空间、时间和数量的管理，由封闭式管理转到密切供应链伙伴关系管理。（　　）

10. 按企业业务关系不同，配送可分为综合配送、专业配送、共同配送。（　　）

三、简答题

1. 请简述配送的基本功能要素。
2. 配送中心的基本功能有哪些？
3. 配送中心的常见岗位设置有哪些？
4. 请简述配送中心的一般流程。
5. 什么是共同配送？这种运营模式是怎么运作的？
6. 请简述配送与送货的区别。
7. 按照配送的经营模式，配送可以分为哪几类？
8. 请简述配送中心的分类。
9. 配送中心常用的装卸设备有哪些？简述不同设备的特征。
10. 简述国内配送中心的发展历程。

四、案例分析题

宁波福海配送中心是一家电子产品零件配送商，为开发区方圆20千米左右区域内的电器制造企业配送材料，在这个区域内还有5家类似的配送中心。目前福海配送中心有客户50家，平均每个客户需要配送的零件种类在60种左右，客户要求的送货时间集中在9：00—10：00，15：00—16：00。为了更好地为客户服务，福海配送中心与客户一起开发了一个电子网络系统。通过该系统，福海配送中心可以随时查询客户的材料库存及使用状况，根据客户的情况组织安排配送工作。由于区域内的电器制造企业分散，零件需要的变化也比较大，配送中心通常因为客户的紧急需要，

专门为了配送较少的零件而安排车辆，影响了配送的效率。同时各家配送中心的客户分布交叉，互相缺少配合。

问题：

1. 福海配送中心的配送属于哪种配送类型？
2. 为了提高配送中心的工作效率，在车辆安排及配送管理方面可以进一步采取哪些措施？

项目二
基础实操篇

任务一 配送模式选择

学习目标

知识目标

1. 了解配送模式的类型。
2. 掌握配送基本模式的特点及适用范围。
3. 了解典型配送中心的配送模式。

技能目标

1. 能够根据企业配送现状说出其配送模式。
2. 能够熟练掌握各种配送模式的优缺点。
3. 能够针对企业经营现状进行配送模式的选择。

素养目标

1. 培养合理分析数据的能力。
2. 培养辩证统一思想。

引导案例

湖州老大房超市有限公司是一家开设在湖城社区新村、农村，服务于大众，以经营副食品、日用百货为主体的零售商业连锁便民超市。自1998年6月创建第一家门店起，以便民、利民、商品质优、价格实在、亲近服务等经营理念，采用现代化的连锁经营管理模式，即统一标识、统一采购、统一配送、统一结算、统一价格、统一服务，通过"内抓规范管理，外拓连锁经营"的稳健发展，艰苦创业，历经数年，"老大房超市"得到了湖城百姓的认可和青睐，企业品牌逐渐形成。目前公司拥有连锁直营店27家，加盟便利店93家和湖州唯一具有一定规模的商品配送中心，总营业面积达到8000平方米，随着加盟店规模的扩大，原有配送中心在提供配送服务方面渐渐感到了巨大压力，经常出现由于配送不及时导致门店缺货的现象，集团总部也在考虑是加大投入扩大配送中心规模还是把配送服务承包给第三方物流来做。具体哪种模式更有利于老大房超市的发展还有待考察。

启发与思考

根据下面的资料，为老大房超市选择最合适的配送模式。

1. 确定型决策的配送模式选择

老大房超市配送模式选择主要考虑目标及对应目标值，如表2-1-1所示。

表2-1-1 老大房超市配送模式目标值　　　　　　　　　　　　单位：万元

配送模式	配送成本 比重0.2	缺货损失 比重0.3	利润总额 比重0.3	客户满意度 比重0.2
自营配送模式	15	28	150	96
互用配送模式	12	33	140	97
第三方配送模式	7	20	130	99

根据表2-1-1的数据，在知晓不同配送模式中各项指标的数值和权重的前提下，为老大房超市选择最合适的配送模式。

2. 非确定型决策的配送模式选择

已知老大房超市在不同状态下的三种配送模式的配送成本，如表2-1-2所示。

表2-1-2 不同状态下老大房超市三种配送模式的配送成本　　　单位：万元

自然状态	配送模式		
	自营配送模式	互用配送模式	第三方配送模式
配送要求程度高	30	25	15
配送要求程度一般	20	15	10
配送要求程度低	10	8	6

根据表2-1-2的数据，用以下五种不同方法为老大房超市配送中心选择配送模式。

（1）乐观准则（最优最优准则）。

（2）悲观准则（最差最优准则）。

（3）折中准则（乐观系数为0.6）。

（4）拉普拉斯准则。

（5）最小后悔值准则。

2.1.1 矩阵图决策法

矩阵决策图如图2-1-1所示。

在状态Ⅰ下，配送对企业的重要性程度较大，企业也有较强的配送能力。

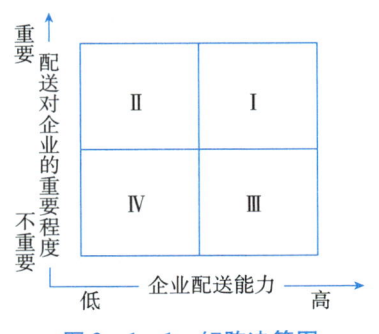

图 2-1-1 矩阵决策图

在配送成本较低和地理区域较小但市场相对集中的情况下，企业可采取自营配送模式，以提高顾客的满意度和配送效率，与营销保持一致。

在状态Ⅱ下，虽然配送对企业的重要程度较大，但企业的配送能力低，可采用以下三种方式予以改善：

一是加大投入，完善配送系统，提高配送能力，采用自营配送模式。

二是进行一些投入，强化配送能力，采用共同配送模式。

三是采取第三方配送模式，将配送业务完全委托给专业的配送企业去完成。

在状态Ⅲ下，配送不占据主要地位，企业却有较强的配送能力。

对此，企业可向外拓展配送业务，以提高资金和设备的利用能力，既可以采取共同配送模式，也可以采取互用配送模式。可适当地调整业务方向，向社会化的方向发展，成为专业的配送企业。

在状态Ⅳ下，企业的配送能力较弱，不存在较大的配送需求。

对此，采取第三方配送模式，将企业的配送业务完全或部分委托给专业的配送企业去完成，从而将主要精力放在企业最为擅长的生产经营方面。

2.1.2 比较选择法

1. 确定型决策

确定型决策是指一个配送模式只有一种确定的结果，只要比较各个方案的结果，即可做出选择配送模式的决策。

按单目标来决策，此时企业可以运用价值分析来进行选择——用公式 $V = F/C$ 来计算各种配送模式的价值系数。其中，V 为价值系数，F 为功能，C 为成本费用。

例如，某企业在选择配送模式时已知三种配送模式的成本和销售额，如表 2-1-3 所示。

表 2-1-3 单目标决策下某企业选择不同配送模式的成本和收益　　单位：万元

配送模式	成本费用	销售额预计数
自营配送模式	10	220
互用配送模式	8	180
第三方配送模式	5	140

此例中属于单目标决策，自营、互用、第三方配送模式的价值系数分别为 22、22.5、28，企业应采取第三方配送模式。

如果某企业在选择配送模式时，是多目标决策，可采用综合价值系数法进行配送模式的选择，主要步骤如下：

第一步，确定指标权重。包括指标属性和各指标的权重。

第二步，对指标进行无量纲化处理。不同指标属性的无量纲化不同。

第三步，对不同配送模式加权排序。

综合价值系数用公式 $V = \sum M_i F_i$ 来计算，其中，V 为综合价值系数，M_i 为分数，F_i 为权数。

例如，某企业在选择配送模式时已知三种配送模式的成本、销售额、利润和客户满意度，如表 2-1-4 所示。

表 2-1-4　多目标决策下某企业选择不同配送模式的相关数据　　单位：万元

配送模式	成本费用	销售额预计数	利润总额	客户满意度
	0.1	0.3	0.4	0.2
自营配送模式	10	220	25	98
互用配送模式	8	180	17	97
第三方配送模式	5	140	15	99

V（自营）　$= 5/10 \times 0.1 + 220/220 \times 0.3 + 25/25 \times 0.4 + 98/99 \times 0.2 = 0.95$

V（互用）　$= 5/8 \times 0.1 + 180/220 \times 0.3 + 17/25 \times 0.4 + 97/99 \times 0.2 = 0.78$

V（第三方）$= 5/5 \times 0.1 + 140/220 \times 0.3 + 15/25 \times 0.4 + 99/99 \times 0.2 = 0.73$

通过计算发现，自营配送模式的综合价值系数最高，所以该企业应该采用自营配送模式。

2. 非确定型决策

非确定型决策是指一个配送模式可能出现几种结果，而又无法知其概率时所进行的决策。

条件：决策者期望的目标明确，存在着不以决策者意志为转移的两种以上状态，具有两个或两个以上可供选择的配送模式，可以获得不同模式在不同状态下相应的损益值。

第一种方法：按乐观准则来决策。首先从每种模式中选择一个最小成本看作必然发生的自然状态。其次在这些最小成本的模式中，再选择一个最小成本的模式作为满意方案。

表 2-1-5　乐观准则决策　　单位：万元

自然状态	配送模式		
	自营配送模式	互用配送模式	第三方配送模式
配送要求程度高	90	70	65
配送要求程度一般	50	35	45
配送要求程度低	10	13	30

从表 2-1-5 中可以看出，该配送中心应该选择自营配送模式。

第二种方法：按悲观准则来决策。首先从每种方案中选择一个最大成本作为评价模式的基础，把最大成本作为必然发生的自然状态。其次再从这些最大成本的模式中选择成本最小的模式。

表 2-1-6　悲观准则决策　　单位：万元

自然状态	配送模式		
	自营配送模式	互用配送模式	第三方配送模式
配送要求程度高	90	70	65

续表

自然状态	配送模式		
	自营配送模式	互用配送模式	第三方配送模式
配送要求程度一般	50	35	45
配送要求程度低	10	13	30

从表2-1-6中可以看出，该配送中心应该选择第三方配送模式。

第三种方法：按折中准则（赫维斯准则）来决策（见表2-1-7）。乐观系数为a，0<a<1。给最好的结果和最坏的结果分别赋以相应的权数a和（1-a）。公式为：折中成本值＝a×最小成本值＋（1-a）×最大成本值。

如果a＝1，就是乐观准则；若a＝0，就是悲观准则。

表2-1-7 折中准则决策　　　　　　　　　　　　　　　　　　　　　　　单位：万元

自然状态	配送模式		
	自营配送模式	互用配送模式	第三方配送模式
配送要求程度高	90	70	65
配送要求程度一般	50	35	45
配送要求程度低	10	13	30

如果a＝0.8，则自营配送模式下：0.8×10＋0.2×90＝26

互用配送模式下：0.8×13＋0.2×70＝24.4

第三方配送模式下：0.8×30＋0.2×65＝37

由此可知，最小的成本为互用配送模式，所以该配送中心应选择互用配送模式。

第四种方法：按等概率准则来决策（见表2-1-8）。对每种可能出现的结果都赋以相同的权数，若有几种自然状态，则每种自然状态发生的概率都相等，且其和为1。然后计算出各个方案在各种自然状态下的加权平均值，并根据决策（指标）的性质进行决策。

表2-1-8 等概率准则决策　　　　　　　　　　　　　　　　　　　　　　　单位：万元

自然状态	配送模式		
	自营配送模式	互用配送模式	第三方配送模式
配送要求程度高	90	70	65
配送要求程度一般	50	35	45
配送要求程度低	10	13	30

自营配送模式下：（90＋50＋10）×1/3＝50

互用配送模式下：（70＋35＋13）×1/3＝39.33

第三方配送模式下：（65＋45＋30）×1/3＝46.67

所以，该配送中心应该选择互用配送模式。

第五种方法：按最小后悔值准则决策（见表2-1-9）。将每个模式在不同自然状态下的最小成本值作为理想目标。如果在该状态下，没有采取这一理想模式，而采取了其他模式，从而会使成本增加，这个增加的损失值，就称为"后悔值"。然后按模式选出最大的后悔值，在最大的后悔值中再选出后悔值最小的成本值，其对应的模式就是企业所要选择的模式。

表2-1-9 最小后悔值准则决策　　　　　　　　　　　　　　　　　　　　　　　　　　　　单位：万元

自然状态	配送模式		
	自营配送模式	互用配送模式	第三方配送模式
配送要求程度高	90（90-65=25）	70（70-65=5）	65（0）
配送要求程度一般	50（50-35=15）	35（0）	45（45-35=10）
配送要求程度低	10（0）	13（13-10=3）	30（30-10=20）

通过计算发现，该配送中心应该选择互用配送模式。

3. 风险型决策

风险型决策是指在目标明确的情况下，依据预测得到不同自然状态下的结果及出现的概率所进行的决策。由于自然状态并非决策所能控制，所以，决策的结果在客观上具有一定的风险，故称为风险型决策。

风险型决策通常采用期望值准则。首先根据预测的结果及出现的概率计算期望值，其次根据指标的性质及计算的期望值结果进行决策。产出类性质的指标，一般选择期望值大的方案；投入类性质的指标，一般选择期望值小的方案。风险型决策如表2-1-10所示。

表2-1-10 风险型决策　　　　　　　　　　　　　　　　　　　　　　　　　　　　　　　单位：万元

需求状态 概率 配送模式	配送要求程度高 0.3	配送要求程度一般 0.5	配送要求程度低 0.2
自营配送模式	90	50	10
互用配送模式	70	35	13
第三方配送模式	65	45	30

自营配送模式下：$90 \times 0.3 + 50 \times 0.5 + 10 \times 0.2 = 54$

互用配送模式下：$70 \times 0.3 + 35 \times 0.5 + 13 \times 0.2 = 41.1$

第三方配送模式下：$65 \times 0.3 + 45 \times 0.5 + 30 \times 0.2 = 48$

由以上计算可知，该配送中心应该选择互用配送模式。

拓展训练

1. 某企业计划通过提高配送效率和客户满意度来扩大产品的销售量，现有三种配送模式可供企业选择，各种资料数据如表2-1-11所示，请问企业应选择哪种配送模式？

表2-1-11 某企业确定型多目标决策　　　　　　　　　　　　　　　　　　　　　　　　单位：万元

需求状态 概率 配送模式	配送要求程度高 0.5	配送要求程度一般 0.3	配送要求程度低 0.2
自营配送模式	1000	800	500
互用配送模式	1200	700	400
第三方配送模式	1500	1000	300

2. 完成引导案例中老大房超市配送模式的选择。

任务二　进货作业

学习目标

知识目标

1. 了解进货处理流程。
2. 熟悉商品储位安排原则。
3. 掌握进货验收的内容。

技能目标

1. 能够根据商品情况选择储位。
2. 能够准确验收商品并理货。
3. 能够完成商品的进货和储存作业。

素养目标

1. 培养合理分析数据的能力。
2. 树立成本最低、方案最优意识。
3. 培养工匠精神。

引导案例

2022年2月13日，众联智联物流与供应链集团仓库向其供应商订购了6种商品，6种商品的基本信息如表2-2-1所示。请模拟完成商品的进货作业。

表2-2-1　6种商品的基本信息

序号	商品名称	包装规格（mm）（长×宽×高）	单价（元/箱）	重量（kg）	生产日期	保质期	入库（箱/托）	货物状态
1	大王牌大豆酶解蛋白粉	203×153×160	100	12	3月8日	12个月	38箱	已组托
2	顺心奶嘴	220×180×160	100	8	3月9日	12个月	30箱	已组托
3	兴华苦杏仁	265×210×240	100	8	3月10日	6个月	47箱	已组托
4	脆香饼干	235×160×160	100	10	3月11日	12个月	59箱	已组托
5	婴儿湿巾	297×223×240	100	8	3月12日	12个月	34箱	已组托
6	休闲黑瓜子	273×215×180	100	15	3月13日	12个月	33箱	已组托

供应商：万事通达商贸有限公司

要完成商品的进货作业，首先需了解进货入库作业要经过哪些流程，及具体的准备工作；其次对商品的进出库数据进行物动量分析，并了解物动量分析的具体步骤；最后应熟悉入库商品储位安排原则，并正确地对商品进行储位安排。

在物流中心的基本作业流程中进货作业是其他作业环节的开始和前提，进货作业的质量直接影响到后续作业的质量，其主要内容包括核验单据、装卸、搬运、分类、验收，确认商品以及储存入库。本项目中该作业包括对货位和托盘进行编码，并制作相应条码的作业，根据物动量分析对进货商品进行储位分配的作业，入库验收作业，入库储存作业。

2.2.1 进货作业流程与准备

1. 进货作业流程

进货作业是指从货车上把货物卸下、开箱，检查其数量、质量，然后将必要的信息进行书面化的记载。进货作业的质量直接影响到后续作业的质量。进货作业流程是指从采购计划申请开始到最终订购的商品入库的过程，主要包括采购计划的制订、向供应商发送采购订单、进货前的准备、接运与卸货、入库验收、安排储位、进货信息的处理等作业。进货作业是零售企业满足市场供给的重要手段，数量合理、到货及时的进货作业能够在降低企业库存资金占用的前提下，极大地保证市场供给。进货作业流程如图2-2-1所示。

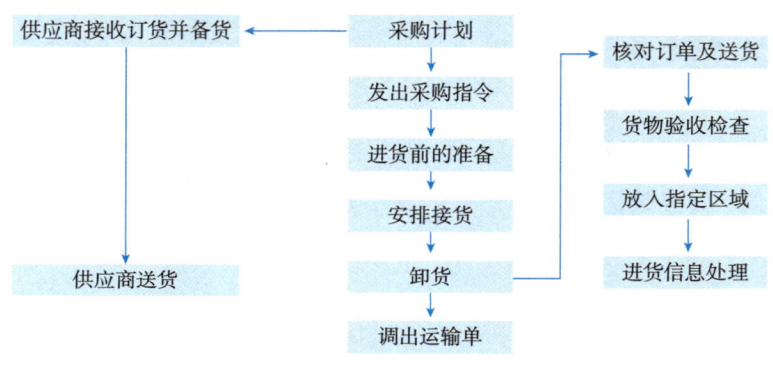

图2-2-1 进货作业流程

2. 进货作业准备

在商品到达物流中心之前，必须根据进货作业计划，在掌握入库商品的品种、数量和到库日期等具体情况的基础上做好进货准备。做好入库前的准备，是保证商品入库稳中有序的重要条件。准备工作主要包括储位准备、人员准备、设备器材准备、相关文件准备、遮垫准备、延迟到货准备。

（1）储位准备。根据预计到货的商品特性、体积、质量、数量和到货时间等信息，结合商品分区、分类和储位管理的要求，预计储位，预先确定商品的理货场所和储存位置。

（2）人员准备。按照到货时间和数量，预先计划并安排好接运、卸货、检验、搬运货物的作业人员。

（3）设备器材准备。根据到货商品的理化性能及包装、单位重量、单位体积、到货数量等信息，确定检验、计量、卸货与搬运方法，准备好相应的检验设施、度量衡、卸货及码货工具与设备，并安排好卸货站台空间。对一些室外储放的商品，还需准备相应的苫垫用品。

（4）相关文件准备。供应商发货后，仓储部要及时取得发货信息（发货时间、发货地点、运输方式、在途天数、预计到货时间、到货地点、联系电话、名称、规格、数量、包装、形状、单件体积、保管要求、自提还是送货上门、是否需要与货站结算货款等）和采购合同或订单，了解需求信息。

（5）遮垫准备。准备遮盖用品、托盘、容器等工具，使堆码和遮垫工作同时完成。

（6）延迟到货准备。对于未按到货通知时间到货的情况，应及时查询供应商和运输部门，看看收货单位的名称、地址、电话等信息是否有误；是否中途发生车祸、车辆故障、封道、倒车等情况，避免因此而延误收货。收货时要重点关注是否中转反复装卸引起包装异常，对于这种不正常的到货要逐件检查，问题经常发生在延迟到货的过程中。通知采购部、生产部制订应急方案。进口物资应附码头提单、装箱单、合同、发票，做到四证齐全。

2.2.2　入库商品储位安排

应根据商品的不同特性和便于商品进出库作业等原则为入库商品安排储位，以便对商品进行科学管理，达到保证商品质量和商品供给的目的。

1. 配送中心分区

配送中心分区就是根据配送中心仓库建筑形式、面积大小、库房、货场和库内道路的分布情况，并综合考虑商品分类情况和各类商品的储存量，将配送中心仓库划分为若干区域，确定每类商品储存的区域。库区的划分一般在库房、货场的基础上进行，多层库房分区时也可按照楼层划分货区。

2. 选择合适的储存策略

良好的储存策略可以缩短商品出入库移动的距离、提高作业效率、充分利用储存空间。常见的储存策略主要有以下五种：

（1）定位存放

定位存放是指每一种商品都有固定的储位，商品在储存时不可互相窜位。在采用这一储存方法时，必须注意每一种货物的储位容量必须大于其可能的最大在库量。定位存放通常适用于以下情况：不同物理、化学性质的货物需控制在不同的保管储存条件下，或需防止不同性质的货物互相影响；重要物品需重点保管；多品种、小批量货物的存储。采用定位存放方式易于对在库商品进行管理、提高作业效率、减少搬运次数，但需要较大的储存空间。

（2）随机存放

每一种商品被指派储存的位置是随机产生的，而且可经常改变。也就是说，任何商品可以存放在任何可利用的位置。

随机存放的最大优点在于能够充分利用存储空间，因此货位数目得以减少。研究显示，与定位存放相比，随机存放可节省35%的移动储存空间、增加30%的储存空间。其缺点在于不利于商品的拣取作业，在商品种类和数量较多时，盘点等库存管理作业较难进行，因此必须有先进的仓储管理信息系统配合。

（3）分类存放

所有储存商品按照一定特性加以分类。每一类商品都有固定存放的位置，而同类的不同商品又按一定的法则来指派货位。分类存放通常按产品相关性、出入库频率、产品尺寸或重量、产品特性来分类。

分类存放便于畅销品的存取，具有定位存放的各项优点，各分类的储存区域可根据货品特性再作设计，有助于货品的储存管理。

（4）分类随机存放

每一类商品有固定存放的货区，但在各类货区内，每个货位的指派是随机的。分类随机存放可吸收分类存放的部分优点，可节省储位数量，提高储存区利用率。

（5）共同存放

共同存放是指由于能够明确知道不同商品的出入库时间，故不同商品可以共同使用相同的储位。当一种商品出库，空出其货位后，另一种商品可以使用该货位。

五种储存策略的优缺点如表2-2-2所示。

表2-2-2　五种储存策略的优缺点

类型	优点	缺点	适用范围
定位存放	（1）每种货品都有固定储放位置，拣货人员容易熟悉货品储位。 （2）货品的储位可按周转率大小或出货频率来安排，以缩短出入库搬运距离。 （3）可针对各种货品的特性作储位的安排调整，将不同货品特性间的相互影响降至最低	储位必须按各项货品最大在库量设计，因此储区空间平时的使用效率较低	（1）厂房空间大。 （2）多种少量货品的储放
随机存放	（1）对操作人员比较方便。 （2）能够较充分地利用空间	（1）货品的出入库管理及盘点工作的进行难度较高。 （2）周转率高的货品可能被储放在离出入口较远的位置，增加了出入库的搬运距离。 （3）具有相互影响特性的货品可能相邻储放，造成货品的损伤或发生危险	（1）厂房空间有限，尽量利用储存空间。 （2）种类少或体积较大的货品
分类存放	（1）便于畅销品的存取，具有定位存放的各项优点。 （2）各分类的储存区域可根据货品特性再作设计，有助于货品的储存管理	储位必须按各类货品最大在库量设计，因此储区空间平均的使用效率较低	（1）产品相关性大者，经常被同时订购。 （2）周转率差别大者。 （3）产品尺寸相差大者
分类随机存放	可吸收分类储放的部分优点，可节省储位数量，提高储区利用率	货品出入库管理及盘点工作的进行难度较高。 分类随机存放兼具分类存放及随机存放的特色，需要的储存空间介于两者之间	品种数多，库房面积小
共同存放	所需的储存空间及搬运时间更经济	管理上较复杂	品种数少，快速周转的货品

3. 储位的确定原则

配送中心在确定商品存放的位置时，通常要综合考虑仓库的类型、规模、经营范围、用途以及商品的自然属性、保养方法等。常见的划分商品存放位置的原则有以下五种：

（1）根据商品周转率确定储位

计算商品的周转率，对库存商品周转率进行排序，然后将排序结果分段或分列。将周转率大、出入库频繁的商品储存在临近出入口或专用线的位置，以加快作业速度、缩短搬运距离。将周转率小的商品存放在远离入口处，在同一段或同列内的商品则可以按照定位或分类储存方法存放。按周转率划分储存区示意图，如图2-2-2所示。

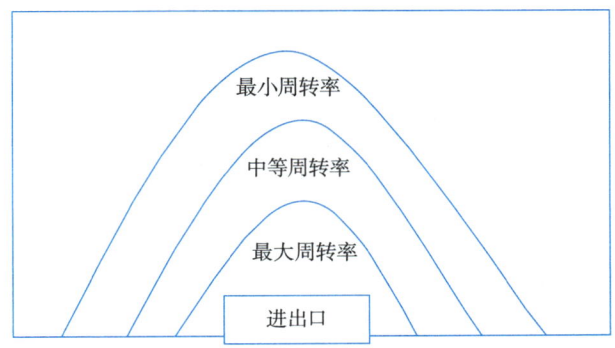

图2-2-2 按周转率划分储存区示意图

另外，当进货口和出货口不相邻时，可根据商品的出入库次数（A，B，C，$\cdots$，H）调整货位，入库次数多于出库次数的商品要靠近进货口，反之则靠近出货口，两者接近的置于中间，如图2-2-3所示。

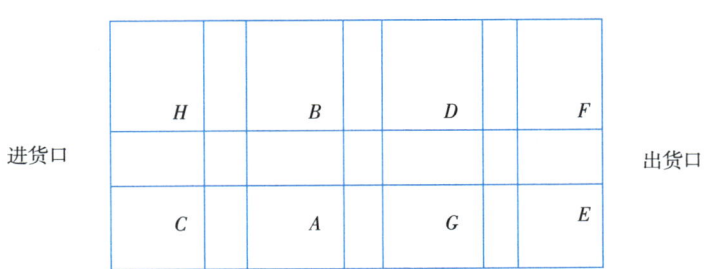

图2-2-3 进出口分离的货位指派

（2）根据商品的相关性确定储位

有些库存的商品具有很强的相关性，相关性大的商品，通常被同时采购或同时出库，应尽可能将这类商品规划在同一储区或相近储区，以缩短搬运距离和拣货时间。

（3）根据商品的特性确定储位

为了避免商品在储存过程中相互影响，性质相同或所要求储存条件相近的商品应集中存放，并相应安排在条件适宜的库房或货场，即将同一种货物存放在同一储存位置，将产品性能类似或互补的商品放在邻近位置。将相容性低，特别是互相影响质量的商品分开存放。这样既可提高作业效率，又可防止商品在储存期间遭受损失。

对特殊商品，在进行储区规划时还应注意：

①易燃商品必须存放在具有高防护作用的独立空间内，且必须安装适当的消防设备。

②易腐商品需储存在冷冻、冷藏或其他特殊的设备内。

③易污商品需与其他商品隔离。
④易窃商品必须隔离封闭管理。

（4）根据商品体积、重量特性确定储位

在进行仓库布局时，必须同时考虑商品体积、形状、重量以确定商品所需堆码的空间。通常，应将重量大或体积大的商品储存在地面上或货架的下层位置。为了确保货架的安全并方便人工搬运，人的腰部以下的高度通常宜储放重物或大型物品。

（5）根据商品先进先出的原则确定储位

先进先出，即指先入库的商品先安排出库，这一原则对于寿命周期短的物品尤为重要，如食品、化学品等。在遵循先进先出原则的同时，应注意在产品形式变化少、产品寿命周期长、质量稳定、不易变质等情况下，先进先出所引起的管理费用的增加，而对于食品、化学品等易变质的商品，应考虑"先到期的先出货的原则"。

此外，为了提高储存空间的利用率，应利用合适的货架、托盘等工具，使商品储放向空间发展。储放时，尽量使货物面对通道，以方便作业人员识别标号、名称，提高货物的活性化程度。储存商品的位置必须明确标示，储存场所必须清楚，易于识别、联想和记忆。另外，在规划储位时应注意保留一定的机动储位，以便当商品大量入库时可以起到调剂储位的作用，避免打乱正常储位安排。

2.2.3 安排接货

接运商品是商品入库前的重要环节。货物接运的主要任务是向托运者或承运者办清业务交接，按质按量及时地将货物安全地接运回库。

配送中心仓库管理人员首先要了解接运商品的方式及程序，其次才能根据不同的接运方式，安排人员进行接货，并处理接货过程中出现的各种问题。

2.2.4 进货验收

1. 商品验收的标准和比例

（1）验收标准

为了准确及时地验收货物，必须明确验收标准。在实际工作中，可根据下列四项标准进行：
①采购合同或订单所规定的具体要求和条件。
②采购谈判时的合格样品。
③采购合同中的规格或图解。
④各种产品的国家品质标准或国际标准。

（2）验收比例

对于某些大批量的货物，由于受工作人员数量的限制，在短时间内难以全部验收，或验收方法会影响货物的质量或销售，或对于连续大批量的产品，抽取一定数量就可以代表整批货物的质量状况，无须全部验收等情况，就可以采用抽检的方法。抽检的比例应首先以合同规定为准，合同没有规定的，在确定验收比例时，一般需要考虑以下因素：
①货物的性质和特点。
②货物的价值。

③货物的生产技术条件。
④供货单位的信誉。
⑤包装情况。
⑥运输方式和运输工具。
⑦气候条件。
⑧储存时间。

2. 验收内容

（1）检验商品包装

对商品包装的检验是商品质量检验的一个重要环节。商品包装的完整程度及干湿状况直接影响商品的质量。观察商品包装的好坏可以有效地判断出商品在运送过程中可能出现的破损，并据此制定对商品的进一步检验措施。因此在验收商品时，配送中心管理人员需要首先对包装进行严格的验收。

仓库主要是对商品的外包装进行检验，通常在初验时进行，检验包装有无被撬、开缝、污染、破损、水渍等不良情况。同时，还要检查包装是否符合有关标准要求，包括选用的材料、规格、制作工艺、标志、打开方式等。另外，对包装材料的干湿度也要进行检查。发现商品包装存在问题时应分以下情况及时处理：

①当发现包装上有人为的挖洞、开缝现象时，说明商品在运输的过程中有被盗窃的可能，要对商品的内装数量进行仔细检验。

②当发现包装上有水渍、潮湿时，表明商品在运输的过程中有被雨淋、水浸或商品本身出现潮解、渗漏现象，要对商品开箱检验其质量。

③当发现包装有被污染的痕迹，说明由于装配不当，引起了商品的泄漏，导致商品之间相互污染，此时要将商品送交质检部门检验，以确定商品的质量是否出现问题。

④当发生包装破损时，说明包装结构不良、包装材质不当或装卸搬运过程中有乱摔、乱扔、碰撞等情况，此时包装内的商品可能出现磕碰、挤压等情况，影响商品质量。

（2）验收货物数量

数量验收是入库之前必不可少的重要步骤，是在初验的基础上，质量验收之前，清点数量。要采用和供应商相同的验收方法，在出库时也应采用相同的计量方法，避免出现误差，验收情况要记录在验收单中。

1）货物数量验收

数量验收主要是指在入库前清点以件数作为计量单位的商品。一般情况下，计件商品应该全部逐一清点，但是不宜打开包装的商品可以采用按比例抽检的方法。常用的数量清点方法如下：

①逐件点数计总。靠人工点记费力且易出错，可采用简易的计算器，计算累计以得总数。一般适合散装或非定量包装的商品。

②集中堆码点数法。即入库的商品、物料堆成固定的垛形（或置于固定容量的货柜、货架内），排列整齐，每层、每行件数一致。一批商品、物料入库完毕，货位每层（横列）的件数与堆高（纵列）的件数相乘，即得总数。但需注意，码成的货垛，其顶层的件数往往是零头，与其他各层件数不一。对于花色品种单一、包装大小一致、数量大或体积大的商品、物料，适宜用集中堆码点

数法。

③抽检点数法。按一定比例对商品进行开箱点数。适合批量大、采用定量包装的商品。

④重量换算点数法。通过过磅，称得商品的总重量和单件重量，然后换算该商品的数量。适合包装标准且重量一致的商品。

2) 货物重量验收

对按重量计算的商品，配送中心仓库管理人员要对其重量进行验收。

①明确验收标准。在进行重量验收时，若验收重量没有超出允许的重量范围就可以认为是合格的。不同的商品有不同的允许重量范围，越昂贵的商品其重量范围越小。

②掌握验收方法。在重量验收过程中，如果合同规定了验收方法的，应该按照合同规定的验收方法进行验收。验收方法确定后，出库及验收都必须用同样的方法验收商品。

按重量供货或以重量为计量单位的商品，做数量验收时有的采用称重方法，有的采用理论换算方法。按照理论换算重量的商品，先通过检尺，例如，金属材料中的板材、型材等，然后，按规定的方法换算成重量验收。对于进口商品，原则上全部称重，但如果订货合同规定按理论换算重量交货，则按合同规定办理。

商品的重量一般有毛重、皮重、净重之分。仓库管理中通常所说的商品重量是指商品的净重。

①直接测量法。对于没有包装或包装占商品重量的比重较小的商品，可以采用对商品直接过磅的方法，测定其实际质量。

a. 检尺求积法：是对以体积为计量单位的商品，如木材、竹材、沙石等，先检尺，后求体积，所做的数量验收。

b. 检斤验收法：是对以重量供货或以重量为计量单位的商品，做数量验收时的称重。

c. 抄码复衡抽验法：是根据采购时合同规定的比例，抽取一定数量商品，对其进行过磅的验收方法，适合定量包装并附有码单的商品。

②净重计算法。对于有包装且占商品重量的比重比较大的商品，在验收过程中要除去商品的包装，计算其净重。

a. 平均扣除皮重法：是指按一定比例将商品的包装拆下过磅，以求得包装的平均重量。然后将未拆除包装的商品过磅，从而求得该商品的全部毛重和皮重。采用这种方法时，一定要合理地选择应拆包装物，以使净重更趋准确。

b. 除皮核实法：是指选择部分商品分开过磅，分别求得商品的毛重和皮重，再对包装上标记的重量进行核实。核对结果未超出允许差率，即可依其数值计算净重。

c. 整车复衡法：是指大宗无包装的商品，如煤炭、生铁、矿石等，检验时将整车引入专用地磅，然后扣除空车的重量，即可求得商品净重，适合散装的块状、粒状或粉状的商品。

③理论换算法。理论换算法是指通过商品的长度、体积等便于测量的因素，利用一定的公式，计算出商品质量的方法。它适合外形规则的商品质量的计算。

（3）验收货物质量

商品质量验收是指检验商品质量是否符合规定。仓储部门按照有关质量标准，检查入库商品的质量是否符合要求。仓库是根据仓储合同对到库商品进行质量验收的。合同没有约定的，按照商品的特性和惯例确定。质量检验包括外观检验、尺寸检验、机械物理性能检验和化学成分检验四种形式。仓库一般只做外观检验和尺寸检验，后两种检验如果有必要，则由仓库技术管理职能机构取样，委托专门的检验机构检验。

1）货物外观质量检验

对商品包装的检验只能判断商品的大致情况，对商品外观进行检验也必不可少。商品外观质量的检验包括外观质量缺陷、外观质量受损及受潮、霉变和锈蚀等情况。

①外观质量检验方法。感官验收法是用感觉器官，如视觉、听觉、触觉、嗅觉来检查商品质量的一种方法。它简便易行，不需要专门的设备，但是有一定的主观性，容易受检验人员的经验、操作方法和环境等因素的影响。

②外观检验的基本要求。凡是通过人的感觉器官检验商品后，就可以决定商品质量的，由仓储业务部门自行组织检验，检验后做好商品的检验记录。对于一些特殊商品，则由专门的检验部门进行化验和技术测定。验收完毕后，应尽快签返验收入库凭证，不能无效积压单据。

2）货物尺寸检验

进行尺寸检验的货物，主要是金属材料中的器材、部分机电产品和少数建筑材料等。不同型材的尺寸检验各有特点：如圆型材主要检验直径和圆度；管材主要检验厚度和内径；板材主要检验厚度及其均匀度等。对部分机电产品精度的检验，一般由专门质检部门或厂房负责质量检验，仓库免检。商品质量的验收应该与商品数量的验收同时进行。配送中心仓库管理人员对商品质量的验收主要是检验商品的外观质量，而产品的内在质量（机械物理性能检验和化学成分检验）则由生产厂家保证或由质量检验机构检验。

3. 验收的差异处理与信息处理

（1）对验收产生差异的处理方式

对验收产生差异的产品可采取的处理方式如表2-2-3所示。

表2-2-3 对验收产生差异的处理方式

处理常见问题	数量溢余	数量短缺	包装不合格	质量不合格	规格不合格	单据与实物不符
通知供应商	√	√				√
核实数目签收		√				
维修整理			√	√		
查询等候处理	√				√	√
改单签收	√				√	√
拒绝签收	√		√	√	√	√
退单退货	√		√	√	√	√

（2）验收入库商品的信息处理

在完成商品验收后，首先在暂存区分类，其次由作业人员入库上架，并在记录存放储位编号后，输入系统。这样商品实物库存就会在系统生成系统库存，打印验收入库单（见表2-2-4）后，最终完成进货作业。

表 2-2-4 验收入库单

编号：

供应商		采购订单号		验收员	
供应商编码		采购员		验收日期	
送货单号		到货日期		复核员	
发货日期				复核日期	

序号	库位号码	商品名称	货品规格型号	货品编码	包装单位	应收数量	实收数量	备注

仓管员：　　　　　　　　　　　供应商代表：

任务三　储存作业

学习目标

知识目标

1. 熟悉储存的概念。
2. 了解托盘的使用方法。
3. 掌握货位编码和托盘编码的意义。
4. 了解盘点的操作方法。

技能目标

1. 能够根据货物性质进行组托和货位划分。
2. 能够根据商品外形尺寸绘制组托图。
3. 能够根据实际需求进行不同的储位编码。

素养目标

1. 培养学生精益求精的精神。
2. 培养学生成本意识。
3. 培养物流人的知行合一能力。

引导案例

1. 根据表 2-3-1 中的已知条件，用 Word 的绘图工具或 Visio 绘制将所有商品码放在 1200mm×1000mm×1500mm（长×宽×高）托盘上的最优码货方案。托盘码放示意图绘制要遵循如下规定并至少包含下列信息：

（1）画出托盘码放的奇数层俯视图、偶数层俯视图。

(2) 在图上标出托盘的长、宽尺寸（以 mm 为单位）。

(3) 将托盘上的货物以浅灰色填涂。

(4) 在图中托盘的下侧和右侧标出托盘的长、宽尺寸（以 mm 为单位）。

(5) 用文字说明此类商品使用托盘的个数和托盘的码货层数及每层的码货箱数。

(6) 货物组托时均需压缝。

2. 计算得出需要的托盘数，对其进行条码编制。

利用给定的货物尺寸和托盘尺寸、货架货位高度等信息，计算货物在托盘上的堆码高度，选择最合理的堆码方式。

要绘制托盘码货图，就需要了解托盘的码货方法及码货形式有哪些。此外，还要考虑托盘的长和宽，计算托盘的平面面积，由此结合货物的长和宽尺寸，计算出一个托盘上码放货物时，一层最多能码放的数量，进而结合货物的高度、托盘的高度以及货位的高度、操作余隙，计算出一个托盘上最多能码放的货物层数。

表 2-3-1 货物基本信息表

序号	商品名称	包装规格（mm）（长×宽×高）	单价（元/箱）	重量（kg）	生产日期	保质期	入库（箱/托）	货物状态
1	大王牌大豆酶解蛋白粉	203×153×160	100	12	3月8日	12个月	38箱	已组托
2	顺心奶嘴	220×180×160	100	8	3月9日	12个月	30箱	已组托
3	兴华苦杏仁	265×210×240	100	8	3月10日	6个月	47箱	已组托
4	脆香饼干	235×160×160	100	10	3月11日	12个月	59箱	已组托
5	婴儿湿巾	297×223×240	100	8	3月12日	12个月	34箱	已组托
6	休闲黑瓜子	273×215×180	100	15	3月13日	12个月	33箱	已组托

供应商：万事通达商贸有限公司

2.3.1 储存

1. 概念

储存作业管理是指在把将来要使用或者要出货的商品保管好的前提下，经常对库存进行检查、控制和管理。储存作业管理的目标是最大限度地利用空间，有效地利用人力和设备，安全、经济地搬运物品货物，妥善地保管货物。

2. 原则

在储存作业管理中，应遵循以下原则，否则作业效率与库存商品的保管质量都会受到严重的影响：

(1) 先进先出原则

在仓库管理中，先进先出是一项非常重要的原则，尤其是有时间性的产品，如果不以先进先出的原则进行处理，可能会造成储存货物的过期或者变质，以至于影响整个仓库的保管效益。

(2) 零数先出原则

在仓库管理中，时常会有拆箱零星出货的情形发生。因此，在出货时，必须考虑以零数或者已经拆箱的产品优先出货。

(3) 重下轻上原则

在进行储存规划时，如果是多层楼房，应该考虑将较重的产品存放在楼下，将较轻的产品存放在楼上。如果是使用料架堆叠或者是直接平放地面时，则应该考虑将较重的产品存放在下层容易进出的地方，而将较轻的产品存放在上层。如此，不仅能避免较轻的产品被较重的产品压坏，同时也可以提高仓储作业效率。

(4) A、B、C 分类布置原则

在产品规划布置上，应该以产品畅销度排行，将产品进行 A、B、C 分类。在平面布置时，把畅销的 A 类产品存放在靠近门口或者是走道旁，把最不畅销的 C 类产品存放在角落或者是距门口较远的地方，而把 B 类产品存放在 A 类与 C 类产品之间。如果使用托盘式料架，则必须考虑将 A 类产品存放于料架第一层容易存取的地方，将 B 类产品存放在第二层，将 C 类产品存放于最上层比较不容易存取的地方。如果使用箱式料架，则必须考虑人体学，即将 A 类产品存放于人站立时两手很容易存取的中层位置，将 B 类产品存放于需要蹲下时才能存取的下层位置，将 C 类产品则存放于需要使用梯子或者是椅子才能存取的上层位置。如果能够遵循以上原则，无须提供硬件设备，就能够提高仓储作业效率。

(5) 将特性相同的产品存放在一起

在仓库保管中，往往会有许多种类的产品存放在一起，但是每一种产品的特性大都不一样，有时将其存放在一起会产生变质的情形。例如，有些产品会散发气味（香皂、香水等产品），有些产品则会吸收气味（茶叶等产品），甚至有些产品同时散发、吸收气味（香烟等产品）。若将会散发气味与吸收气味的产品存放在一起，则会使产品变质，甚至造成退货的情形。因此，在仓库保管中，一定要特别注意不能将特性不同的产品存放在一起。

3. 措施

(1) 通风

通风是指采取措施，加大空气流通的保管手段。利用干燥空气的大量流通，能降低货物的含水量；利用低温空气降低货物温度。通风能消除货物散发出的有害气体，如能使人窒息的二氧化碳，使金属生锈的二氧化硫、酸气等，其也能增加空气中氧气的含量。当然，通风也会将空气中的水分、尘埃、海边空气的盐分等带入仓库，影响货物。仓库通风有自然通风、机械自然通风、机械循环通风、制冷通风等方式。普通仓库只采用前两种通风方式。

(2) 温度控制

除冷库外，仓库的温度还直接受天气温度的影响，库存货物的温度也就随天气温度同步变化。货物温度高时，会发生融化、膨胀、软化，容易发生腐烂变质、挥发、老化、自燃，甚至发生物理爆炸。温度太低时，会发生变脆、冻裂、液体膨胀等，损害货物。一般来说，绝大多数货物在常温下都能保持正常的状态。

(3) 湿度控制

湿度分为货物湿度、空气湿度（大气湿度）。笼统来说，湿度表示含水量的多少，但在不同场合又有不同的表示方式。对货物采用含水量指标，用百分比表示；对空气湿度则以绝对湿度和相对湿度两种方式表示；对空气中的水汽结露成水珠采用露点来表示。

（4）特殊情况下的保留

为了保证保管质量，除了温度、湿度、通风控制，仓库还应根据货物的特性采取相应的保管措施。如对货物采取油漆、涂刷保护涂料、除锈、加固、封包、密封等保护措施，若发现虫害及时杀虫，释放防霉药剂等。必要时采取转仓处理，将货物转入具有特殊保护条件的仓库，如冷藏。

2.3.2 托盘货物的堆码方法

1. 堆码要求

（1）用木质、纸质和金属容器等做包装的硬质长方体货物与用纸或布包裹的长方体货物可采用单层码放、多层重叠堆码（见图2-3-1）或者交错堆码（见图2-3-2）。

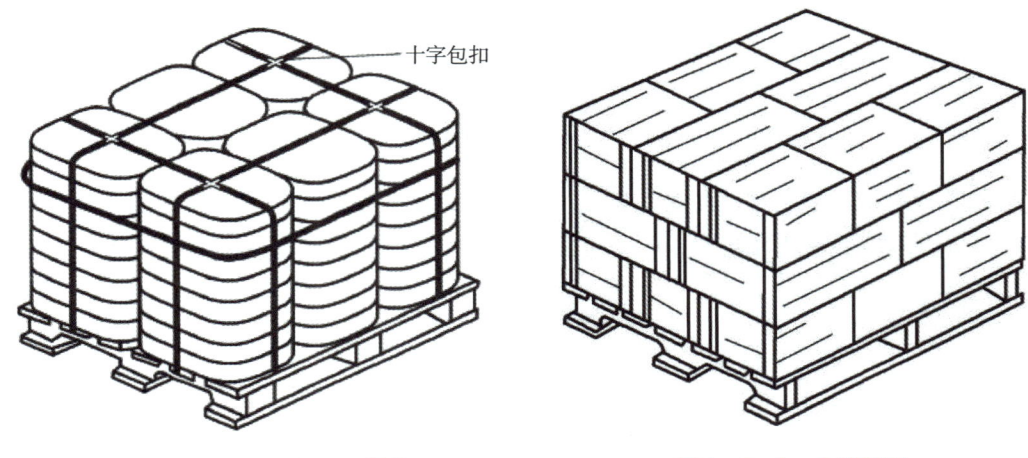

图2-3-1　多层重叠堆码　　　　　　图2-3-2　交错堆码

（2）桶、罐等圆柱体或盘管、钢丝、电线、绳索等，或其他可卷成圆柱体的货物，可单层码放或多层重叠堆码。根据其直径与托盘尺寸的关系，采用方阵码放（见图2-3-3）或错位码放（见图2-3-4）的方式。多层重叠堆码时，若为增加堆码的稳定性或为改善下层货物的受力状况，可在层间放入木隔板，对于上下底直径不同的开口空桶等还可扣过来多层套叠堆码（见图2-3-5）。

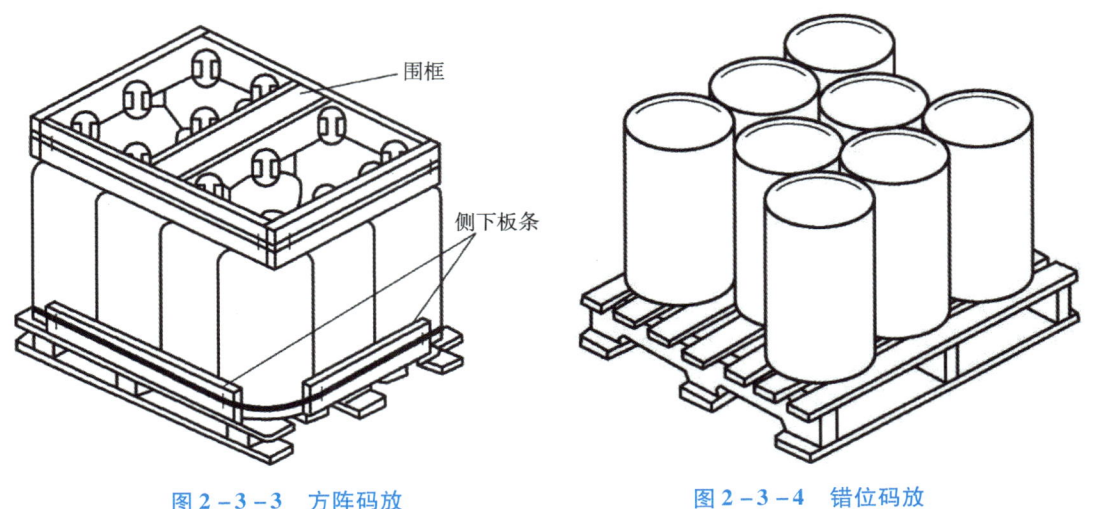

图2-3-3　方阵码放　　　　　　图2-3-4　错位码放

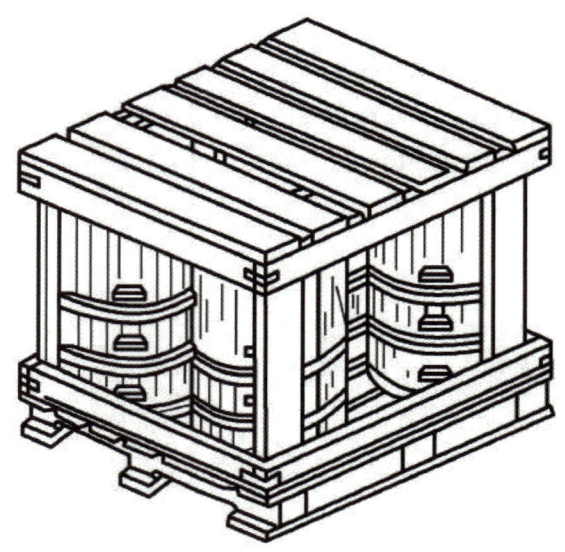

图2-3-5 多层套叠堆码

（3）形状不规则或不宜码放的货物、需要防止相互碰撞或摩擦或需防止压坏的货物，可堆码在有水平隔板或垂直隔板的箱式托盘中，但箱板或隔板要有足够的抗堆码强度（见图2-3-6）。

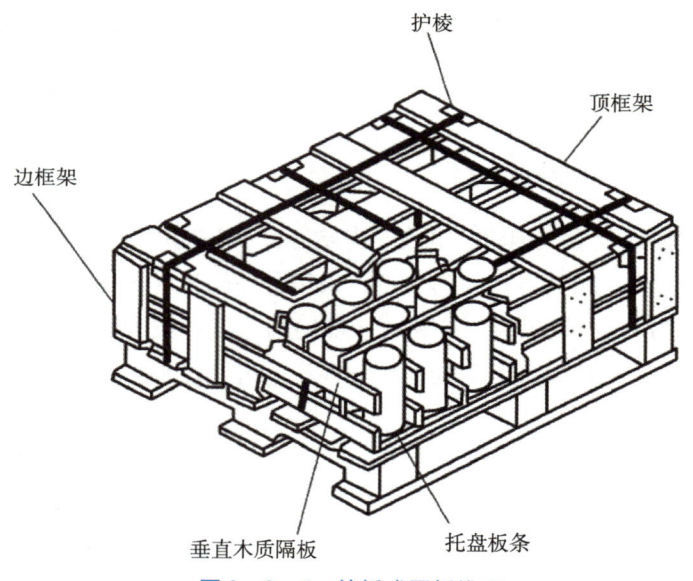

图2-3-6 箱板或隔板堆码

（4）像压缩气钢瓶等长圆柱体的容器或货物一般垂直单层码放，但要采取防倾倒措施，当多层水平堆码时要采取防滚动措施（见图2-3-7）。

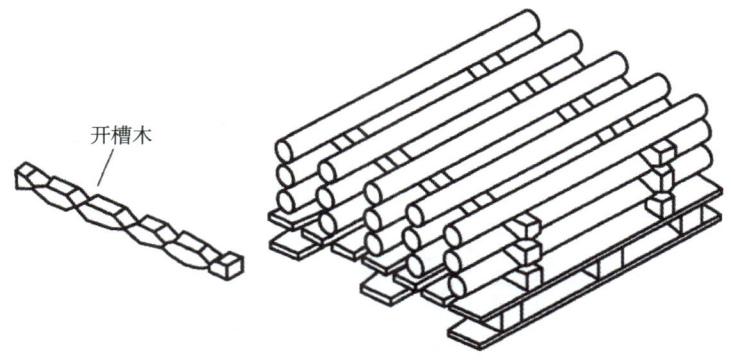

图 2-3-7 长圆柱体货物多层水平堆码

（5）袋类货物可多层交错压实堆码。

（6）对于没有装入容器而又不怕挤压的大量零散小型货物，可堆放在小型箱式托盘中，但箱板要有足够的强度。

2. 长方体货物堆码方法

在托盘上堆放同一种形状的长方体包装货物，可以采取各种交错咬合的方式，以保证足够的强度，有时甚至不需要其他方式加固。

托盘上货体堆码方式主要有重叠式、纵横交错式、旋转交错式、正反交错式四种，如图 2-3-8 所示。

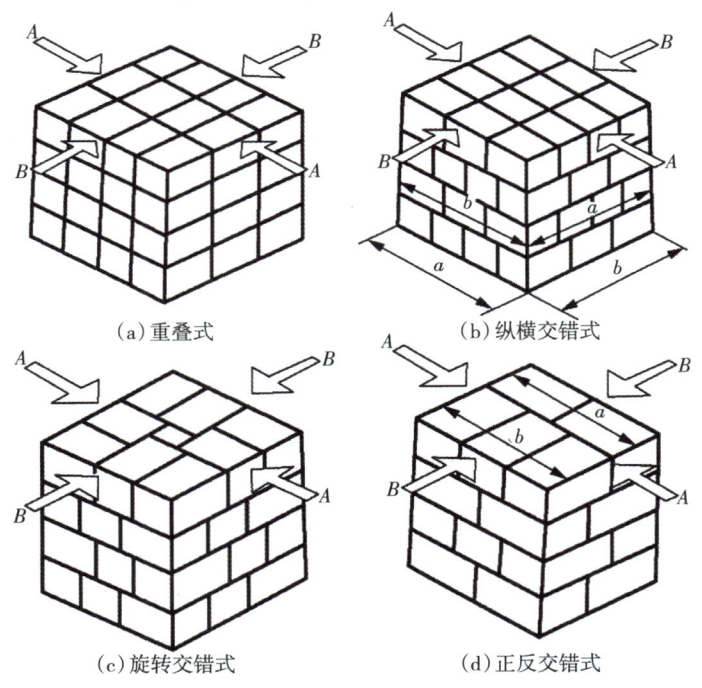

(a) 重叠式　　(b) 纵横交错式

(c) 旋转交错式　　(d) 正反交错式

图 2-3-8 长方体货物堆码方法

（1）重叠式

这是常用的一种堆码方式，即按照相同的堆叠方向和顺序层层码放。这种方法操作速度快，托盘使用率高，适合外形整齐、面积较大的货物，包装物四个角和边重叠垂直，承载力大。其缺点是各层之间缺少咬合作用，稳定性差，容易发生塌垛。在货体底面积较大的情况下，采用这种方式有足够的稳定性。一般情况下，重叠式（见图2-3-9）码放再配合各种紧固方式，不仅稳定性好，其操作也省力。

图2-3-9　塑料托盘堆码重叠式堆码

（2）纵横交错式

即相邻两层货物的摆放选择90°，第一层货物横放排列，第二层货物竖放排列，第三层参照第一层，以此类推。这种方法操作简单，适合自动装盘操作，如果配以托盘转向器，装完一层后，利用转向器旋转90°，工人则只用同一装盘方式便可实现纵横交错装盘，劳动强度和重叠式相同。重叠式和纵横交错式适合自动装盘机进行装盘操作。其缺点是层与层之间咬合效果不佳，强度不高，稳定性差。

（3）旋转交错式

即第一层货物摆放互为90°，第二层摆放方式相同，与第一层货物方向相差180°，第三层参照第一层，以此类推。这种方法稳定性好，不易塌垛，但缺点是操作难度大，中间的空心导致托盘使用率不高。

（4）正反交错式

即第一层相邻的两个包装体都成90°，第一层按照横二竖三的组合紧密摆放，即两层间的货物码放形式是另一层旋转180°的形式。第二层同样按照横二竖三的组合，不过与第一层方向相反；第三层参照第一层，以此类推。这种方法类似于建筑砌砖，稳定性高，适合外形整齐的货物，不同层间咬合强度较高，相邻层之间不重缝，因此码放后稳定性很高，但缺点是操作较为麻烦，而且包装体之间不是垂直面互相承受荷载，所以下部货体易被压坏。

2.3.3　储位和托盘编码方法

1. 储位编码方法

储位编码是指在分区、分类和划好储位的基础上，将仓库的库房、货场以及料架等存放货品的场所，划分为若干储位，然后按储存地点和位置排列，采用统一标记，编列储位的顺序号码，并做出明显标志，以方便仓库作业顺利进行。

储位编号好比商品在库的"住址"，根据不同的库房条件、商品类别和批量整理的情况，做好货位标号，以实现仓库的有序管理。在商品保管过程中，根据储位编号可以对库存商品进行科学合理的养护，有利于对商品采取相应的保管措施；在商品收发作业过程中，按照储位编号可以迅速、准确、方便地进行查找，不但提高了作业效率，而且减少了差错。

储位编号应按一定的规则和方法进行。首先确定编号的先后顺序规则，规定好库区、编排方向及顺序排列。其次采用统一的方法进行编排，要求在编排过程中所用的代号、连接符号必须一致，每种代号的先后顺序必须固定，每一个代号必须有固定的位置。

常见的货位编码方法有地址编码法、区段编码法、品类群编码法及坐标式四种。

（1）地址编码法

地址编码法利用保管区域中的现成参考单位（如是库场的第几栋，第几保管区、排、行、层、格等），依照其相关顺序进行编码。

这种编码方式由于所标注代表的区域通常以一个货位为限，且有相对顺序可依循，使用起来简单明了又方便，是目前仓储中心使用最多的编码方式。通常采用的编号方法为"三号定位法""四号定位法"。

三号定位法以排位单位的货架货位编号。将库房内所有的货架，以进入库门的方向，自左至右安排编号，继而对每排货架的夹层或格眼，在排的范围内按自上至下、自前至后的顺序编号。例如：5号库房设置8排货架，每排上下4层，共16个格眼。其中第8排货架，第7号格眼用"5－8－7"表示。

四号定位法是采用4个数字号码对应库房（货场）、货架（货区）、层次（排次）、货位（垛位）进行统一编号。例如："5－3－2－11"即指5号库房（5号货场）、3号货架（3号货区）、第2层（第2排）、第11号货位（11号垛位）。

编号时，为防止出现错觉，可在第一位数字后加上拼音字母"K""C"或"P"来表示，这3个字母分别代表库房、货场、货棚。如13K－15－2－26，即为13号库、15号货架、第2层、第26号货位。

（2）区段编码法

区段编码法是以区段为单位，把存储区分成几个区段，再对每个区段进行编码。每个号码代表货位区域的大小，因此适用于容易单位化的货物，以及大量或保管周期短的货物。

仓库管理人员可以根据商品多少对仓库进行区域划分。此种编码方式是以区段为单位，每个号码所标注代表的储位区域将会很大，因此适用于容易单位化的货品以及大量或保管周期短的货品。在A、B、C分类中的A、B类货物也适合这种编码方式。以物流量大小来决定货物所占的区段大小；以进出货频率来决定其配置顺序。

此外，还可以根据商品平均流量的大小确定区域的大小。对于平均流量较大的商品，可以多划分几个区域；对于平均流量较小的商品，则应该少划分几个区域。图2－3－10为存储区的区段式编码。

A1	A2	A3	A4
通道			
B1	B2	B3	B4

图 2-3-10　存储区的区段式编码

（3）品类群编码法

品类群编码法是把一些相关性商品通过集合后，将其区分为几个品类群，再对每个品类群进行编码。这种方式适用于容易按商品群保管的场合和品牌差别大的商品，如服饰群、五金群、食品群等。

（4）坐标式

坐标式是利用空间概念来编排货位的方式，这种编排方式由于对每个货位定位切割细小，在管理上比较复杂。其适用于流通率很小，需要长时间存放的货物，即一些生命周期较长的货物。

2. 托盘编码方法

（1）流水编码法

流水编码法又称顺序码和延伸式编码。编码方法是将阿拉伯数字或英文字母按顺序往下编排，如表 2-3-2 所示。流水编码的优点是代码简单，使用方便，易于延伸，对编码对象的顺序无任何特殊规定和要求。缺点是代码本身不会给出任何有关商品的其他信息。

表 2-3-2　流水编码法

托盘	编码
托盘 1	10000001
托盘 2	10000002
……	…
托盘 n	1000000n

（2）层次编码法

层次编码法是以分类对象的从属、层次关系为排列顺序而编制代码的一种方法。编码时将代码分成若干层级，并与分类对象的分类层级相对应。代码自左至右表示层级由高至低，代码左端为最高位层级代码，右端为最低位层级代码，各层级的代码常采用流水编码或系列流水码。如编码 00101001，001 表示企业代码，01 表示仓库代码，001 表示托盘流水代码。

2.3.4　入库储存

1. 办理入库交接手续

交接手续是指仓库对收到的货物向送货人进行确认，表示已接收货物。办理完交接手续，意味着划分清楚了运输、送货部门和仓库的责任。完整的交接手续包括以下 3 个流程：

（1）接收货物。

（2）接收文件。

（3）签署单证。

2. 进行货品编码

货品编码是指将货品按照分类内容加以有次序的编排，用简明的文字、符号或数字代替货品的"名称""类别"及其他有关信息的一种方式。

货品编码的基本原则如下：

（1）简易性。

（2）完全性。

（3）单一性。

（4）一贯性。

（5）充足性。

（6）扩充弹性。

（7）组织性。

（8）易记性。

（9）分类展开性。

（10）应用机械性。

常见货品编码的方法如下：

（1）伸式编号法

这种编号方法是从1开始，按数字顺序一直编下去，多用于账号或发票编号，如表2-3-3所示。

表2-3-3 伸式编号法

编号	货品名称
1	空调
2	冰箱
3	洗衣机
…	……
N	微波炉

（2）数字分段法

把数字分段，每一段代表货品的一种特性。这种方法分段清晰，表示明确，容易记忆，使用较广，如表2-3-4所示。

表2-3-4 数字分段法

类别	形状	供应商	尺寸
（货品类别）	（货品形状）	（供应商代号）	（货品尺寸）

（3）实际意义编号法

按照货品名称、重量、尺寸、分区、货位、保存期限等实际情况编号，如表2-3-5所示。

表 2-3-5 实际意义编号法

类别	尺寸	货位
F0	4915	B1
↓	↓	↓
FOOD（食品）	尺寸（4×9×15）	B 区第一排货架

3. 登账

为了保证实物明细账的准确性、可用性，配送中心仓库管理人员在填写账册时要做到实事求是，依据合法的凭证，掌握正确的记录方法，并采用恰当的书写方式。

4. 立卡

商品保管卡是一种实物标签，是配送中心仓库管理人员管理商品的"耳目"。商品保管卡的主要内容包括以下 3 个方面：

（1）表示货物的状态，如待检、待处理、不合格、合格等。

（2）标明货物的名称、规格、供应商和批次。

（3）商品的入库、出库与库存动态等信息。

5. 建立商品档案

建立商品档案是将与入库作业过程有关的资料、证件进行分类保存，从而详细地了解商品入库前后的活动全貌。为了建立完善的商品档案，配送中心仓库管理人员需要收集以下资料：

（1）商品入库时的资料。

（2）商品保管时的资料。

（3）商品出库时的资料。

在商品入库后，配送中心仓库管理人员收集完入库时的资料，建立商品档案，并对其进行管理。管理时需要注意对档案统一编号、确定资料的保管期、及时更新资料。

2.3.5 盘点作业

一般盘点依循图 2-3-11 所示步骤逐步实施。

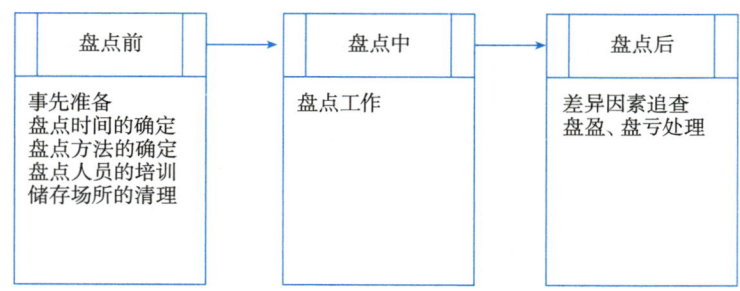

图 2-3-11 盘点作业步骤

1. 事先准备

事先准备的工作内容包括：明确建立盘点的程序方法；配合会计决算进行盘点；盘点、复盘、监盘人员必须经过训练；盘点用的表格必须事先印制完成；库存资料必须确定结清。

准备盘点用的表格样式如下：

盘点卡

卡号：　　　　　　　　　　　　　　　　　　　　　　　　　　　　　　　盘点日期：

品名		规格	
编号		单位	
储放位置		货架号	
账面数量		实盘数量		差异	
说明	
复盘人	
盘点人	

2. 盘点时间的确定

一般来说，为保证账物相符，货物盘点次数越多越好，但盘点需投入人力、物力、财力，有时大型全面盘点还可能引起生产的暂时停顿，所以合理地确定盘点时间非常必要。引起盘点结果盈亏的关键原因在于出入库过程中发生的错误，出入库越频繁，引起的误差越会随之增大。

确定盘点时间时，既要防止过久盘点对公司造成的损失，又要考虑配送中心资源有限，商品流动速度较快的特点，在尽可能投入较少资源的同时，加强库存控制，可以根据商品的不同特性、价值大小、流动速度、重要程度来分别确定不同的盘点时间，盘点时间间隔可以为每天、每周、每月、每年盘点一次不等。如 A 类主要货品每天或每周盘点一次；B 类货品每两三周盘点一次；C 类不重要的货品每月盘点一次即可。另外必须注意，每次盘点持续的时间应尽可能短，全面盘点以 2～6 天内完成为佳，盘点的日期一般会选择：

（1）财务结算前夕。通过盘点计算损益，以查清财务状况。

（2）淡季进行。因淡季储货较少，业务不太繁忙，盘点较为容易，投入资源较少，且人力调动也较为方便。

若是连锁型企业，要对其店铺进行商品盘点，需要注意以下几点：

（1）原则上规定各店铺为每两月盘点一次，盘点时间为 25 日，具体时间由财务部于盘点月份 20 日之前通知到位。

（2）因各店铺实际情况不同，若需更改盘点日期，应由各店铺负责人提前 5 天申请更改并通知有关部门。

（3）店铺盘点时间一般定为晚上营业结束后至次日凌晨，配货中心为白天进行盘点，特殊情况除外。

（4）超市总部盘点小组有不定期对各店铺、配货中心进行突击盘点检查的权力。

3. 盘点方法的确定

（1）账面盘点法

账面盘点法是将每一种商品分别设立"存货账卡"，然后将每一种商品的出入库数量及有关信息记录在账面上，逐笔汇总出账面库存结余量。

（2）现货盘点法

现货盘点法是对库存商品进行实物盘点的方法。按盘点时间频率的不同，现货盘点又分为期末盘点、定期盘点、循环盘点、抽样盘点和临时盘点。

1）期末盘点法

期末盘点是指在会计计算期末统一清点所有商品数量的方法。由于期末盘点是将所有商品一次点完，因此工作量大、要求严格。通常采取分区、分组的方式进行。分区即将整个储存区域划分成不同的责任区，不同的区由专门的小组负责点数、复核和监督，因此，一个小组通常至少需要两人分别负责清点数量并填写盘存单，复查数量并登记复查结果，第三人核对前两次盘点数量是否一致，对不一致的结果进行检查。等所有盘点结束后，再与计算机或账册上反映的账面数核对。

2）定期盘点法

定期盘点又称闭库式盘点，即将仓库其他活动停止一定时间，对存货实施盘点。一般采用与会计审核相同的时间跨度。

3）循环盘点法

循环盘点是指每天、每周清点一部分商品，一个循环周期将每种商品至少清点一次的方法。循环盘点通常对价值高或重要的商品检查的次数多，而且监督更严密，而对价值低或不太重要的商品盘点的次数可以尽量少。循环盘点一次只对少量商品盘点，所以通常只需保管人员自行对照库存数据进行点数检查，发现问题按盘点程序进行复核，并查明原因，然后调整。也可以采用专门的循环盘点单登记盘点情况。

4）抽样盘点法

抽样盘点是由审查单位或其他管理单位所发起的突击性质的盘点，目的在于对仓储管理单位是否落实管理工作进行审核。抽样盘点可针对仓库、料件属性、仓库管理员等不同方向进行。

5）临时盘点法

临时盘点是因为特定目的对特定料件进行的盘点等。要得到准确的库存情况并确保盘点无误，可以采取账面盘点与现货盘点平行的方法，以查清误差出现的实际原因。无论采用何种盘点方法，在盘点结束后，需将盘点结果整理于盘点表中（见表2-3-6）。

表2-3-6 盘点表

盘点范围： 盘点时间： 年 月 日

责任人签字	盘点项目			数量					
	品种	入库	出库	账面数量	实际盘点数	差量	批次	票号	出库率
备注说明									

4. 盘点人员的培训

为使盘点工作得以顺利进行，盘点时必须增派人员协助进行。必须有效组织各部门增援的人员并对其进行短期训练，使每位参与盘点的人员能够切实发挥作用。

5. 储存场所的清理

盘点作业开始之前必须对盘点现场进行整理，以提高盘点的效率和盘点结果的准确性，清理工作主要包括以下几个方面：

（1）盘点前对已验收入库的商品进行整理并将其归入储位，对未验收入库属于供货商的商品，应区分清楚，避免混淆；对残次品进行清理、归类放齐；对退货商品应及时处理，暂无法退货的应进行标识；对赠品，则进行清理并单独存放加以标识。

（2）盘点开始前，应提前通知，将需要出库配送商品提前做好准备。

（3）账卡、单据、资料均应整理后统一结清以便及时发现问题并加以预防。

（4）预先鉴别变质、损坏商品，及时从店铺中清理出报废品。对储存场所堆码的货物进行整理，特别是对散乱货物进行收集与整理，以方便盘点时计数。在此基础上，由商品保管人员进行预盘，以提前发现问题并加以预防。

（5）整理内仓、货架上的商品陈列。

（6）清除店铺内的死角。

6. 盘点工作

盘点时，因工作单调琐碎，人员较难持之以恒。为确保盘点的准确性，除人员培训时加强引导外，工作进行期间应加强指导与监督。

7. 差异因素追查

当盘点结束后，发现所得数据与账簿资料不符时，应立即追查产生差异的主要原因，并填制盘点盈亏汇总表（见表2-3-7）。

表2-3-7 盘点盈亏汇总表

品名	规格	账面资料		实盘资料		盘盈		盘亏		差异原因	对策
		数量	金额	数量	金额	数量	金额	数量	金额		
总经理			财务部经理			仓储部经理			制表人		

备注：第一联是仓库依据此单登记卡片，第二联是财务账联。

一般而言，产生盘点差异的原因主要有如下几个方面：

（1）记账员素质不高，登录数据时发生错登、漏登等情况。
（2）账务处理系统管理制度和流程不完善，导致货品数据不准确。
（3）盘点时发生漏盘、重盘、错盘现象，导致盘点结果出现错误。
（4）盘点前数据未结清，使账面数不准确。
（5）出入库作业时产生误差。
（6）由于盘点人员不尽责导致货物损坏、丢失等后果。

8. 盘盈、盘亏处理

查清原因后，为了通过盘点使账面数与实物数保持一致，需要对盘点盈亏和报废品一并进行调整。除了数量上的盈亏，有些商品还会通过盘点进行价格的调整，这些差异的处理，可以经主管审核后，用货物盘点更正表（见表2-3-8）进行更正。

表2-3-8 货物盘点更正表

货币名称	货币编号	单位	规格	账面数额			盘点实存			数量盈亏				价格增减				原因说明	负责人	备注
										盘盈		盘亏		盘盈		盘亏				
				数量	单价	金额	数量	单价	金额	数量	金额	数量	金额	数量	金额	数量	金额			

2.3.6 入库储存实训

1. 实训目的

掌握入库储存的流程，树立工匠精神意识，并能将工匠精神中"敬业、精益、专注"的品质运用于未来的工作岗位中，培养学生降低仓储成本的意识。

2. 实训材料

各种规格型号的纸箱、条码编辑打印软件、打印机、托盘、叉车、堆高车、液压搬运车以及《项目任务单》。

3. 实训步骤

（1）分组实训，扮演各种角色

模拟供应商送货，可以根据商品验收的内容，设置几种商品问题，如数量溢余、水渍、油渍、包装破损等，并且事先不向扮演配送中心的小组透露。

（2）货位安排

配送中心根据入库任务单和物动量分析及托盘码货结果，为入库商品安排储位。储位安排时，要遵循方便出库方便作业的原则，同时要考虑2.3.1中，ABC各类商品所处的货架层数不能放错。

并根据 2.3.1 中的货位图，绘制货位存储图。

（3）配送中心验收

配送中心根据验收标准和内容进行商品验收。根据任务一任务二引导案例中的表 2-3-1 当日的入库通知单，结合分类标准，制定当日的收货检验单（见表 2-3-9），并填写商品验收入库单。

表 2-3-9 收货检验单

入库任务单编号：R20220529　　　　　　　　　　　　　　　　　　　　计划入库时间：到货当日

序号	商品名称	包装规格（mm）（长×宽×高）	单价（元/箱）	生产日期	保质期	应收数量（箱）	实收数量（箱）	验收数量（箱）	ABC 分类

供应商：万事通达商贸有限公司

（4）托盘码货

配送中心在验收的同时，根据 2.3.2 托盘货物的堆码方法，进行托盘码货作业，并粘贴托盘码。

4. 托盘码货图的绘制

能结合具体的货物尺寸、托盘规格，为货物设计相应的最合理托盘堆码方法，绘制托盘码货图。

（1）调出绘图工具栏。可以从 Word 的视图—工具栏—绘图中调出，也可以在工具栏中单击鼠标右键选择绘图。

（2）绘制托盘。此处按照 1∶20 的比例绘制，单击绘图工具栏中的矩形工具，在出现的"单击此处绘制图形"的绘图画布中单击一下，出现一个矩形框，双击该矩形框，设置其大小为：宽度 6 cm，高度 5 cm。

（3）绘制货品。此处以"顺心奶嘴"，尺寸 220mm×180mm×160mm 为例，因为是俯视图，只涉及长和宽。单击绘图工具栏中的矩形工具，在托盘上单击，将其大小修改为宽度 1.1cm，高度 0.9 cm，单击绘图工具栏中的 图标，将颜色选择为"灰色——50%"，给货品填充颜色。

（4）设计最优方案。根据货品和托盘的尺寸大小的配合关系，设计能够使得托盘的利用率最高的托盘码货方案，并据此绘制托盘码货图。

（5）绘制最优方案。在第三步中已经绘制了一个货品图，现在选中该货品图，按住"Ctrl"键，在鼠标出现一个"+"后，拖动该图，可以复制一个货品图。再拖动后可以复制第三个，由于该货品图与最优方案的方向不一致，需要做 90°旋转。可以将鼠标移动到该图的 标识上，当出现一个黑色的旋转箭头时，单击鼠标将该图形旋转 90°，调整到合适位置后，可以用同样的方法复制两个，就完成了最优方案的绘制。将所有图形选中，单击鼠标右键，选择"组合"文本框，使所有图形成为一体。

（6）绘制偶数层和托盘的长宽尺寸。将上面所绘制的托盘图复制一份，旋转90°，就完成了偶数层的绘制。用箭头和直线控件绘制长宽标尺。在标尺上添加文本框，输入数据，双击文本框，将其"线条与颜色"中的透明度设为100%，线条样式设为"无线条颜色"。这样根据入库数量和商品单层码货数量，就可以知道商品入库所需托盘数。"顺心奶嘴"这种商品，只需要在一个托盘上码放两层就可以了，其中第二层只需要码放一箱。其他货品的托盘码货图绘制方法与此相同。

5. 托盘条码的编制

根据当日的入库检验作业，分析出需分托处理的商品，并计算得出需要的托盘数，对其进行条码编制（见表2-3-10）。

表2-3-10 托盘条码的编制

序号	托盘	编码

6. 商品入库

配送中心作业人员操作叉车或堆高车完成商品的上架入库作业。

任务四 订单处理作业

学习目标

知识目标

1. 掌握订单处理的内涵。
2. 熟悉订单处理的要素。
3. 掌握订单处理类型。
4. 掌握订单处理流程。

技能目标

1. 能够对客户订单进行有效性判定，并能够制定无效订单的应变方法。
2. 能够根据相关的优先权原则缩短订单处理时间。
3. 能够快速处理订单并降低出错率。

素养目标

1. 养成诚实守信的职业道德。

2. 培养精益求精的敬业精神。
3. 弘扬物流人的服务意识和能力。

引导案例

2022年10月14日，众联智联物流与供应链集团仓库接到订单名为太原太美好有限公司订单。该企业在仓库信用额度为5万元，应收账款为4.8万元，且仓库库存显示农夫山泉库存不足。订单显示如下：

订单编号：O2022415C01　　　　　　　　　　　　　　　　　业务单号：F20220504-01

订货方编号	K05t001	订货单位名称		太原太美好有限公司	
订货单位联系人	张水方	订货单位联系电话		80885888	
公司地址		太原市			
序号	名称	外包装规格（mm）	单位	数量	单价（元）	金额（元）
1	农夫山泉	330×200×230	箱	13	28.00	364.00
2	百事可乐	450×250×280	箱	12	52.00	624.00
3	雪碧	330×240×240	箱	23	48.00	1104.00
4	脉动饮料	542×341×521	箱	4	45.00	180.00
总计		人民币大写：贰仟贰佰柒拾贰圆整				2272.00
经办人：		部门主管：				

启发与思考

1. 如何处理该订单？
2. 该订单是否有效？

2.4.1 订单处理作业概述

1. 订单处理的概念

由接到客户订货开始到准备开始拣货之前的作业，称为订单处理，这一过程包括客户订单资料的确认、存货查询与分配、缺货处理到输出拣货单和分货单。

订单处理可以通过人工或计算机信息系统来完成。其中，人工处理一般是少量的订单，一旦订单数量增多，就会出现效率缓慢或者错误率提高。计算机信息系统处理订单速度快、成本低，适合大量订单的处理。

2. 订单内容

一份完整的订单一般包括表头和订单明细两部分。订单表头部分主要包括：订单号、订货日期、客户代号、客户名称、客户采购单号、送货时期、配送批次、付款方式、业务员号、配送要求、订单形态等信息。

订单明细部分主要包括：订单号、商品代码、商品名称、商品规格、商品单价及订购数量、订购单位、金额、折扣、交易类别等信息。

无论是订单的表头部分还是明细部分，一般都由关键信息（如订单号码）来连接，有助于订单处理相关岗位人员核对订单或方便分割汇总订单。各配送中心可以根据订单处理系统的要求自行设计内容与格式。

3. 订单处理流程

订单处理的一般作业流程如图2-4-1所示。

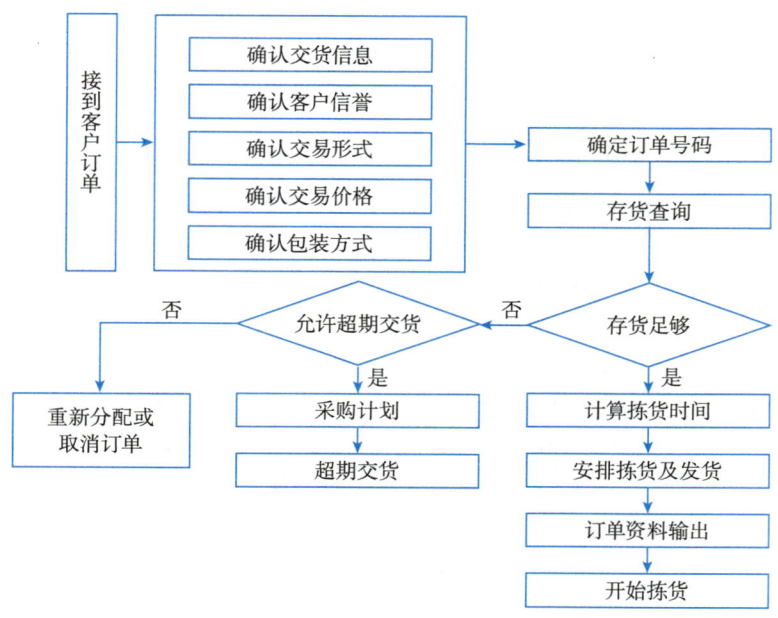

图2-4-1 订单处理的一般作业流程

2.4.2 接收客户订单

订货方式主要有传统订货与电子订货两种。

1. 传统订货方式

（1）业务员跑单接单。业务员到客户处推销产品，然后将订单带回公司。紧急时，用电话方式先与公司联系，通知有客户订单，让公司做好发货准备。

（2）厂商补货。供应商直接将商品放在车上，一家家去送货，这种方式一般适用于快消品以及新上市的产品。

（3）厂商巡视、隔日补货。供应商派巡货人员前一天先到各客户处寻查需补充的货物，隔天再予以补货。这种方法的好处是可利用巡货人员为店铺整理货架、贴标或提供经营管理意见等机会促销新产品，或将自己的产品放在最占优势的货架上。

（4）电话口头订货。订货人员通过电话口头向厂商订货，这种方式由于订货商品种类多，以及面向的厂商不止一个，导致出错率极高，而且费时。

（5）传真订货。客户将缺货商品整理成书面资料，利用传真机传给厂商。这种方式虽可快速地传送订货资料，但其传送资料品质不良，常增加事后确认作业。

（6）客户自行取货。客户自行到供应商处看货、补货，这种方式多为传统杂货店因离供应商距离较近而采用。客户自行取货虽可省去配送作业，但个别取货可能影响物流作业的连贯性。

不管利用上述何种方式订货，皆需人工输入资料，而且经常出现重复输入、传票重复填写的情况，这不仅在输入、输出过程中耽误时间，还可能产生误差，导致无谓的浪费。由于现阶段客户更趋向于高频度的订货，且要求快速配送，传统订货方式已无法满足客户的需求，因此电子订货方式应运而生。

2. 电子订货方式

电子订货方式是指配送中心借助计算机信息处理系统，将订货信息转为电子信息，借助通信网络传送订单的一种订货方式。其方法主要有：

（1）订货簿或货架标签配合手持终端机及扫描器。订货人员携带订货簿及手持终端机巡视货架，若发现商品缺货，则用扫描器扫描订货簿或货架上的商品标签，再输入订货数量，当所有订货资料皆输入完毕后，利用手持终端机将订货信息传给供应商或配送中心。

（2）POS机订货。客户若有POS机，则可在商品存档里设定安全存量，每当销售一笔商品后，计算机将自动扣除该商品库存，当库存低于安全存量时，便自动产生订货资料，将此订货资料确认后，即可通过通信网络传给总公司或供应商。也有客户将每日的销售资料传给总公司，总公司将销售资料与库存资料对比后，根据采购计划向供应商下单。这种方式适合于连锁企业的销售终端向配送中心订货。

（3）处理系统。客户信息系统中如果安装了订货处理系统，可将处理系统产生的订货资料，由转换软件转成与供应商约定的共同格式，在约定时间内将资料转送出去。

与传统订货方式相比，电子订货方式由于其传递速度快、可靠性好、准确性高及运行成本低，逐渐成为订货信息的主要传递方式。

2.4.3　客户订单确认

订单内容的确认包括订单需求品种、数量及日期的确认，客户信用的确认，订单形态的确认，订货价格的确认，包装加工的确认，设定订单号码，建立客户档案等。

1. 订单需求品种、数量及日期的确认

接单以后，首先应确认商品名称、数量及日期，即检查品名、数量、送货日期等是否有遗漏、笔误或不符合公司要求的情形。尤其当送货时间有问题或出货时间已延迟时，更需与客户再次确认订单内容或更正运送时间。同样地，若采用电子订货方式接单，也需对已接收的订货资料加以检验确认。

2. 客户信用的确认

无论订单是由何种方式传至公司，配送系统都要核查客户的财务状况，以确定其是否有能力支付该订单的账款。通常的做法是检查客户的应收账款是否已超过其信用额度。若客户的应收账款已超过其信用额度，系统会自动加以警示，以便输入人员决定是继续输入该客户的订货资料，还是拒绝其订单。运营部门一旦发现客户的信用有问题，则将订单送回销售部门予以调查或退回订单。

3. 订单形态的确认

配送中心虽具备整合传统批发商及物流信息的功能，但是面对较多的交易对象时，仍需根据客

户的不同需求采取不同做法。在接收订单业务上，表现为具有多种形态的交易订单，所以配送中心应对不同的客户采取不同的交易及处理方式。

4. 订货价格的确认

不同级别的客户可能对应不同的交易价格，不同的订购数量也可能导致交割的差异，因此将商品订货价格输入信息系统时应加以核对。若输入的价格不符（输入错误或业务员降价接收订单等），系统应加以锁定，以便上级主管审核。

5. 包装加工的确认

针对客户订购的商品，要注意订单上有没有特殊包装要求，是否有分装、贴标签等要求，有赠品的还需要确认记录有关赠品的包装资料等。

2.4.4 存货查询与分配

订单处理的关键环节之一是查询配送中心存货并分配给每位客户，实现库存信息实时监控，同时对客户信用、交货时间等密切关注。

1. 存货查询

确认是否有库存能够满足客户需求，又称"事先拣货"。存货档案资料一般包括货品名称、代码、产品描述、库存量、已分配存货、有效存货及期望进货时间。查询存货档案资料，看此商品是否缺货，若缺货，则应提供商品资料或是此缺货商品是否已经采购但未入库等信息，便于接单人员与客户协调是否改订其他替代品或是允许延后出货等权宜办法，以提高接单人员的接单率及接单处理效率。

2. 分配存货

订单资料输入系统确认无误后，最主要的处理作业在于如何将大量的订货资料做最有效的汇总分类、调拨库存，以便后续的物流作业能有效地进行。一般来说，存货分配有两种模式：

（1）单一订单分配。此种情况多为线上即时分配，即在输入订单资料时，就将存货分配给该订单。

（2）批次分配。累计汇总已输入的数笔订单资料后，再一次性分配库存。配送中心因订单数量多、客户类型等级多，且多为每天固定配送次数，因此通常采用批次分配以确保库存能得到最佳分配，但需注意订单分批灵活处理的原则与方法，如表2-4-1所示。

表2-4-1 批次分配

批次分配原则	说明
按接单顺序	将整个接单时段划分为几个区段，若一天有多个配送批次，可配合配送批次，将订单按接单先后分为几个批次处理
按配送区域路径	将同一配送区域或路径的订单汇总合并处理
按流通加工要求	将需要加工或相同流通加工处理的订单汇总合并处理
按车辆需求	若配送商品需要特殊的配送车辆（如低温车、冷冻车、冷藏车等）或根据客户所在地卸货特性，汇总合并处理

若以批次分配选定参与分配的订单后，订单的某商品总出货量大于可分配的库存量，则应如何取舍来分配有限的库存呢？可依据客户订购优先性的四原则来决定客户订购的优先性。

3. 拣货顺序确定与拣货时间计算

拣货顺序直接影响拣货的效率，它决定了拣货人员行走距离的长短，即拣货时间长短。拣货顺序可依据仓储货位的状况及货物存放的位置来确定。

由于要有计划地安排出货时间，因而要事先掌握每一订单或每批订单可能花费的拣取时间，据此计算订单拣取的标准时间。

首先，计算每一单元（一托盘、一纸箱、一件）的拣取标准时间，且将它设定于电脑记录标准时间档，将此个别单元的拣取时间记录下来，则无论数量多少，都很容易推导出整个标准时间。

其次，有了单元的拣取标准时间后，即可依每品项订购数量（多少单元）再配合每品项的寻找时间，来计算出每品项拣取的标准时间。

最后，根据每一订单或每批订单的订货品项及考虑一些纸上作业的时间，将整张或整批订单的拣取标准时间算出。

这种拣货时间的计算只是一个粗略的计算，因为总的拣货时间还与拣货人员的行走时间有关，同时与拣货人员作业的熟练程度有关。在进行拣货作业时，操作人员应在保证准确性的前提下，尽可能缩短行走时间、寻找货物的时间、拣取货物的时间，从而提高拣货的效率。

要想缩短上述三方面的时间，就必须选择合理有效的拣货方式和辅助拣货设备。

根据存货状况进行存货分配，对这些已分配存货的订单，应如何安排出货时间及拣货先后顺序，通常会再依据客户需求、拣取标准时间及内部工作负荷来拟定。

4. 存货不足的处理

存货分配后，若有缺货情况发生，而客户又不愿以替代品替代时，则应按照客户意愿与公司政策来决定对应方式。处理方式大致如下：

（1）重新调拨

若客户不允许过期交货，而公司也不愿失去此客户订单时，则有必要重新调拨分配订单。

（2）补交货

若客户允许不足额的订货，等待有货时再予补送，且公司政策也允许，则采取"补送"方式；若客户允许不足额的订货或整张订单留待下次订单一同配送，则也采取"补送"处理。

（3）删除不足额订单

若客户允许不足额订单可等待有货时再予以补送，但公司政策并不希望分批出货，则只好删除不足额的订单；若客户不允许过期交货，且公司也无法重新调拨，则可考虑删除不足额的订单。

（4）延迟交货

有时限延迟交货：客户允许一段时间的过期交货，且希望所有订单一同配送。

无时限延迟交货：不论要等多久，客户皆允许过期交货，且希望所有订货一同送达，则等待所有订货到达后再出货。

（5）取消订单

若客户希望所有订单一同配达，且不允许过期交货，而公司也无法重新调拨时，则只有将整张订单取消。

存货不足的处理方法有多种，但其核心是必须跟客户取得协调或交易时即与客户约定好，并将这些变动纳入系统，以减少客户的两次损失。

2.4.5　订单资料处理输出

订单资料经由上述的处理后，即可开始打印出货单据，开始后续的作业。

拣货单可提供商品出库指示资料，并作为拣货的依据。拣货单需配合配送中心的拣货策略及拣货作业方式来加以设计，以提供详细且有效率的拣货信息，便于拣货的进行。拣货单的打印应考虑商品储位，依据储位前后相关顺序打印，以缩短人员重复往返取货的时间，同时拣货数量、单位也要详细确认标示。

拣货单一般分为两类，即客户订单分拣单或品种拣货单，具体样式如下：

客户订单分拣单样表

订单号：0001

订货单位：				电话：			
地址：				订货日期：			
序号	药品名称	药品规格	数量	重量（kg）	体积 （cm×cm×cm）	单价（元）	总价（元）	备注
1								
2								
3								
4								

品种拣货单

拣货单号			包装单位				储位号码	
商品名称		数量		托盘	箱	单件		
规格型号								
商品编码								
出货时间						出货货位		
拣货时间						拣货人		
核查时间						核查人		
商品名称	订单编号		客户名称		生产厂家		数量	备注

实训任务

某日，某配送中心以电话、传真、业务员跑单及电子订货四种方式接到订单，通过各种方式接到的订单的内容如下。

通过电话订货的客户是 L 连锁超市杭州总店，且送货时间上限为次日上午 10：00 之前，订单内容如下：

序号	货号	货品名称	型号规格	单位	单价（元）	数量	送货时间	是否允许延迟交货
1	A001	美的电热壶	12S03CZ	箱	598.00	3	次日上午10：00 之前	否
2	D001	松下吹风机	EH－ND20	箱	496.00	6		
3	W002	西门子微波炉	SDHC04	箱	699.00	1		
4	F003	方便面	150g	箱	24.00	5		
5	F004	笋干老鸭煲面	115g	箱	36.00	2		
6	K001	金锣火腿肠	50g×10	箱	38.00	8		
7	S002	纯净水	500ml	箱	24.00	8		
8	B003	戴尔电脑显示器	D330	台	1588.00	4		

通过传真订货的是 L 连锁超市宁波店，送货时间限制为次日内，订单内容如下：

序号	货号	货品名称	型号规格	单位	单价（元）	数量	金额（元）	送货时间	是否允许延迟交货
1	W002	西门子微波炉	SDHC04	箱	699.00	2	1398.00	次日内	否
2	A002	美的电饭煲	YJ407J	箱	719.00	5	3595.00		
3	B003	戴尔电脑显示器	D330	台	1588.00	5	7940.00		
4	S001	金龙鱼芝麻油	220ml	箱	459.00	4	1836.00		
5	S002	纯净水	500ml	箱	24.00	6	144.00		
6	F003	方便面	150g	箱	24.00	6	144.00		
7	K001	金锣火腿肠	50g×10	箱	38.00	6	228.00		
8	D001	松下吹风机	EH－ND20	箱	496.00	7	3472.00		

业务员跑单接到的是 L 连锁超市温州店，送货时间无限制，订单内容如下：

序号	货号	货品名称	型号规格	单位	单价（元）	数量	金额（元）	送货时间	是否允许延迟交货
1	D001	松下吹风机	EH－ND20	箱	496.00	5	2480.00	无具体要求	—
2	W002	西门子微波炉	SDHC04	箱	699.00	1	699.00		
3	A002	美的电饭煲	YJ407J	箱	719.00	6	4314.00		
4	S002	纯净水	500ml	箱	24.00	8	192.00		
5	F003	方便面	150g	箱	24.00	4	96.00		
6	F004	笋干老鸭煲面	115g	箱	36.00	1	36.00		
7	A001	美的电热壶	12S03CZ	箱	598.00	5	2990.00		
8	S001	金龙鱼芝麻油	220ml	箱	459.00	2	918.00		

通过电子订货方式订货的是 L 连锁超市台州店，送货时间限制为两日内，订单内容如下：

序号	货号	货品名称	型号规格	单位	单价（元）	数量	金额（元）	送货时间	是否允许延迟交货
1	W002	西门子微波炉	SDHC04	箱	699.00	2	1398.00	两日内	否
2	A002	美的电饭煲	YJ407J	箱	719.00	9	6471.00		
3	B003	戴尔电脑显示器	D330	台	1588.00	6	9528.00		
4	S001	金龙鱼芝麻油	220ml	箱	459.00	1	459.00		
5	S002	纯净水	500ml	箱	24.00	5	120.00		
6	F003	方便面	150g	箱	24.00	5	120.00		
7	K001	金锣火腿肠	50g×10	箱	38.00	10	380.00		
8	A001	美的电热壶	12S03CZ	箱	598.00	3	1794.00		

请将以上订单进行处理、分类或合并，最后录入管理信息系统中，并形成作业计划单。

实践案例

浙江某配送中心截至 2023 年 3 月底共开发了 10 位企业客户，企业客户资料如下：

客户档案一

客户编号	20030401					
公司名称	华伟商贸有限公司		代码		HW	
法人代表	黄庆	家庭地址	杭州市西湖区高技街翠苑四区 4－301		联系方式	87535678
证件类型	营业执照	证件编号	120109278362905		营销区域	杭州市区
公司地址	杭州市西湖区文一路 129 号		邮编	310010	联系人	刘鹏
办公电话	87530864		家庭电话	83520573	传真号码	87530865
开户银行	杭州联合银行		银行账号		××××××7352	
公司性质	中外合资	所属行业	商业	注册资金	200 万元	经营范围	食品、办公用品
信用额度	8 万元	忠诚度	一般	满意度	较高	应收账款	4.8 万元
客户类型	普通型			客户级别	B		
建档时间	2003 年 4 月			维护时间	2020 年 2 月		

客户档案二

客户编号	20040602					
公司名称	旺旺超市		代码		WW	
法人代表	王三	家庭地址	杭州市拱墅区信义坊 6－1－1102		联系方式	87654878
证件类型	营业执照	证件编号	120108776875375		营销区域	拱墅区
公司地址	杭州市拱墅区湖墅南路 154 号		邮编	310011	联系人	王冠
办公电话	83976580		家庭电话	87654996	传真号码	83976581
开户银行	杭州商业银行		银行账号		××××××9785	
公司性质	民营	所属行业	零售业	注册资金	80 万元	经营范围	日用品、食品、办公用品
信用额度	10 万元	忠诚度	一般	满意度	高	应收账款	9.8 万元
客户类型	普通型			客户级别	B		

续表

建档时间	2004 年 6 月	维护时间	2020 年 5 月

客户档案三

客户编号	20030203					
公司名称	家佳福超市			代码	JJF	
法人代表	陈开军	家庭地址	杭州市上城区平海路平海家园 5－505	联系方式	83557890	
证件类型	营业执照	证件编号	120213432567876	营销区域	上城区	
公司地址	杭州市上城区清泰街 204		邮编	310012	联系人	刘俊
办公电话	88293647	家庭电话	83468679	传真号码	88293600	
开户银行	招商银行清泰支行		银行账号	××××××8903		
公司性质	民营	所属行业	零售业	注册资金	70 万元	经营范围	日用品、食品、办公用品
信用额度	12 万元	忠诚度	一般	满意度	高	应收账款	9.7 万元
客户类型	普通		客户级别	B		
建档时间	2003 年 2 月		维护时间	2020 年 4 月		

客户档案四

客户编号	20060504					
公司名称	天天超市			代码	TT	
法人代表	王细红	家庭地址	杭州市下城区和家园 5－2－502	联系方式	86554489	
证件类型	营业执照	证件编号	120106754788763	营销区域	下城区	
公司地址	杭州市下城区星潮王路 243 号		邮编	310013	联系人	陈洁
办公电话	88654896	家庭电话	84338906	传真号码	88654897	
开户银行	杭州商业银行		银行账号	××××××9642		
公司性质	民营	所属行业	零售业	注册资金	400 万元	经营范围	食品、办公用品
信用额度	50 万元	忠诚度	高	满意度	高	应收账款	42 万元
客户类型	重点型		客户级别	A		
建档时间	2006 年 5 月		维护时间	2020 年 2 月		

客户档案五

客户编号	20090105					
公司名称	惠民超市			代码	HM	
法人代表	何锡文	家庭地址	杭州市江干区定海路百年家园 3－301	联系方式	83438679	
证件类型	营业执照	证件编号	120103789346338	营销区域	华东地区	
公司地址	杭州市江干区庆春东路 193 号		邮编	310014	联系人	易继培
办公电话	82641893	家庭电话	87827463	传真号码	82641890	
开户银行	中国农业银行庆春支行		银行账号	××××××6580		
公司性质	民营	所属行业	零售	注册资金	2000 万元	经营范围	食品、日用百货、办公用品

续表

信用额度	180 万元	忠诚度	高	满意度	高	应收账款	152.5 万元
客户类型		重点型		客户级别		A	
建档时间		2009 年 1 月		维护时间		2020 年 5 月	

客户档案六

客户编号			20011206				
公司名称			四季青商贸有限公司		代码		SJQ
法人代表	聂华	家庭地址	杭州市西湖区大华西溪风情别墅 12 号		联系方式		87918998
证件类型	营业执照	证件编号	120243132587676			营销区域	杭州市区
公司地址		杭州西湖区体育场路 56 号		邮编	310015	联系人	葛高峰
办公电话	83287689		家庭电话	86858957	传真号码		83287688
开户银行		杭州商业银行		银行账号		××××××7975	
公司性质	中外合资	所属行业	商业	注册资金	3200 万元	经营范围	日用品、食品、办公用品
信用额度	200 万元	忠诚度	高	满意度	高	应收账款	99.5 万元
客户类型		母公司		客户级别		A	
建档时间		2001 年 12 月		维护时间		2020 年 3 月	

客户档案七

客户编号			20080807				
公司名称			万家乐超市		代码		WJL
法人代表	毛艺红	家庭地址	杭州市滨江区江红小区丹霞苑 11－2－803		联系方式		67655865
证件类型	营业执照	证件编号	120108754377888			营销区域	滨江、萧山区
公司地址		杭州市滨江区滨康路 43 号		邮编	310019	联系人	唐妙丽
办公电话	63876590		家庭电话	68657973	传真号码		63876591
开户银行		杭州联合银行		银行账号		××××××5569	
公司性质	中外合资	所属行业	零售业	注册资金	1600 万元	经营范围	食品、日用品、办公用品
信用额度	150 万元	忠诚度	一般	满意度	高	应收账款	125 万元
客户类型		普通型		客户级别		B	
建档时间		2008 年 8 月		维护时间		2020 年 5 月	

客户档案八

客户编号			20070708				
公司名称			一点红商贸有限公司		代码		YDH
法人代表	付强	家庭地址	杭州市萧山区红旗家园 2－3－302		联系方式		67543885
证件类型	营业执照	证件编号	120108765436754			营销区域	江浙沪地区
公司地址		杭州市萧山区市心中路 33 号		邮编	310022	联系人	吴天梅
办公电话	66548965		家庭电话	66436895	传真号码		66548966

续表

开户银行	杭州联合银行			银行账号	××××××5569		
公司性质	外资	所属行业	商业	注册资金	600万元	经营范围	食品、日用百货、办公用品
信用额度	15万元	忠诚度	一般	满意度	一般	应收账款	9.5万元
客户类型	普通型			客户级别	B		
建档时间	2007年7月			维护时间	2020年3月		

客户档案九

客户编号	20090809						
公司名称	鼎先商贸有限公司				代码	DX	
法人代表	周美华	家庭地址	杭州市拱墅区湖州街紫荆花园4-201			联系方式	83415468
证件类型	营业执照	证件编号	58966324770041			营销区域	拱墅区
公司地址	杭州市拱墅区东新路107号			邮编	310016	联系人	王志刚
办公电话	89912861		家庭电话	83415468	传真号码	89912880	
开户银行	中国农业银行德胜支行			银行账号	××××××1450		
公司性质	国有	所属行业	商业	注册资金	400万元	经营范围	服装、食品、办公用品
信用额度	15万元	忠诚度	一般	满意度	一般	应收账款	13万元
客户类型	普通型			客户级别	B		
建档时间	2009年8月			维护时间	2020年3月		

客户档案十

客户编号	20050510						
公司名称	零点超市				代码	LD	
法人代表	张柏芝	家庭地址	杭州市余杭区世纪大道玉园2-302			联系方式	66712398
证件类型	营业执照	证件编号	120105679898388			营销区域	余杭区
公司地址	杭州市余杭区临平东大街52号			邮编	310033	联系人	谢廷峰
办公电话	63546029		家庭电话	60269362	传真号码	63546030	
开户银行	余杭农村合作银行			银行账号	××××××3765		
公司性质	中外合作	所属行业	零售业	注册资金	60万元	经营范围	日用品、食品、办公用品
信用额度	24万元	忠诚度	一般	满意度	高	应收账款	19万元
客户类型	普通型			客户级别	B		
建档时间	2005年5月			维护时间	2020年4月		

新入库商品数量

序号	货品条码	货品名称	单价（元/箱）	数量（箱）	重量（千克/箱）	外包装尺寸（毫米）
1	6921317905038	康师傅矿物质水	24.00	13	24	285×380×270
2	6939261900108	好娃娃薯片	196.00	15	15	320×480×200
3	6901521103123	诚诚油炸花生仁	172.00	28	8	600×300×200
4	6921200101102	旺旺饼干	486.00	26	10	500×400×220
5	6932010061860	金谷精品杂粮营养粥	200.00	18	10	380×570×220

重力货架库存表

序号	商品编号	商品名称	货位	数量	单位
1	6921004208601	王老吉凉茶	A1－01－02－01	10	箱
2	6921004208601	王老吉凉茶	A1－02－01－01	20	箱
3	6924512320231	红牛方便面	A1－01－03－02	20	箱
4	6925674823487	戴尔台式电脑	A1－02－02－02	22	台
5	6945815421783	喜洋洋背包	A1－01－02－03	30	箱
6	6941278128971	精灵鼠标	A1－02－01－03	18	箱

阁楼式货架库存表

序号	商品编号	商品名称	货位	数量	单位
1	6908512108419	可口可乐	G1－01－01－02	18	瓶
2	6901347800053	椰树椰汁	G1－01－02－02	20	瓶
3	6908512109416	雪碧	G1－01－03－02	20	瓶

摘取式电子标签库存表

序号	商品编号	商品名称	货位	数量	单位
1	6922868286874	心相印（优选）面巾纸	D1－01－03－02	19	盒
2	6949085300053	尝响油多多超级蛋王	D1－01－05－01	20	只
3	6901236340363	Vida 维达双抽（绵柔）纸面巾	D1－01－01－02	21	盒
4	6901236341056	维达纸面巾	D1－01－06－02	20	包
5	6922233613045	五月花盒装面纸	D1－01－06－01	2	盒
6	6922266436192	真真纸手帕（18 包）	D1－01－02－01	12	袋

2023 年 3 月 16 日早上 7：00，该配送中心接到了 5 张订货通知单，订单内容如下：

万家乐超市采购订单（订单号：1601）

序号	商品名称	单位	单价（元）	订购数量	金额（元）
1	康师傅矿物质水	箱	24.00	10	240
2	好娃娃薯片	箱	196.00	6	1176
3	诚诚油炸花生仁	箱	172.00	5	860
4	旺旺饼干	箱	486.00	2	972
5	可口可乐	瓶	3.00	10	30
6	心相印（优选）面巾纸	盒	5.00	14	70

续表

序号	商品名称	单位	单价（元）	订购数量	金额（元）
		合计			3348

惠民超市采购订单（订单号：1602）

序号	商品名称	单位	单价（元）	订购数量	金额（元）
1	好娃娃薯片	箱	196.00	7	1372
2	诚诚油炸花生仁	箱	172.00	10	1720
3	旺旺饼干	箱	486.00	3	1458
4	雪碧	瓶	3.00	15	45
5	椰树椰汁	瓶	4.00	15	60
		合计			4655

旺旺超市采购订单（订单号：1603）

序号	商品名称	单位	单价（元）	订购数量	金额（元）
1	旺旺饼干	箱	486.00	5	2430
2	戴尔台式电脑	台	3800.00	6	22800
3	可口可乐	瓶	3.00	10	30
		合计			25260

华伟商贸有限公司采购订单（订单号：1604）

序号	商品名称	单位	单价（元）	订购数量	金额（元）
1	好娃娃薯片	箱	196.00	7	1372
2	诚诚油炸花生仁	箱	172.00	5	860
3	尝响油多多超级蛋王	只	2.00	25	50
4	Vida 维达双抽（绵柔）纸面巾	盒	6.00	10	60
		合计			2342

四季青商贸有限公司采购订单（订单号：1605）

序号	商品名称	单位	单价（元）	订购数量	金额（元）
1	诚诚油炸花生仁	箱	172.00	10	1720
2	旺旺饼干	箱	486.00	3	1458
3	康师傅矿物质水	箱	24.00	10	240
		合计			3418

注意：订单有效性判断：因为配送中心应收账款超过信用额度15%，其订单视为无效订单。

第一步，确认订单。

通过计算，五张订单应收账款如下表所示：

客户名称	应收账款（万元）	本次应收款（万元）	应收款总额（万元）	信用额度（万元）	结论
万家乐超市	125	0.3348	125.3348	150	有效
惠民超市	152.5	0.4655	152.9655	180	有效
旺旺超市	9.8	2.526	12.326	10	无效

续表

客户名称	应收账款（万元）	本次应收款（万元）	应收款总额（万元）	信用额度（万元）	结论
华伟商贸	4.8	0.2342	5.0324	8	有效
四季青商贸	99.5	0.3418	99.8418	200	有效

第二步，问题订单处理。

由于旺旺超市订单号为1603的订单中，应收账款总额超过信用额度的15%，所以判定为无效订单，因此由主管填写并发出订单反馈表，等待客户回应。参考样式如下表所示：

订货单位名称	旺旺超市	订货方编号	WW
订单编号	1603	订货单位联系电话	83976580
存在问题	应收账款额度超过信用额度的15%		
建议	尽快还款		
备注			
公司联系方式	电话：　　　传真：　　　E-mail：　　　联系人：		

制表人：　　　　　　　　经办人：　　　　　　　　主管：

第三步，有效订单数量与库存查询。

物品名称	单位	万家乐	惠民	华伟商贸	四季青商贸	订单总量	库存总量	缺货数量
Vida维达双抽（绵柔）纸面巾	盒	0	0	10	0	10	21	0
尝响油多多超级蛋王	只	0	0	25	0	25	20	5
诚诚油炸花生仁	箱	5	10	5	10	30	28	2
好娃娃薯片	箱	6	7	7	0	20	15	5
康师傅矿物质水	箱	10	0	0	10	20	13	7
可口可乐	瓶	10	0	0	0	10	18	0
旺旺饼干	箱	2	3	0	3	8	26	0
心相印（优选）面巾纸	盒	14	0	0	0	14	19	0
雪碧	瓶	0	15	0	0	15	20	0
椰树椰汁	瓶	0	15	0	0	15	20	0

第四步，划分客户优先权。

根据信用额度、忠诚度、满意度、应收账款、客户类型、客户级别等指标以及权重对客户优先权进行量化打分，确认客户的优先等级。

信用额度：信用额度越大，则客户的优先权越高；反之则反是。

忠诚度：忠诚度高的客户优先权＞忠诚度一般的客户优先权。

满意度：满意度高的客户优先权＞满意度较高的客户优先权。

应收账款：应收账款越多，则客户的优先权越低；反之则反是。

客户类型：普通型的客户优先权＜重点型的客户优先权＜母公司的客户优先权。

客户级别：客户级别为A的客户优先权＞客户级别为B的客户优先权。

客户优先权量化值评价公式为：客户优先权量化值＝信用额度×0.1＋忠诚度×0.2＋满意度×0.2＋应收账款×0.1＋客户类型×0.2＋客户级别×0.2

客户优先权各指标汇总结果如下表所示：

	信用额度	忠诚度	满意度	应收账款	客户类型	客户级别
万家乐超市	150万元	一般	高	125万元	普通型	B
惠民超市	180万元	高	高	152.5万元	重点型	A
华伟商贸有限公司	8万元	一般	较高	4.8万元	普通型	B
四季青商贸有限公司	200万元	高	高	99.5万元	母公司	A

指标定量化如下：

指标1（信用额度）：高4分，较高3分，一般2分，低1分。

指标2（忠诚度）：高4分，较高3分，一般2分，低1分。

指标3（满意度）：高4分，较高2分。

指标4（应收账款）：高1分，较高2分，一般3分，低4分。

指标5（客户类型）：母公司4分，重点型3分，普通型2分。

指标6（客户级别）：A 4分，B 3分。

单位：分

	信用额度	忠诚度	满意度	应收账款	客户类型	客户级别	累计得分
万家乐超市	2	2	4	2	2	3	2.6
惠民超市	3	4	4	1	3	4	3.4
华伟商贸有限公司	1	2	2	4	2	3	2.3
四季青商贸有限公司	4	4	4	3	4	4	4.3

四季青商贸有限公司＞惠民超市＞万家乐超市＞华伟商贸有限公司。

第五步，库存分配。

序号	物品名称	单位	现有库存总量	万家乐超市订购数量		惠民超市订购数量		华伟商贸有限公司订购数量		四季青商贸有限公司订购数量		剩余库存	备注
				需求量	分配量	需求量	分配量	需求量	分配量	需求量	分配量		
1	Vida维达双抽（绵柔）纸面巾	盒	21	0		0		10	10	0		11	
2	尝响油多多超级蛋王	只	20	0		0		25	20	0		0	缺货
3	诚诚油炸花生仁	箱	28	5	5	10	10	5	3	10	10	0	缺货
4	好娃娃薯片	箱	15	6	6	7	7	7	2	0		0	缺货
5	康师傅矿物质水	箱	13	10	3	0		0		10	10	0	缺货
6	可口可乐	瓶	18	10	10	0		0		0		8	
7	旺旺饼干	箱	26	2	2	3	3	0		3	3	18	
8	心相印（优选）面巾纸	盒	19	14	14	0		0		0		5	
9	雪碧	瓶	20	0		15	15	0		0		5	
10	椰树椰汁	瓶	20	0		15	15	0		0		5	

第六步，制作拣货单。

（1）重型货架总拣货单

序号	物品名称	单位	拣货库位	拣货数量	是否整托盘出库
1	诚诚油炸花生仁	箱	A1－02－03－01	28	是
2	好娃娃薯片	箱	A1－02－04－01	15	是
3	康师傅矿物质水	箱	A1－02－04－03	13	是
4	旺旺饼干	箱	A1－02－03－02	8	

制表人：　　　　　拣货员：　　　　　日期：

（2）重型货架分货单

序号	物品名称	已拣数量	分配数量			
			万家乐超市	惠民超市	华伟商贸有限公司	四季青商贸有限公司
1	诚诚油炸花生仁	28	5	10	3	10
2	好娃娃薯片	15	6	7	2	
3	康师傅矿物质水	13	3			10
4	旺旺饼干	8	2	3		3

制表人：　　　　　拣货员：　　　　　日期：

（3）摘取式电子标签货架的拣货单

序号	物品名称	单位	拣货库位	拣货数量	万家乐超市分配量	惠民超市分配量	华伟商贸有限公司分配量	四季青商贸有限公司分配量
1	心相印（优选）面巾纸	盒	D1－01－03－02	14	14			
2	尝响油多多超级蛋王	只	D1－01－05－01	20			20	
3	Vida维达双抽（绵柔）纸面巾	盒	D1－01－01－02	10			10	

制表人：　　　　　拣货员：　　　　　日期：

（4）阁楼式货架

序号	物品名称	单位	拣货库位	拣货数量	万家乐超市分配量	惠民超市分配量	华伟商贸有限公司分配量	四季青商贸有限公司分配量
1	可口可乐	瓶	G1－01－01－02	10	10			
2	雪碧	瓶	G1－01－02－02	15	15			
3	椰树椰汁	瓶	G1－01－03－02	15	15			

任务五　拣货作业

学习目标

知识目标

1. 认识拣货作业的重要性。
2. 熟悉拣货作业的定义。
3. 熟悉拣货作业合理化原则。
4. 系统掌握拣货单位、拣货方式。
5. 掌握拣货策略。

技能目标

1. 能够根据客户需求制定合理的拣货策略。
2. 能够快速进行拣货作业，高效率完成拣货任务。
3. 能够找出缩短拣货路径的方法并付诸实施。

素养目标

1. 养成节约成本的职业习惯。
2. 培养拣货人员工作素养。
3. 培养安全意识，提高工作效率。

引导案例

九州通北京物流中心——现代化医药物流自主建设的典范

九州通医药集团股份有限公司（以下简称"九州通"）是一家以西药、中药和医疗器械批发、物流配送、零售连锁以及电子商务为核心业务的股份制企业。2010年11月2日，九州通在上海证券交易所主板上市，成为首家登陆A股市场的民营医药流通企业。成功打开资本运作大门，为其进一步发展提供了新的强大的动力。

九州通自企业发展初期，就始终专注于现代物流体系的建设，把物流能力视为企业的核心竞争力着力提升。2008年投入使用的九州通北京医药物流配送中心是集团已建物流配送中心中最先进、运营最成功的一个。该中心的建成，标志着九州通自主建设现代医药物流能力逐渐成熟。

1. 自主发展现代物流

早在2001年，九州通就开始进行现代医药物流流程以及相关物流技术的研究，组建了物流技术研发与物流管理团队。最初，九州通与国际知名的物流集成商交流合作，引进了先进的物流技术与设备，但是在此过程中，他们始终没有放弃自主发展物流的探索。在十年的时间里，九州通自主开发了仓储管理系统（WMS）、设备控制系统、运输管理系统等软件。特别是2003年，九州通开发的拥有自主知识产权、适合中国国情的物流管理信息系统LMIS，通过了国家科技成果鉴定。这些自主创新的成果为九州通在全国低成本、快速复制现代医药物流中心创造了必要条件。

也是从2003年开始，九州通着力进行现代化大型医药物流配送中心建设，构筑覆盖全国的医药物流配送网络，目前已经建设了14家省级大型医药物流中心和25家地级配送中心。省级物流中心采用了自动存储、自动分拣设备和功能强大的仓储管理系统（WMS），对进出库商品和配送流程进行管理，从而提高了商品进出库的速度，大大降低了差错率，配送准确率明显提高，既增强了九州通对终端销售的服务能力，也为公司业务快速发展奠定了坚实的基础。

2. 北京物流中心的定位

北京九州通医药有限公司以药品批发、物流配送和医药电子商务为主营业务。2007年4月，九州通基于北京市的重要战略地位，规划建设了北京现代医药物流中心，工程总投资1.6亿元，拟分两期建设，其中一期工程投资4000万元。该物流中心严格按照国家GSP要求和《北京市开办药品批发企业暂行规定》进行规划设计，采用了国内领先的物流技术设备。经过一年多的建设施工，位于北京市大兴经济开发区的现代医药物流中心正式投入使用。

九州通北京物流中心第一期工程总建筑面积达40700平方米，可储存40多万箱药品，支持年销售额45亿元的货物进出量，可以有效地保证北京及周边地区用药安全和应对突发公共卫生事件的需求。该中心使用了自动化立体仓库、移动无线收货系统、电子标签拣选系统、无线PDA手持扫描终端设备、周转箱输送线、高速复核分拣机、双层托盘输送线、移载小车、高速出库自动分拣机等自动化系统与设备。其中，立体库高24米，有8个巷道，配备8台堆垛机，共14000个托盘货位。物流中心日均吞吐能力达到15000箱，峰值吞吐量达到25000箱，药品出库差错率控制在十万分之一以内。

此外，北京九州通医药有限公司及下属企业配置了各种配送专用车辆共计99台，可以方便、快捷、及时地满足客户药品配送需求。配送范围覆盖了北京市乃至整个华北、东北地区。市内配送自订单下达之时起6小时内送达；外埠配送在200千米范围内的，自订单下达之时起12小时送达，超过200千米的，在24小时内送达。

3. 物流中心作业流程

九州通北京物流中心分为立体仓库和楼库两部分。其中，楼库共有五层，一层为入库和出库区；二层为整箱和拆零商品的存放、拣选、发货作业区；三、四层为整箱出库区和补货用的存储区；五层为公司办公区。

配送中心的运作流程主要分为三个部分：入库、出库和补货。

（1）入库

仓库一层有25扇库门，1~20号门是出库门，21~25号门是入库门。卡车卸货后，配送中心收货人员根据入库清单，核对药品的品种、数量，然后将整箱药品码放在贴有条码的托盘上，再扫描条码，WMS系统会自动为货物分配一个库位。操作人员使用叉车把托盘放在入库输送线上，按照系统指示自动完成入库作业。

(2) 出库

出库作业分为整箱出库和拆零出库。出库作业依托于长约千余米、贯穿于整个流程的箱式输送系统。值得一提的是，输送设备是感应式的，有出库作业时自动运行，没有出库需求时则自动停止，非常节约能源。在与主输送线平行的上端，设计了一条悬挂式输送线，用于空纸箱回收。纸箱可以直接被送到装箱工作区，作为出库打包用箱，节约了资源。

整箱出库时，拣选人员在药品包装箱外贴上带有条码的出库标签，然后将其放到出库输送线上，传送至一楼分拣区，再经自动分拣出库。

作为物流中心最为复杂的拆零出库作业集中在物流中心的二层。随着用户需求趋于小批量、多批次，北京物流中心拆零拣选的工作量越来越大，目前每天拆零药品多达2万~3万条订单。拆零拣选作业在12个工作区内接力进行，输送线连接了所有工作区，药品存放在带有电子标签的货架上。工作区和主输送线结合处安装有条码扫描器，周转箱在主输送线上移动，每到一个工作区，条码扫描器自动扫描周转箱上的条码，可以检测周转箱在这个工作区有没有拣选任务。如果没有拣选任务，周转箱通过该工作区不停留；如果有拣选任务，系统就把周转箱自动输送到该工作区，同时相应货位的电子标签亮灯，提示工作人员按照显示屏指示的数量拣选出货品，先暂时存放在出库货位上，等周转箱移动过来后，工作人员将拣选出的药品放入周转箱，并扫描周转箱确认，等于完成一次复核。

等到一个周转箱的拆零拣选任务全部完成后，周转箱沿输送线自动进入复核分拣系统，实现拆零周转箱的自动合流，以确保同一订单的周转箱合流后及时复核。在复核环节，拆零药品被装入纸箱、封装好并贴上出库标签，再进入出库分拣机，与整箱货物一起按照配送路径被分到不同滑道，集中存放在笼车里，等待装车发运。

三层和四层是传统的楼层库，采用普通货架存放出库频率不是很高的药品。这些商品在整箱出库时被直接贴上出库标签，通过输送线送至出库区。此外，这里也是为二层补货的货品存放区。

此外，九州通还设置了绿色通道，专门用于服务上门自提商品的客户。当客户在客户服务台确认要自提的商品后，工作人员把客户需要的商品信息输入系统中，系统自动将为自提客户服务的工作单设置为最优先位置，也就是系统启动为自提客户优先拣选货物。这样，在客户确认自提的商品清单的3~5分钟后，就可以在自提柜台取到自己需要的商品。该服务大大缩短了自提客户等待的时间。

(3) 补货

当二层需要补货时，操作人员将存放在三、四层的货物通过垂直升降机送到二层，完成补货。

此外，九州通北京物流中心有一个三层半楼层，与立体库连接，主要有两个功能：一是出库，即整箱出库的药品在这里进行在线拣选。工作人员从托盘上取出货物，并在包装箱上贴上标签，直接放在输送线上，余下的托盘货物自动回到立体库中。二是从这里直接给二层补货。WMS系统设有自动监控功能，如果发现某个货位的存货低于系统设置的最低额度，就会把货物从立体库中调出来，放入二层平库货架中，这样就能释放出立体库的空间，存放新的商品，提高了立体库的货位使用率。

4. 物流中心的创新亮点

北京物流中心实现了高度的信息化与自动化，是九州通投资最大、应用物流技术最先进、最适合中国国情的现代化医药物流项目，达到了国内一流、国际领先。该物流中心集成应用了多种先进的自动化物流技术与设备，具有以下几大创新：

在医药物流中心最为复杂的拆零拣选方面，实现了全面提前拣选：为实现拣货的同步性，在电子标签拣货系统中实现了提前拣选的设计，保证了拣选的连续性和高效率。此外，在拆零拣选达到峰值时采用PDA支援拣选，实现了在一个拆零区同时开展多个订单拣选，提高了峰值时的订单处理效率。拆零复核不仅采用条码扫描系统，通过扫描药品条码实现品种识别，提高了复核效率，减少了对熟练员工的依赖，而且引入复核分拣系统，实现了拆零周转箱的自动合流，确保同一订单的周转箱合流与及时复核。

在整箱拣选方面，实现了在线拣选，即整箱拣选与补货直接从立体库出库口拣选到输送线，降低了人工搬运工作量，提高了整箱拣选、补货的效率。通过PDA复核系统，实时获得了订单复核信息，快速准确地完成药箱复核，提高了复核的准确率和效率。

在自动补货方面，WMS系统自动下达补货命令，输送设备将药品送至对应的拆零补货区，作业人员扫描上架。

在收货作业方面，引入了无线移动台车系统，利用无线传输技术实现数据实时传递，优化作业动线。在出库区采用笼车管理系统：笼车货位集结采用了系统自动控制的方式，提高了月台存储效率与机动性，便于寻找，提高了配送装车的效率。

特别值得一提的是，物流中心引入了创新思维，实现了更加灵活的货位管理。九州通北京物流中心在固定的货架上放置了可移动的货位隔板，通过货位隔板上的标签来确认货位。这样，工作人员可以根据存储商品品种数量和每种商品的数量多少来调整货位所占面积大小，甚至合并货位，大大提高了仓库利用率。

启发与思考

1. 北京九州通物流中心在拣货方面有哪些创新？
2. 常用的拣货方式有哪些？

2.5.1 拣货作业的含义

拣货作业是按订单或出库单的要求，从储存场所拣出物品，并放置在指定地点的作业。具体是指依据客户的订货要求或配送中心的送货计划，迅速、准确地将商品从其储位或其他区域拣取出来，并按一定的方式进行分类、集中，等待配装送货的作业过程。

从成本角度来看，物流成本约占货品最终售价的30%，其中包括运输、搬运、仓储等成本项目。如图2-5-1所示，入库作业占7%，拣选配货占40%，配载装车占7%，送货运输占39%，退货处理占1%，信息处理占2%，其他占4%，其中，拣货与送货两大项目几乎占整个物流成本的80%，而送货费用的发生大多在库区外部，影响因素大都难以控制。拣货成本约是其他库内作业成本总和的4倍，占库内物流搬运成本的绝大部分。因此，要降低物流成本及搬运成本，从拣货作业着手改进，可以达到事半功倍的效果。

从人力需求的角度看，目前绝大多数配送中心仍属于劳动力密集型产业，其中与拣选作业直接相关的人力，占配送中心人力的50%以上，且拣选作业时间占整个配送中心作业时间的30%~40%，拣货作业成本占配送中心总成本的15%~20%。由此可见，合理的拣货作业方法对提高配送中心运作效率具有决定性的影响。

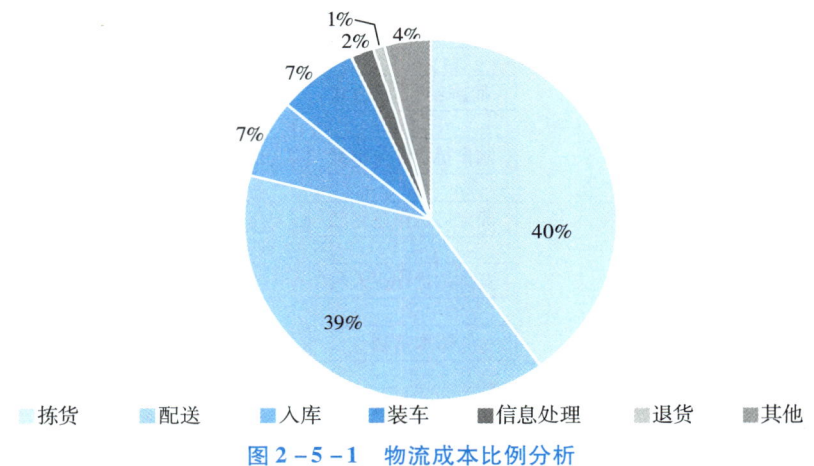

图 2-5-1 物流成本比例分析

2.5.2 拣货作业原则

拣货作业除了少数自动化设备逐渐被开发应用外，大多是靠人工的劳动密集作业。因此，要实现拣货作业合理化，应遵循相关原则，如表 2-5-1 所示。

表 2-5-1 拣货作业原则

拣货作业原则	存放时应考虑易于出库和拣货
	提高保管效率，充分利用存储空间
	减少拣货错误
	作业应力求平衡化，避免忙闲不均的现象
	事务处理和作业环节要协调配合
	拣货作业的安排要和配送路线的顺序一致
	缩短配送车辆如货车等运输设备的滞留时间

拣货作业预期目标：

（1）少等待。尽可能缩短闲置时间。

（2）少拿取。尽可能采用输送设备或搬运设备，减少人工搬运。

（3）少走动。做好拣货路线设计，尽可能缩短行走路径。

（4）少思考。尽可能做到操作简单化。

（5）少寻找。通过储位管理或电子标签等辅助拣选设备，尽可能缩短寻找货物的时间。

（6）少书写。尽可能不用纸制单据进行拣货，不但能够提高拣货效率，还能降低出错率。

（7）少检查。尽可能利用条码设备进行货品检查，减少人工目视检查。

2.5.3 拣货作业流程

拣货作业开展中，关键的环节是根据配送的业务范围和服务特点，也就是根据顾客订单所反映的商品特性、数量多少、服务要求、送货区域等信息，对拣货作业系统进行科学的规划与设计，并制定出合理高效的作业流程。在此基础上确定拣货作业方式，设计拣货信息传递的单据，安排拣货作业路径和人员，将所订不同种类和数量的商品从储位或其他作业区域拣出，然后分区集中，完成拣货作业。拣货作业的基本流程如图 2-5-2 所示。

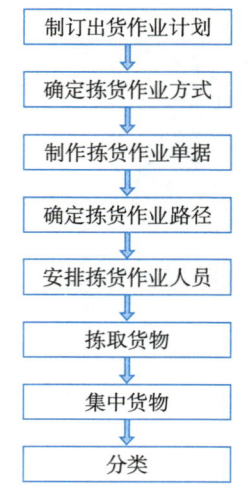

图 2-5-2 拣货作业流程

（1）制订出货作业计划

配送中心接到订货信息后需要对订单的资料进行确认、存货查询和单据处理，根据顾客的送货要求制定出货日程，最后编制出货计划。

（2）确定拣货作业方式

拣货通常有订单拣取、批量拣取及复合拣取等方式。

（3）制作拣货作业单据

配送中心将客户订单资料进行计算机处理，生成并打印出拣货单。拣货单上标明储位，并按储位顺序来排列货物编号，作业人员据此拣货可以缩短拣货路径，提高拣货作业效率。

（4）确定拣货路线及拣货人员

配送中心根据拣货单所指示的商品编码、储位编号等信息，能够明确商品所处的位置，确定合理的拣货路线，安排拣货人员进行拣货作业。

（5）拣取货物

拣取的过程可以由人工或机械辅助作业或自动化设备完成。无论是人工或机械拣取货物，都必须首先确认被拣货物的品名、规格、数量等内容是否与拣货信息传递的指示一致。这种确认既可以通过人工目视读取信息，也可以利用无线传输终端机读取条码由电脑进行对比，后一种方式可以大幅度降低拣货的错误率。拣货信息被确认后，拣取的过程可以由人工或自动化设备完成。通常小体积、少批量、搬运重量在人力范围内且出货频率不是特别高的，可以采取手工方式拣取；对于体积大、质量大的货物，可以利用升降叉车等搬运机械辅助作业；对于出货频率很高的货物，可以采取自动拣货系统。

拣货时，拣货作业人员或机器必须直接接触并拿取货物，这样就形成了拣货过程中的行走与货物的搬运。这一过程有两种完成方式：

人—物方式，即拣货人员以步行或搭乘拣货车辆方式到达货物储位。这种方式的特点是物静而人动。拣取者包括拣货人员、自动拣货机、拣货机器人。

物—人方式，与人—物方式相反，拣取人员在固定位置作业，而货物保持动态的储存方式。这种方式的特点是物动而人静，如轻负载自动仓储、旋转自动仓储等。

（6）分类集中

配送中心在收到多个客户的订单后，可以形成批量拣取，然后再根据不同的客户或送货路线分类集中，有些需要进行流通加工的商品还需根据加工方法进行分类，加工完毕后再按一定方式分类出货。多品种分货的工艺过程较复杂，难度也大，容易发生错误，必须在统筹安排形成规模效应的基础上，提高作业的精确性。在物品体积小、质量轻的情况下，可以采取人力分货，也可以采取机械辅助作业，或利用自动拣货机自动将拣取出来的货物进行分类与集中。分类完成后，货物经过查对、包装便可以出货、装运、送货。

2.5.4 拣货单位

拣货单位是指拣货作业中拣取货物的包装单位。拣货单位是根据客户订单分析的结果而作出的决定（见图2-5-3）。订货单位合理化主要是避免过小单位出现在订单中，减少作业量与误差，如订货的最小单位是箱，则不要以单品为拣货单位。库存的每一品种都必须做以上的分析，以判断出拣货的单位，但一些品种可能因为需要有两种以上的拣货单位，则在设计上要针对每一种情况做分区的考虑。

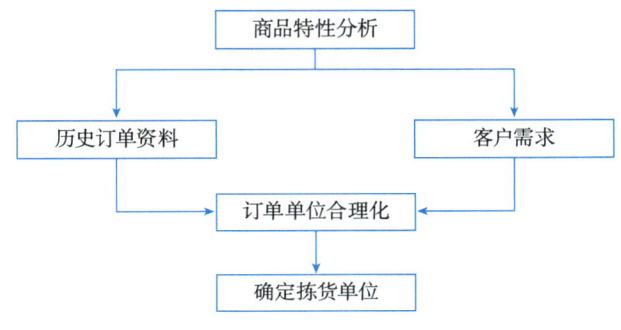

图2-5-3 拣货单位的确定流程

单件：单件商品包装成独立单元，以该单元为拣取单位，是拣货的最小单位。

箱：由单件装箱而成，拣货过程以箱为拣取单位。

托盘：由箱堆码在托盘上集合而成，经托盘装载后加固。每托盘堆码数量固定，拣货时以整托盘为拣取单位。

特殊物品：体积过大，形状特殊，或必须在特殊情况下作业的货物。如桶装液体、散装颗粒、冷冻食品等，拣货时以特定包装形式和包装单位为准。

如何确定拣货单位呢？

拣货单位主要取决于客户订单。根据客户订单分析的结果，决定拣货单位的大小，拣货单位大于或等于订货单位。

储存单位必须大于或等于拣货单位。如果储存以箱为单位，拣货单位可以是箱或单品。与之相对应，这些储存单位也有许多不同的拣货形态，储存单位与拣货单位组合的七种模式见表2-5-2。

表2-5-2 储存单位与拣货单位组合的七种模式

拣货模式编号	储存单位	拣货单位	拣货形态
1	托盘	托盘	P-P
2	托盘	托盘+箱	P-P+C

续表

拣货模式编号	储存单位	拣货单位	拣货形态
3	托盘	箱	P－C
4	箱	箱	C－C
5	箱	箱＋单品	C－C＋B
6	箱	单品	C－B
7	单品	单品	B－B

2.5.5 拣货作业方法

1. 摘果式拣选

摘果式拣选是针对每一张拣货单（一个客户一张订单），作业员巡回于仓库货架间，按照拣货单上所列项目，将客户所订购的商品逐一从仓储货架中挑选出来。

该作业方式的优点是：作业方法简单；前置时间短；导入容易且弹性大；作业员责任明确，派工容易、公平；拣货后不用再进行分类作业，适用于大量订单的处理。

该作业方式的缺点是：商品品种较多时，拣货行走路径增加，拣取效率降低；拣货区域大时，搬运系统设计困难。

摘果拣选单

公司名称	A 公司				
货物名称	预计拣选数量	实际出库数量	货位	工具	备注
Aige 全脂羊奶	2		H1－01－02－01	地牛	返库一次
合计	2				

制单人：　　审核人：　　主管：张三　　日期：

2. 播种式拣选

播种式拣选是把多张订单集合成一批，依据商品类别将数量相加后再进行拣取，之后依据客户订单再做分类处理。

播种式拣选的优点是：适合订单数量庞大的系统，可以缩短拣取行走时搬运的距离，增加单位时间的拣货量。这种方式的缺点是：对单张订单无法做即时的处理，必须等订单累积到一定数量时才进行处理，因此会有停滞的时间产生。只有根据订单到达的状况作等候分析，决定适当的批量大小，才能将停滞时间减至最少。

播种拣选单

货物名称	诚诚油炸花生仁				
公司	预计拣选数量	实际出库数量	货位	工具	备注
义瑷公司	1		H1－01－01－01	地牛	（义瑷公司缺货1箱）
义瑷公司	1		H1－01－01－01	地牛	
义瑷公司	6		H1－01－01－01	地牛	
合计	8				

制单人：　　审核人：　　主管：张三　　日期：

2.5.6 拣货策略

拣货策略是影响拣选作业效率的重要因素，对不同的订单需求应采取不同的拣货策略。常见的拣货策略有：分区策略、订单分割策略、订单分批策略、分类策略。

1. 分区策略

分区策略是将拣选作业场地作区域划分。按商品特征分区，是根据商品原有的性质，将需要特别储存搬运或分离储存的商品进行区隔；按分拣单位分区，是将拣选作业区按拣选单位划分，如箱装拣选区、单品拣选区或是具有特殊商品特性的冷冻品拣选区等；按分拣方式分区，是指不同拣选单位分区中，按拣选方法和设备的不同，又可分为若干区域，通常是按商品销售的 ABC 分类的原则，按出货量的大小和分次数的多少作 ABC 分类，然后选择合适的拣选设备和分拣方式；按工作分区，是指在相同的拣货方式下，将拣选作业场地再作划分，由一个或一组固定的拣选人员负责分拣某区域内的商品；按物流量分区，是按各种商品出货量的大小以及拣取次数的多少进行分类，再根据各组群的特征，决定合适的拣货设备及方式。

2. 订单分割策略

订单分割一般是与拣选分区相对应的，对于采取拣选分区的配送中心，其订单处理过程的第一步就是要按区域进行订单的分割，各个拣选区根据分割后的子订单进行分拣作业，各拣选区子订单拣选完成后，再进行订单的汇总。

3. 订单分批策略

订单分批是为了提高拣选作业效率而把多张订单集合成一批，进行批次分拣作业，其目的是缩短分拣时平均行走搬运的距离和时间。订单分批的基本方法有：

（1）总合计量分批。合计拣选作业前所积累订单中每一商品项目的总量，再根据这一总量进行分拣，从而将分拣路径减至最短。这种方法适用于固定点之间的周期性配送，可以将所有的订单在中午前收集，下午进行合计量分批分拣单据的打印等处理作业，第二天一早进行分拣分类等作业。

（2）时窗分批。当从订单处理到拣选完成出货所需的时间非常紧迫时，可利用此方法开启短暂而固定的时窗，如 5 分钟或 10 分钟，再将此时窗中所到达的订单集合成一批，进行批量分拣。

（3）订单量分批。订单量分批是按先到先处理的基本原则，当累计订单量达到设定的固定量时，再开始进行拣选作业。此方法适合的订单形态与时窗分批类似，但这种方法更注重维持较稳定的作业效率，而在处理的速度上较前者慢。

（4）智能型分批。利用计算机将分拣路径相似的订单分成一批同时处理，可大量缩短拣选行走搬运距离。采用这种分批方法的配送中心通常将前一天的订单汇总后，经计算机系统在当天下班前产生次日的拣选单据，因此这种方法对紧急插单作业的处理较为困难。

4. 分类策略

当采用批量拣选作业方式时，拣选完成后还必须进行分类，因此需要相配合的分类策略。分类方式大致分为两类：分拣时分类和分拣后集中分类。分拣时分类是指在分拣的同时将商品按各订单分类，分拣后集中分类是分批按合计量分拣后再集中分类。

2.5.7 拣货操作

1. 拣选式配货工艺

拣选式配货是储物货位相对固定，而拣选人员或工具相对运动，故又称为摘果式或人到货前式工艺。该工艺的特点如下：

（1）各用户的拣选不互相牵制，可以根据用户的要求调整拣选的先后次序，集中力量优先完成某一用户的配货任务。

（2）拣选完一个货单，一个用户的货物便配齐，可以不再落地，直接装车送货。

（3）对机械化、自动化没有严格要求。

（4）用户数量不受工艺限制，可以在很大范围内波动。

该工艺的应用范围如下：

（1）不能建立相对稳定的用户分货的情况。

（2）用户之间共同需求差异较大的情况。

（3）用户需求种类较多，增加统计和共同取货难度的情况。

（4）用户配送时间要求不一的情况。

（5）传统的仓库改造为配送中心，或新建的配送中心初期运营时。

该工艺的作业方式分为如下几类：

（1）人工拣选。由人一次巡回或分段巡回于各货架之间，按订单拣货，直到配齐。

（2）人工+手工作业车拣选。分拣作业人员推着手推车一次巡回或分散巡回于货架之间，按订单进行拣选，直到配齐。

（3）机动作业车拣选。分拣作业人员乘车辆或台车为一个用户或多个用户拣选，在拣选过程中就进行货物装箱或装托盘的处理。

（4）传动运输带拣选。分拣作业人员只在附近几个货位进行拣选作业，传送带不停地运转。或分拣作业人员按照电子标签的指令将货物取出放在传送带上，或放入传送运输带的容器内。传送运输带转到末端时把货物卸下来，放在已规划好的货位上，待装车发货。每个作业人员仅负责几种货物的拣选。

（5）拣选机械拣选。自动分拣机或由人操作的叉车、分拣台车巡回于高层货架间进行拣选，或者在高层重力式货架一端进行拣选。这种方式可以人随机械或车操作，也可以通过计算机控制使拣选机械自动寻址，自动取货。适用于重量或体积都较大且易形成集装单元的货物的拣选。

（6）回转式货架拣选。分拣作业人员固定在拣货的位置，按用户的订单操纵回转货架作业。这种方式适用于拣选作业区域窄小的情况。

2. 分货式配货工艺

分货式配货工艺的基本流程是：用户货位固定，分货人员和工具相对运动，又称为"播种式"。该工艺的特点如下：

（1）集中取出众多用户需要的货物，再将货物分放到事先规划好的用户货位上。

（2）计划性较强，若干用户的需求集中后才开始分货，直到最后一种共同需要的货物分放完毕。

该工艺的应用范围如下：

(1) 用户稳定，且用户数量较多的情况。

(2) 各用户需求具有很强的共同性，差异较小，在需求数量上有一定的差异，但需求的种类差异很小。

(3) 所有货物分放完毕后，需要对每个用户的货物进行统计，因此适用于用户需求种类有限、易于统计和不至于分货时间太长的情况。

(4) 用户配送时间要求没有严格限制或轻重缓急的情况。

该工艺的作业方式分为如下几类：

(1) 人工分货。如药品、仪表、小型零部件、小百货及邮政信件等体积较小、重量较轻的货物。

(2) 人工+手推作业车分货。适合于一般小包装的货物分拣。

(3) 机动作业车分拣。

(4) 传送运输带+人工分拣。

(5) 分货机自动分货。

(6) 回转货架分货。

3. 拣货信息的传递方式

拣货信息是拣货工作的指令。拣货作业的依据是客户的订单或其他送货指令，因此，拣货信息最终来源于客户的订单。拣货信息既可以通过手工单据来传递，也可以通过其他电子设备和自动拣货系统传输。

4. AGV 货到人拣选

AGV 货到人拣选时通过 AGV（自动导引车）将存储货架自动搬运至固定拣选工作站，实现"货动人不动"的作业模式，缩短人员移动距离，提升效率。

货到人拣选与人到货拣选对比如表 2-5-3 所示。

表 2-5-3　货到人拣选与人到货拣选对比

指标	货到人拣选	人到货拣选
拣选效率	300～600 行/小时·工作站	80～150 行/小时·人
行走距离	趋近于 0	占作业时间 60% 以上
错误率	≤0.1%	1%～3%

AGV 货到人拣选适用场景如下：

(1) 高频拆零拣选：电商、医药、鞋服等小件多品类订单。

(2) 大规模仓储：日均处理订单量 >1 万单的配送中心，通过 AGV 集群实现弹性扩容。

AGV 货到人拣选包括的硬件设备主要如下：

(1) AGV。AGV 一般有两种：①潜伏式 AGV。顶升货架底框搬运，成本低、灵活性高（占市场 80% 以上应用）。②叉车式 AGV。用于高位货架区托盘搬运，与潜伏式 AGV 协同作业。

(2) 智能货架。多层货架适配拆零拣选，单层货架支持整箱/托盘存储，货位配备 RFID 标签实时定位。

（3）拣选工作站。双层设计（上层储货箱、下层订单箱），配置电子标签、扫码枪及图像辅助系统防错。

AGV货到人拣选包括的软件系统主要如下：

（1）WMS。订单组波（如波次拣选）、库存分配、任务下发。

（2）WCS/RCS。AGV任务调度、路径规划（A*算法）、避障控制。

AGV货到人拣选流程如图2-5-4所示。

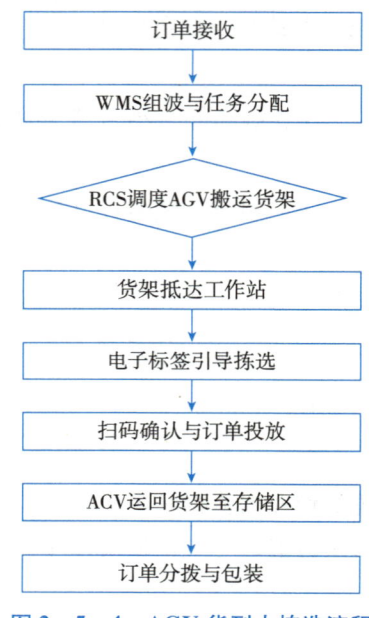

图2-5-4　AGV货到人拣选流程

实训项目

根据任务四中实践案例中制作的拣货单完成拣货。

拓展知识

1. 拣货信息传递

（1）订单传票

订单传票即直接利用客户的订单或以配送中心送货单来作为拣货指示凭据。这种方法适用于订单订购品种比较少、批量较小的情况。订单在传票和拣货过程中易受到污损，可能导致作业过程发生错误，而且订单上未标明货物储放的位置，靠作业人员的记忆拣货，影响拣货效率。

（2）拣货单传递

把原始的用户订单输入计算机进行拣货信息处理后打印出拣货单的方式。这种方式的优点是：经过处理后形成的拣货单上所标明的信息能更直接、更具体地指导拣货作业，提高拣货作业效率和准确性。但处理打印拣货单需要一定的成本，而且必须尽可能防止拣货单出现误差。

手工纸面单据作为最原始的一种拣货方法，被广泛应用于物流仓库的拣货流程。

它的特点是流程简单，所需设备单一，容易被操作人员接受。根据作业方式可以分为拣货单和分货单。

拣货单一般按照客户信息进行打印，一张拣货单一定是一个客户的，其中包含多个商品明细，并且按照货位排序打印，一个货位放置一种货品。拣货员按照货位顺序从对应的货位取得相应数量的货品，并在拣货单上用笔进行标记，直到这张单据上的所有记录标记完毕。

分货单一般按照先商品信息后客户信息进行打印，一张分货单一般包含多个货品，每个货品下包含多个客户，打印时按照客户的相对集货位顺序进行排序。分货时分货员先取一种货品放在拖车上，按照客户顺序将商品逐个放到对应的货位上，并在分货单上用笔进行标记，直到这张单据上的所有记录标记完毕。

手工纸面单据最大的缺点是拣货时双手不能得到完全解放，拣货差错率高，难以统计拣货人员工作量。但最原始的拣货方法并不意味着低效率。如果仓库场地能够做到有效的规划，即使使用这种最原始的拣货方法，也会有较高的效率。这些因素中尤其重要的一点是拣货路线的规划。而且这种方法具有投资低的优势，特别适合规模小、业务较少的物流仓储作业。

（3）显示器传递

显示器传递是在货架上安装信号灯或安装液晶显示器，用以显示通过数位控制系统传递过来的拣货信息。显示器安装在储位上，相应储位上的显示器显示该商品应拣取的数量，也就是采用数位拣取系统。这种系统可以安装在重力式货架、托盘货架、一般货物棚架上。显示器传递方式可以配合人工拣货，防止拣货错误，加快拣货人员的反应速度，提高拣货效率。

（4）无线通信传递

无线通信传递是在叉车上安装无线通信设备，通过这套设备把应从哪个储位拣取何种商品及拣取数量等信息指示给叉车上的司机，以拣取货物。这种传递方式通常适应于大批量出货时的拣货作业。

（5）计算机随行指示

计算机随行指示是指在叉车或台车上设置辅助拣货的计算机终端机，拣取前先将拣货信息输入计算机或软件，拣货人员依据叉车或台车上计算机屏幕的指示，到正确位置拣取货物。

（6）条形码

条形码是利用黑白相间条纹的粗细而组成不同的平行线符号，取代商品货箱的号码数字。把它贴在商品或货箱表面上，经过扫描器阅读，计算机解码，把"线条符号"转变成"数字号码"便于计算机运算。

（7）自动拣货系统传递

拣货过程全部由自动控制系统完成。通过电子设备输入订单后形成拣货信息，在拣货信息指导下由自动分拣系统完成分拣作业，这是目前物流配送技术发展的主要方向之一。

2. 电子标签拣货系统

随着经济和生产的发展，流通趋于多品种、小批量，因此各物流配送中心配送货品的种类和数量将急剧增加，货物分拣任务十分艰巨，分拣作业已成为一项重要的工作。显然，随着分拣量的增加、分拣点的增多、配货响应时间的缩短和服务质量的提高，依靠普通的分拣方法，如传票拣选等，将无法满足大规模配货配送的要求。针对目前市场的需求，开发一种具有缓冲能力、可直接和上下游生产线对接、大幅度提高拣货速度、降低拣货错误率的电子标签拣货系统非常紧迫。电子标签拣货系统（DPS）是一种计算机辅助的无纸化拣货系统，其原理是借助安装于货架上每一个货位的 LED 电子标签取代拣货单，利用计算机的控制将订单信息传输到电子标签中，引导拣货人员正确、快速、轻松地完成拣货工作，拣货完成后按确认按钮完成拣货工作。计算机监控整个过程，并自动完成账目处理。

电子标签拣货系统由流动货架、电子标签、堆积滚筒输送线、条形码阅读器、管理与监控系统构成，具有如下系统特色：

（1）电子标签采用先进信号合成技术，通信信号搭载于电源波形上，利用不锈钢导通传输电源及数据信号，配线只需两芯，所有电子标签均并联在一线，统一连接到接入盒中，降低了配线成本。

（2）系统的维护简单。在电子标签拣选系统中，安装了一个零地址电子标签，该标签可实时监视整个 DPS 系统的运行情况，当出现故障时，零地址电子标签立即显示出错电子标签的地址和故障原因，供操作人员参考，当需要更换出故障的电子标签时，不必关闭电源，可直接进行热插拔操作。

（3）堆积滚筒输送线提供足够的缓冲能力，当某个料箱在某个拣选工作区被止挡器挡住移动时，其他部分依旧正常运行，可以方便地与生产线对接。

（4）多个拣选工作区并行作业。

（5）料箱进入输送线后，如果在某个工作区没有拣选任务，则信息自动向下一个工作区传递，以便拣货人员做好准备。

任务六　补货作业

学习目标

知识目标

1. 熟悉补货作业的定义。
2. 了解补货作业的流程。
3. 熟悉补货作业的意义。

技能目标

1. 能够根据客户需求量判断是否需要补货。
2. 能够熟练地完成整箱补货、托盘补货和货架上下层补货的作业。
3. 能够编制补货单。

素养目标

1. 培养补货作业职业素养。

2. 培养节约成本的意识。
3. 培养安全意识，提高工作效率。

引导案例

沃尔玛的管理信息系统

已故的苹果公司创始人乔布斯曾经这样说过：如果世界上只剩下两家企业，其中一家一定是沃尔玛（另一家据说是戴尔）。虽然可能是玩笑话，但这无疑也反映了沃尔玛在人们心中的地位。作为连续三年蝉联世界500强企业之冠的零售业巨头，沃尔玛的成功有着多方面原因，其中至关重要的一环就是其对信息技术的成熟应用，据说沃尔玛的计算机系统仅次于美国军方系统，比微软总部的服务器还多，而这一应用的精髓就是沃尔玛的管理信息系统。

沃尔玛的管理信息系统包括很多个组成部分，比如自动补货系统（Automatic Replenishment，AR）、销售时点数据系统（Point Of Sale，POS）、电子自动订货系统（Electronic Ordering System，EOS）、快速反应系统（Quick Response，QR）等，此处只简述自动补货系统。

"巧妇难为无米之炊"，商品之于商店，就如水之于河，尤其对于沃尔玛这样的巨人级商店，货物数量是否充足、种类是否齐全、是否投顾客所好，就显得尤为重要，而对货物的及时而有计划的补充，就是由此衍生出的一个关键性问题。在这一点上，沃尔玛的自动补货系统走在了同行的前列。

沃尔玛的自动补货系统是连续补货系统（Continuous Replenishment，CR）的延伸，即供应商预测未来商品需求，负起零售商补货的责任，在供应链中，各成员分享信息，维持长久稳定的战略合作伙伴关系。

自动补货系统能使供应商对其所供应的所有分门别类的货物及其在销售点的库存情况了如指掌，从而自动跟踪补充各个销售点的货源，使供应商提高了供货的灵活性和预见性。即由供应商管理零售库存，并承担零售店里的全部产品的定位责任，使零售商大大降低零售成本。

一种商品一旦被大量采购，就会促使该商品的制造商大量生产此种商品，也会使该商品在供应链中快速流动起来。随着供应链管理的进一步完善，补货到零售店的责任，如今已从零售商转到了批发商或制造商。对于制造商和供应商来说，掌握了零售店的销售量和库存，就可以更好地安排生产计划、采购计划和供货计划，这是一个互助的商业生态系统。

从库存管理角度看，在库存系统中，订货点与最低库存之差主要取决于从订货到交货的时间、产品周转时间、产品价格、供销变化及其他变量。订货点与最低库存之差保持一定的距离，是为了防止产品脱销等不确定性情况的出现。为了快速反应客户"降低库存"的要求，供应商通过与零售商缔结伙伴关系，主动向零售商频繁交货，并缩短从订货到交货之间的时间间隔。这样就可以降低整个货物补充过程（从工厂到门店）的存货，尽力切合客户的要求，同时减轻存货和生产波动。

自动补货系统的成功关键在于，在信息系统开放的环境中，供应商和零售商之间通过库存报告、销售预测报告和订购单报文等有关商业信息的最新数据实时交换，使得供应商从过去的单纯执行零售商订购任务转而主动为零售商分担补充库存的责任，以最高效率补充销售点或仓库的货物库存。

为了确保数据能够通过EDI在供应链中畅通无阻地流动，所有参与方（供应链上的所有节点企业）都必须使用同一个通用的编码系统来识别产品、服务及位置，这些编码是确保自动补货系统实施的唯一解决方案。而之前的条形码技术正是这套解决方案的中心基础。要使连续补货有效率，货物的数量还需要大到有运输规模经济效益才行，而沃尔玛的销售规模足以支撑连续补货系统的使用。沃尔玛成功地应用自动补货系统后，有效地减少了门店的库存量，并提高了门店的服务质量，不仅降低了物流成本，还加快了存货的流通速度，大大地提高了沃尔玛供应链的经济效益和作业效率，为稳定沃尔玛的顾客忠诚度作出了杰出的贡献。

上述沃尔玛的供应链补货系统是沃尔玛成功的多方面因素中至关重要的一环。在其配送中心的运营过程中，对货物进行及时而有计划的补充是实施高效率配送作业的基础保障。

2.6.1　补货作业定义

补货作业是将商品从仓库保管区域搬运到拣货区的工作。补货作业的目的是保证拣货区有货可拣。补货作业主要包括：确定所需补充的商品，领取商品，做好上架前的各种打理、准备工作，补货上架。

2.6.2　补货方式

补货方式主要有以下几种：

1. 整箱补货

由货架保管区补货到流动货架的拣货区。这种补货方式的保管区为料架储放区，拣货形态为两面开放式的流动棚拣货区。拣货员拣货之后，把货物放入输送机并运到发货区，当动管区的存货量低于设定标准时，则进行补货作业。这种补货方式是由作业员到货架保管区取货箱，再用手推车载箱至拣货区。这种补货方式适合于体积小且少量多样出货的商品。

2. 托盘补货

这种补货方式是以托盘为单位进行补货。托盘由地板堆放保管区运到地板堆放动管区，拣货时把托盘上的货箱置于中央输送机送到发货区。当存货量低于设定标准时，立即补货，使用堆垛机把托盘由保管区运到拣货动管区，也可把托盘运到货架动管区进行补货。这种补货方式适合于体积大或出货量多的商品。

3. 货架上层到货架下层的补货方式

在这种补货方式下，保管区与动管区属于同一货架，即将同一货架上的中下层作为动管区，上层作为保管区，而进货时，则将动管区放不下的多余货箱放到上层保管区。当动管区的存货量低于设定标准时，利用堆垛机将上层保管区的商品搬至下层动管区。这种补货方式适合于体积不大、存货量不高，且多为中小量出货的商品。

2.6.3　补货原则

补货作业的发生与否主要看拣货区的商品存量是否符合需求，因此要根据拣货区的存量决定何时补货，以避免出现在拣货时才发现拣货区货量不足需要补货的情况，从而影响整个拣货作业。通常遵循批次补货、定时补货和随机补货三个原则。

1. 批次补货

在每天或每一批次拣取之前，通过系统计算所需商品的总拣取量和拣货区的商品量，计算出差额，并在拣货作业开始前补足商品。这种补货原则比较适合于一天内作业量变化不大、紧急追加订货不多，或是每一批次拣取量可事先掌握的情况。

2. 定时补货

将每天划分为若干个时段，补货人员在时段内检查拣货区货架上的商品存量，如果发现库存量不足，马上予以补足。这种补货原则较适合于分批拣货时间固定且处理紧急追加订货的时间也固定的情况。

3. 随机补货

随机补货是一种指定专人从事补货作业的方式，这些人员随时巡视拣货区的分批存量，发现不足随时补货。这种补货原则较适合于每批次拣取量不大、紧急追加订货较多，以至于一天内作业量不易于事前掌握的场合。

2.6.4 补货作业流程

为了保证拣货区有货可拣，需要将货物从货物保管区移到按订单拣取的动管拣货区，并对此移库作业进行库存信息处理。一般的补货作业流程如图2-6-1所示。

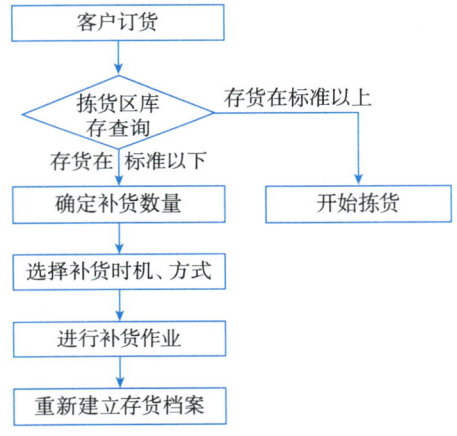

图2-6-1 补货作业流程

具体补货单设置如表2-6-1所示。

表2-6-1 补货单

序号	品名	源货位	目标货位	补货数量

实践案例

浙江省某物流配送中心根据市场调研及近3年的业务统计分析，为配送中心中的A类货物设定了最优安全库存标准。排名前 5 位的 A 类商品安全库存设定量如下表所示。

序号	品名	安全库存标准（箱）
1	伊利酸奶	50
2	福临门花生油	45
3	雕牌洗洁精	30
4	三牛饼干	20
5	可比克薯片	15

商品的提前期均为 2 天，商品单位采购成本为 2 元，单位储存成本为 4 元。2023 年 10 月 12 日信息管理系统中现有库存量情况如下表所示。

序号	品名	现有库存量（箱）
1	伊利酸奶	60
2	福临门花生油	50
3	雕牌洗洁精	45
4	三牛饼干	28
5	可比克薯片	16

客户近 2 个月对此 5 种商品的平均日需求量如下表所示。

序号	品名	平均日需求量（箱）
1	伊利酸奶	8
2	福临门花生油	5
3	雕牌洗洁精	3
4	三牛饼干	2
5	可比克薯片	1

1. 根据上述资料计算每种商品的订货点。
2. 确定需要补货的商品。
3. 根据资料确定订货数量。
4. 编制补货采购订单（自己准备相关表单）。

任务七　配送作业

学习目标

知识目标

1. 理解配货的概念。
2. 熟悉送货的概念。

3. 熟悉配货和送货作业流程。
4. 掌握配货和送货的原则以及影响送货作业质量的因素。

技能目标

1. 能够进行配送路线规划。
2. 能够利用信息技术手段提高配送效率。
3. 能够将配货和送货过程尽可能实现无缝对接，节省作业时间。

素养目标

1. 培养成本意识，提高配送质量。
2. 培养客户服务意识。
3. 提高团结协作、沟通交流能力。

引导案例

某配送中心为一重要客户配送货物，承诺服务时间为 3 小时，平均备货时间为 0.5 小时，方差为 0.1，平均出行速度为 50 千米/小时，标准差为 10。已知从配送中心到客户的行车距离为 70 千米，该配送中心能否对客户承诺误点率为 1% 配送服务？（计算结果四舍五入保留整数）

安全系数如下表所示。

服务水平	0.9998	0.99	0.98	0.95	0.90	0.80	0.70
系数 Z	3.50	2.33	2.05	1.65	1.29	0.84	0.53

2.7.1 配货和送货作业概述

1. 配货和送货作业定义

配货作业是指把拣取分类完成的货品经过配货检查过程后，装入容器和做好标示，再运到发货准备区，装车后待送的过程。

送货作业是利用配送车辆把用户订购的物品从制造厂、生产基地、批发商、经销商或者配送中心，送到用户手中的过程。

2. 配货作业流程

配货作业主要包括分货和配装两个方面。分货是指根据出货单上的内容说明，按照出货的优先顺序、储位区域号、配送车辆趟次号、门店、先进先出等出货原则和方法，把需要出货的商品整理出来，经复核人确认无误后，放置到暂存区，准备装货上车的工作。配装是指集中不同客户的配送货物，进行搭配装载，以充分利用运能、运力的工作。其作业流程如图 2-7-1 所示。

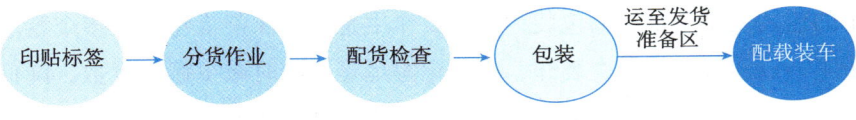

图 2-7-1 配货作业流程

(1) 印贴标签

标签是贴在物品上的标志及标贴，包括文字和图案。与物品包装不同，物品标签是为了区别物品的出处，是专用的；而物品包装是对物品的美化、装饰说明和宣传。一般标签都是附着在物品的外部或附着在物品包装容器的外部，用来说明物品的材料构成、产地、重量、生产日期、质量保证期、厂家联系方式、产品标准号、条形码、相关的许可证、使用方法等商品重要的信息。

(2) 分货作业

分货作业是在拣货作业完成之后，将所拣选的货品根据不同的客户或配送路线进行的分类，对其中需要经过流通加工的商品拣选集中后，先按流通加工方式分类，分别进行加工处理，再按送货要求分类出货的过程。

在开展分货作业时，配送人员需要根据实际情况选择不同的分货方式。

(3) 配货检查

配货检查属于确认拣货作业是否产生错误的处理作业。拣取的货物经过分类、集中后，需要根据客户、车次对象等拣选货品进行产品号码及数量的核对，以及产品状态及品质的检验，以保证发运前货物的品种正确、数量无误、质量及配货状态不存在问题，如图2-7-2所示。

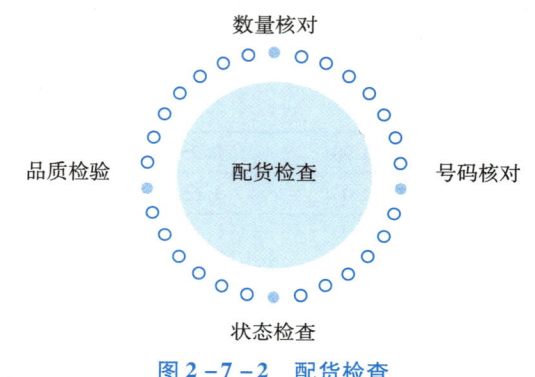

图 2-7-2　配货检查

配货检查员的工作是进一步确认拣货作业是否有误，配货检查最原始的做法是纯人工进行，即将货品一个个点数并逐一核对出货单，进而查验配货的品质及状态。就状态及品质检验而言，纯人工方式逐项或抽样检查确有其必要性，但对于货物号码及数量核对来说，效率太低且存在错误。因此，目前在数量及号码检查的方式上有许多改进，常用的方法有商品条形码检查法、声音输入检查法和重量计算检查法。

(4) 包装

一般来说，捆包、包装是配货作业的最后一环。配送作业中的包装就是对配送货物按照一定的标准进行重新集中、组合和打捆的过程。

配货作业中的包装主要是指运输包装，其主要作用是为了保护货物并将多个零散包装物品放入大小合适的箱子中，以实现整箱集中装卸、成组化搬运等，同时减少搬运次数，降低货损，提高配送效率。另外，包装也是产品信息的载体，通过在外包装上印贴标签或书写产品名称、原料成分、重量、生产日期、生产厂家、产品条形代码、储运说明、客户名称、订单号等，可以便于客户和配送人员识别产品，进行货物的正确装运与交接。通过扫描包装上的条形码还可以进行货物跟踪。

配送的包装要求结构坚固、标志清晰、价格低廉，重点在于搬移管理、保护商品和信息传递。包装的设计不仅要考虑配送过程的要求，例如方便配送人员识别、提高运输效率、方便装卸等，而且要考虑终端用户的要求，例如：方便客户接收时的清点，尽量做到简洁、单纯、轻薄、标准、节约等。

（5）配载装车

配装指配送中心按存货客户的指令，根据目的地、发货数量、线路等对待发货的物品进行配车并装车的过程。详细来说由于不同客户需要的货物不仅品种、规格不一，而且数量差异很大（如某一个客户的商品数量过少，无法装满一个车辆），配送中心就把同一条线路上不同客户的货物组合、配装在同一辆载货车上，或者把不同线路但同一区域的多家客户的货物混载于同一辆车上进行配送。

与一般送货不同之处在于，配装不仅能充分利用载货车辆的容积、提高运输效率、降低运输成本，还可以减少交通流量，改变交通拥挤状况。因此，配装也是配送作业系统中有现代特点的一项业务。

3. 送货作业的流程

送货作业是配送业务的最后一个环节。由于送货作业过程中会受到各种情况的影响，因此送货作业前需要进行周密安排，以保证送货作业的顺利完成。送货作业的影响因素及基本流程如图2-7-3所示。

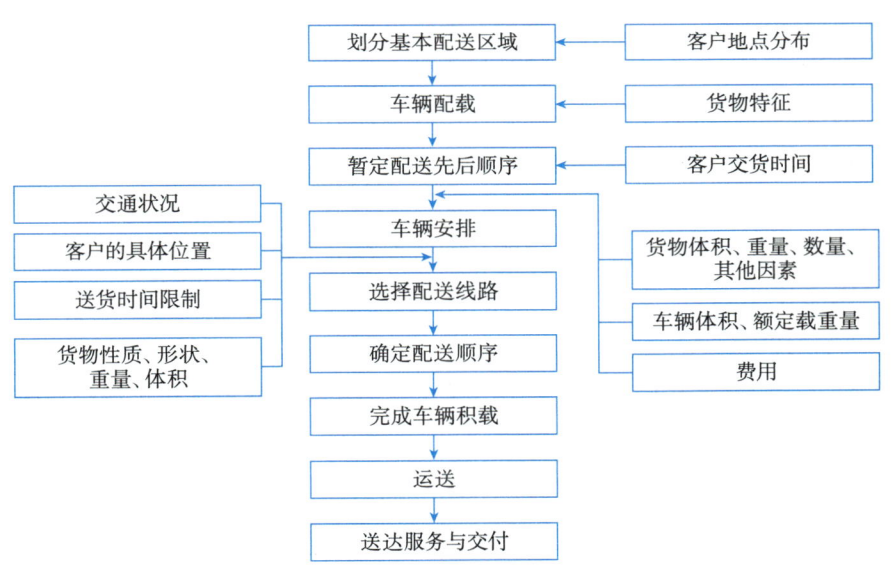

图2-7-3 送货作业的影响因素及基本流程

（1）划分基本配送区域

为使送货作业合理快速，应首先将客户所在地的具体位置做统计，并进行区域上的整体划分。如按行政区域或依交通条件划分不同的配送区域，在这一划分的基础上再做弹性调整来安排送货。

（2）确定配送批次

当配送中心的货品性质差异很大，有必要分开配送时，则需依据每个订单的货品特性进行优先划分，例如生鲜食品与一般食品的运送工具不同，需分批配送；化学物品与日常用品因其配送条件有差异，也需要将其分开配送。

（3）暂定配送先后顺序

在考虑其他影响因素，做出确定的配送方案前，应根据客户订单要求的送货时间将配送的先后作业次序做初步排定，为后面车辆积载做好准备。预先确定基本送货顺序既可以有效地保证送货时间，又可以提高送货效率。例如，很多快递公司规定以下午3点作为发货界限，当日下午3点之前下单的客户，当日发货；3点之后下单的客户，第二天发货。

（4）车辆安排

究竟要安排什么类型的配送车辆？使用自用车好还是外雇车好？需要从客户需求、车辆以及成本等方面来共同考虑。在成本方面，必须依自用车的成本结构及外雇车的计价方式来考虑选择何种方式比较划算；在车辆方面，要知道到底有哪些车辆可供调派，以及这些车辆的积载量与重量限制；在客户方面，需要考虑各客户的订货量、订货材积、重量，以及客户点的卸货特性限制。综合各方面的信息，才能做出最合理的车辆安排。

（5）确定每辆车负责的客户

做好配送车辆的安排以后，要根据车辆自身的车型、载重量、容积等特征，如果车辆是定好路线的，还要考虑车辆所负责的路线，并结合货物的重量、体积、发运路线等特征，确定每辆车所负责的客户。

（6）选择配送线路

确认每辆车需负责的客户点后，如何选择配送距离短、配送时间短、配送成本低的线路，这需要根据客户点的具体位置、沿途的交通状况等做出优先选择和判断。除此之外，对于有些客户或所在环境有其送达时间的限制也需要加以考虑，如有些客户不愿中午收货，或有些道路在高峰时间不准卡车进入等，都必须尽量在选择路径时将之避开。

（7）确定最终配送顺序

做好配送车辆安排及选择好最佳配送线路后，依据各车负责配送的具体客户的先后，即可确定客户的最终配送顺序。

（8）完成车辆积载

如何将货物装车，以什么次序装车，就是车辆的积载问题。具体进行车辆积载时要注意的细节如下：

①尽量把外观相近、容易混淆的货物分开装载。

②重不压轻，大不压小。

③不要将散发浓烈气味的货物与具有吸味性的食品混装。

④尽量不将散发粉尘的货物与清洁货物混装。

⑤切勿将渗水货物与易受潮货物一同存放。

⑥包装不同的货物应分开装载，如板条箱货物不要与纸箱、袋装货物堆放在一起。

⑦具有尖角或其他突出物的货物应和其他货物分开装载或用木板隔离，以免损坏其他货物。

⑧装载易滚动的卷装、桶装货物，要垂直摆放。

⑨货物与货物之间，货物与车辆之间应该留有空隙并适当衬垫，防止货损。

⑩装货完毕，应在门端处采取适当的稳固措施，以防止开门卸货时，货物倾倒造成货损或人身伤亡。

⑪符合国家公路运输管理的相关法规。

（9）运送与交付

货物运送到客户的指定地点后，需要组织卸货作业，卸货作业可以由送货员组织或送货员自行卸货，也可以由客户自行组织。如果客户是大型配送中心，卸货作业往往是由配送中心组织；如果客户是最终用户，卸货作业往往是由送货员组织或是由送货员自行卸货。在卸货的过程或卸货后，需要客户对货物进行清点验收，验收无误后，客户需要在送货单上签收，并留下客户联系方式。如果验收后产品有误需要退货，还需要客户签退货单。最后由客户完成货物的入货位或上货架作业。

2.7.2 配送计划的编制

1. 明确配送计划的目的

物流业务的经营运作是以满足客户需求为导向的，并且需要与企业自身拥有的资源、运作能力相匹配。但是，由于企业往往受到自身能力和资源的限制，对满足客户需求的多变性、复杂性有一定难度。这就要求企业在制订配送计划时必须考虑配送目的。例如，配送业务是为了满足短期时效性要求，还是长期稳定性要求；配送业务是服务于临时特定顾客，还是服务于长期固定客户。不同的配送目的，需要有不同的配送计划作支撑。

2. 收集相关数据资料

配送活动的主要标的物包括原材料、零部件、半成品、产成品等。就长期固定客户而言，对该货物近年来的需求量以及淡季和旺季的需求变化等相关统计数据，是制订配送计划时必不可少的第一手数据资料。另外，了解当年销售的规模及其变化情况，以及配送中心的数量、规模、运输费用、仓储费用、管理费用等数据也是十分必要的。

3. 整理配送的要素

配送的要素包括货物、客户、车辆、人员、路线、地点、时间七项内容，也称作配送的功能要素。在制订配送计划时应对这七项内容作深入了解并加以分析整理。

4. 制订初步配送计划

初步配送计划应该包括：配送路线的确定；每日最大配送量；配送业务的起止时间（也可以24小时不间断作业）；使用车辆的种类。

5. 与客户协调沟通

在制订了初步的配送计划后，一定要与客户进行沟通，请客户充分表达意见，共同完善配送计划。并且应该让客户了解其现有的各项作业环节在未来操作时可能出现的各种变化情况，以免客户的预期与具体操作产生重大落差。

6. 确定配送计划

配送计划应该确定的内容主要包括：

（1）确定地点、数量与配送任务。

（2）确定车辆数量。

（3）确定车队以及车辆组合。

（4）控制车辆最长行驶里程。

（5）确定车辆容积、载重限制。
（6）确定路网结构。
（7）确定时间范围。
（8）与客户作业层面的衔接。
（9）达到最佳化目的。

2.7.3 配送计划的实施

配送计划的实施主要包括以下内容：

1. 下达配送计划

配送计划确定后，将到货的品种、规格、数量分别通知用户和配送点，以便用户做好接货准备，配送点做好配送准备。

2. 按计划给配送点进行配货

各配送点按配送计划审定库存货物的保有程度，若有缺货情况，应立即组织进货。同时配送点各职能部门按配送计划进行配货、分货、包装、配装等工作。

3. 装车发运

各理货部门按计划将各用户所需的各种货物进行配货后，将各用户货物组合装车，发货车辆按指定线路送达用户，并通知财务结算。

2.7.4 送货路线的确定

面向消费者的配送和面向零售商的配送的送货路线的确定原理相同，但面向消费者的配送的商品品种更多，批量更小，送货半径更小。

2.7.5 配货作业和送货作业基本要求

1. 配货作业的基本要求

配货作业的好坏直接影响后续送货作业的质量，在一定程度上代表了一个配送中心的实力和声誉。但另外，配货又是一件复杂、工作量大的工作，尤其在多用户、多品种的情况下更是如此。所以配货作业管理十分重要，其基本任务就是保证配送业务中所需的商品品种、规格、数量在指定的时间内组配齐全并形成装载方案。

配货作业的基本要求如下：

（1）准确程度

准确程度是对配送中心的基本要求，但现实是需要配货的品种、规格复杂且变化很大，这就需要采取适当的管理方法，例如选择有效的分货和拣选方式配货，来提高配货的准确程度。

（2）配货速度

随着准时物流概念的产生以及配送企业间竞争的加剧，配送的速度显得日益重要，已成为影响配送中心发展的关键因素。要解决这个问题，主要应选择合适的设备、工艺提高分货、配装的速度。

（3）配货成本

配送中心产生的原因之一就在于它能有效节约经营成本，因此在保证配货速度、准确程度的同时更要考虑配货成本，选择适当的配货方式，在此消彼长的均衡过程中实现配送中心效益的最大化。

2. 送货作业的基本要求

送货是一种短距离、多品种、小批量、高频率的运输形式。它直接跟顾客打交道，以服务为目标，以尽可能满足客户需求为宗旨。送货作业管理的困难在于其可变因素较多，且因素间往往又相互影响，因而很容易遇到以下情况：

（1）从接受订货至出货非常费时。

（2）送货计划难以确定。

（3）送货路径的选择不顺利。

（4）送货效率低。

（5）无法按时送货、交货。

（6）送货业务的评价标准不明确。

（7）驾驶员的工作时间不均，产生抱怨。

（8）货品在送货过程中的损毁与遗失。

概括来说，配送中心的物流费包括送货费、保管费、包装费、搬运费及其他，其中送货费比例最高，占35%~60%。所以若能降低送货费，对配送中心的收益有极大贡献。

综上，送货作业的基本要求概括如下：

（1）时效性

时效性是客户最重视的因素，也就是要确保能在指定的时间内交货。由于送货是从客户订货至交货各环节中的最后一个环节，也是最容易无计划性地延误时程的阶段（配送中心内部作业的延迟较易掌握，并可随时与客户调整），一旦延误便无法弥补。即使内部阶段稍稍延迟，若能规划一个周密的送货计划则仍可能补救延迟的时间，因而送货作业可以说是掌控时效的关键点。

一般未能掌握送货时效性的原因，除司机本身问题外，不外乎所选择的送货路径路况不良，或中途客户点下货不易以及客户未能及时配合等所引起的，因此必须谨慎选择送货路径，或加派人员辅助指导每个客户点的卸货，才能让每位客户都能在期望的时间内收到货物。

（2）可靠性

将货品完好无损地送达目的地，是送货的目的。影响可靠性的因素有货物的装卸作业、运送过程中的机械振动及其他意外事故、客户地点及作业环境、送货人员的素质，等等。

（3）沟通性

由于送货人员是将货品交到客户手中的责任人，也是客户最直接接触的人员，因而其表现出的态度、反应会给客户留下深刻的印象，代表着物流公司的形象。因而送货人员应能与顾客做有效的沟通，且具备良好的服务态度，以维护物流公司的形象，巩固客户的忠诚度。

（4）便利性

送货最主要的目的便是让客户觉得方便，因而对于客户点的送货计划，应采取较弹性的系统，才能够随时满足客户需求的变化，为客户提供便利的服务。例如紧急送货、信息传送、顺道退货、辅助资源回收等。

（5）经济性

满足客户的服务要求，不仅品质要好，价格也是客户重视的要素。因而若能让送货中心本身运作有效率，成本控制得当，自然对客户的收费也能降低，也就更能以经济性来抓住客户了。

拓展知识

送货单

送货单号：
送货单位：   送货时间：
收货单位：   地　址：

序号	品名	规格	数量	重量

送货回单

送货单号：
送货单位：   送货时间：
收货单位：   收货时间：

送货				
序号	品名	规格	数量	重量

根据不同产品、不同企业、不同流通环境的要求，可以采用不同的送货形式。按送货的时间及数量可分为定时配送、定量配送、定时定量配送、定时定路线配送、即时配送等几种方式。

1. 定时配送

定时配送是指按规定时间间隔进行配送，如数天或数小时一次等，每次配送的品种及数量可按计划执行，也可在配送之前以商定的联络方式通知客户配送品种及数量。这种方式时间固定，易于安排工作计划，易于计划使用车辆，也易于客户安排接货力量。但是，由于配送物品种类经常变化，配货、装货难度较大，在出现配送数量、品种变化较大时，会导致配送运力安排困难。常见的定时配送有日配和准时配送。

（1）日配

日配是定时配送中运用较广泛的方式，尤其在城市内的配送。配送的时间比如每天仅在上午8点配送一次，或上午一次，下午一次，时间间隔小的也有每小时配送一次的。一般采用"日配"的较多。上午 10 点前接受订单，下午 5 点前配送到位，下午 4 点前接受订单，次日 10 点前配送到位，原则是从接受订单到送达不超过 24 个小时。"日配"制配送适合鲜、活品种；医药、体育用品、书刊、报纸、酒类等也采用"日配"制。小型商店、便利店等商品周转快，随进随卖的店铺，要求"日配"或"小时配"者居多。例如华联、联华、快客、天天迪亚等采用"日配"制。

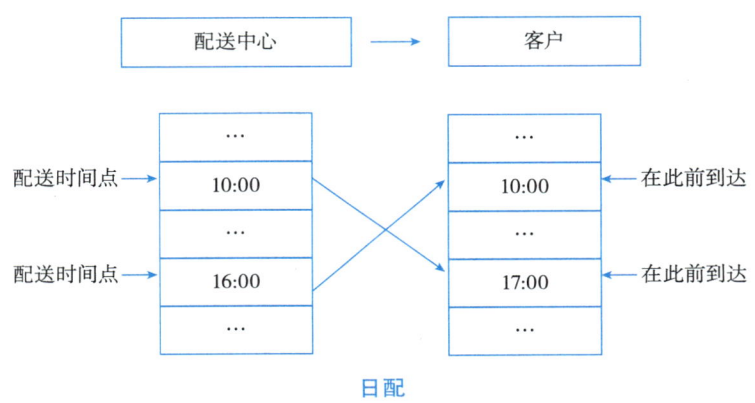

日配

（2）准时配送

所谓准时配送，就是按照客户的规定时间，双方协议配送。一般不随意改动配送时间，配送的品种也不轻易改变。比如为汽车装配线的零部件配送就属于这种类型的配送。采用准时配送方式，生产线上只需维持 2~3 小时的用量，基本是"零库存"。

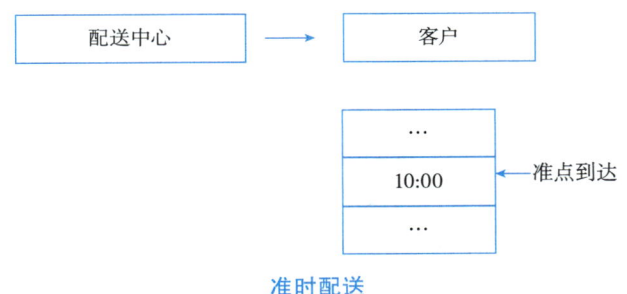

准时配送

2. 定量配送

定量配送是指按规定的批量在一个指定的时间范围内进行配送。这种方式数量固定，备货工作较为简单，可以按托盘、集装箱及车辆的装载能力规定配送的定量，配送效率较高。

由于时间限定不严格，可以将不同客户所需物品凑整车后配送，运力利用也较好。对客户来讲，每次接货都处理同等数量的货物，有利于人力、物力的准备。

3. 定时定量配送

定时定量配送是指按照规定配送时间和配送数量进行配送。这种方式兼有定时、定量两种方式的优点，但特殊性强，计划难度大，适合采用的对象不多，不是一种普遍的方式。

4. 定时定路线配送

在规定的运行路线上制定到达时间表，按运行时间表进行配送，客户可按规定路线及规定时间接货及提出配送要求。

采用这种方式有利于安排车辆及驾驶人员。在配送客户较多的地区，也可免去过分复杂的配送要求所造成的配送组织工作及车辆安排的困难。对客户来讲，既可对一定路线、一定时间进行选择，又可有计划地安排接货力量，但这种方式应用领域有限。

5. 即时配送

即时配送是完全按客户临时提出的时间和数量要求进行的配送方式，是灵活性很大的一种应急方式。

2.7.6 配送半径的计算方法

1. 配送半径的概念

国家物流标准化委员会给配送下的定义为："在经济合理区域范围内，根据用户要求，对物品进行拣选、加工、包装、分割、组配等作业，并按时送达指定地点的物流活动。"其中"经济合理区域范围"就是书中所说的配送半径。具体而言，配送半径就是配送车辆从配送中心出发为完成配送任务而行驶的路程。

2. 配送半径的特点

本书论述的配送半径具有以下三个特点：第一，配送半径是距离而不是位移，它的大小指配送车辆在配送过程中行驶的实际路程，具体而言，它是配送车辆送货路程，不包括空返行程。第二，配送半径的大小对任意一个配送中心都不是一成不变的，它会随着配送中心工作效率以及交通状况的变化而变化。第三，配送半径的大小不是由人的主观意志决定的，它受诸多客观因素的制约，因而是客观存在的。

3. 配送半径的意义

（1）配送半径的大小影响配送中心规模的大小

配送半径也即配送中心的辐射范围，配送半径越大配送中心的辐射范围也越大；辐射范围越大覆盖的客户就越多，对配送中心的生产能力要求就越高，配送中心的规模就越大。反之，配送半径越小配送中心的规模相应也不需要很大。由于配送半径的大小是客观存在的，所以设计配送中心的规模首先要计算出配送半径的大小。

（2）配送半径的大小影响着配送中心的选址

由上述可知，配送半径的大小决定着配送中心的辐射范围，而配送中心总是要为特定的目标客户服务的，即配送中心一定要能够辐射到其特定的目标客户。既然配送半径是客观的，那么配送中心的位置就必然受配送半径的制约。也就是说，配送半径越小，对配送中心的选址制约性越强，要求配送中心尽可能地靠近目标客户；相反如果配送半径很大，配送中心的选址就相对灵活。

（3）配送半径的大小影响着配送路线的规划

众所周知，配送是配与送的有机结合，是同时满足多个客户需求的送货过程，为了更高效地实现配送目标，设计出科学合理的配送线路就很有必要。而配送线路的最长送货距离也就是配送半径；所以设计配送线路首先要计算出配送半径的大小；配送半径是进行配送线路优化的一个重要制约因素。

4. 影响配送半径大小的因素

配送半径即配送车辆在客户要求的时间内以可能的速度行驶的最远距离，综合来说，配送半径受承诺服务时间、备货时间、出行速度等客观因素的影响。由于这些因素是客观存在的，并且短期内很难被人的意志左右，所以配送半径的大小也是客观的。

（1）服务承诺时间

服务承诺时间也就是配送中心承诺给客户的商品送达时间，也即客户的订货提前期，是指从配送中心收到客户订单到将所订货物送达客户指定地点的时间间隔。配送承诺时间影响着配送中心的客户服务水平，配送承诺时间越短，服务水平越高，配送中心在行业内越具备竞争优势。服务承诺时间受市场节奏、市场竞争激烈程度、所配送商品类型、配送模式等共同决定。市场节奏越快，配送承诺时间越短，要求配送中心在最短的时间内将商品送达客户指定地点；配送市场竞争越激烈，为了获得高的客户满意度，服务承诺时间将越短；配送中心经营商品若为生鲜品或创新型产品等生命周期较短、市场需求变化较快的商品，服务承诺时间就越短；配送模式若为 JIT 等精益配送模式，服务承诺时间要求短。服务承诺时间越短，则配送半径越小。

（2）备货时间

备货时间是指收到客户订单后为筹备顾客所订货物花费的时间，包括处理订单、货物分拣、流通加工、包装、装车等工作环节所需的时间。备货时间的长短受客户所订货物状况、订单处理速度、配送中心工作效率等因素的影响；客户所订货物越简单，订单处理速度越快，配送中心工作效率越高，备货时间越短。理论上，备货时间越长，配送半径越小。

（3）出行速度

出行速度即配送车辆从配送中心至目的地的行程中的行驶速度，出行速度主要受出行时间段、交通状况、车辆性能的影响。出行速度越慢，则配送半径越小。

5. 配送半径的计算

（1）基本公式

如果配送半径为 R，服务承诺时间为 T，备货时间为 t，出行速度为 V，则可得：

$$R = (T - t) \times V \tag{2-7-1}$$

由上式可知，配送半径与服务承诺时间、出行速度呈正相关关系，与备货时间呈负相关关系；但由于延长服务承诺时间会降低客户服务水平，削弱配送中心的竞争优势，所以要想延长配送半径，扩大配送中心的辐射范围，就只有提高出行速度或者缩短备货时间。具体措施有：①选择最适合配送路段的配送车辆。②选择最优的配送路线。③提高订单处理效率，缩短订单处理时间。④提高货物分拣、流通加工、包装等工作的效率，缩短工作时间。

（2）保留半径

由于备货时间和出行速度受诸多客观因素影响，是变量，所以配送半径的大小也是不确定的。在 JIT 配送等高端配送模式中，这种不确定性往往会大幅度降低配送服务水平甚至酿成大错，所以有必要对配送半径按照要求进行修正，参照库存管理中的安全库存概念，引入保留半径的概念。保留半径是为了达到一定的客户服务水平，削减由于备货时间和出行速度变化带来的不确定性而特意设定的保险距离。可以表示为：

$$r = z \sqrt{\delta v^2 t + \delta t^2 v^2} \tag{2-7-2}$$

其中，r 为保留半径；z 为服务水平对应的系数，可以通过查表获得；δv^2 为出行速度的方差的平方;$\bar{t}$ 为平均出行时间,即承诺服务时间与备货时间之差;δt^2 为出行时间的方差的平方;v^2 为平均出行速度的平方。

由式（2-7-1）和式（2-7-2）可得修正后的配送半径为：

$$R = V\bar{t} - z\sqrt{\delta v^2 t + \delta t^2 v^2} \qquad (2-7-3)$$

服务水平系数 Z 可从下表查得：

服务水平	0.9998	0.99	0.98	0.95	0.90	0.80	0.70
系数 Z	3.50	2.33	2.05	1.65	1.29	0.84	0.53

案例：某配送中心为一重要客户配送货物，承诺服务时间为 3 小时，即 3 小时内保证把货物送到，已知平均备货时间为 1.2 小时，标准差为 0.3；平均出行速度为 40km/h，标准差为 10。已知从配送中心到目的地的行车距离为 60 千米；请问该配送中心能否对该用户承诺误点率为 5% 的配送服务？

解决上述案例的问题，只需要计算准点率为 95% 时的配送半径 R，如果 R 大于 60，那么就可以承诺，反之则不行。

$R = 40 \times 1.8 - 1.65\sqrt{10 \times 10 \times 1.8 + 0.3 \times 0.3 \times 40 \times 40} = 54$，小于 60，所以不能实现。

实践案例：

某配送中心为一重要客户配送货物，承诺服务时间为 2.5 小时，平均备货时间为 0.5 小时，标准差为 0.2；平均出行速度为 45km/h，标准差为 10。已知从配送中心到客户的行车距离为 35 千米，该配送中心能否对客户承诺误点率为 0.01% 配送服务？（计算结果向下取整保留整数）

安全系数如下表：

服务水平（%）	100	99.99	99.87	99.20	99.00	98.00	97.00	96.00
系数 Z	3.09	3.08	3.00	2.40	2.33	2.05	1.88	1.75

6. 车辆配装

（1）车辆配装定义

在具体作业过程中，应首先做好物品的准备，其次是装载次序的确定。原则上，安排好客户的配送顺序后，只要按货物"后送先装"的顺序装车即可。但有时为了有效地利用空间，还应考虑货物的性质（怕震、怕压、怕湿）、形状、体积及质量等，做出某些调整。如能使用这些选择恰当的装卸方法，并能合理地进行车辆积载工作，则可使货物在配送运输中货损、货差减少，既能保证货物完好和安全运输，还能使车辆的载重能力和容积得到充分的利用。

配送车辆的载重能力和容积能否得到充分的利用，与货物本身的包装规格有很大关系。小包装的货物容易降低亏箱率，同类货物用纸箱比用木箱包装亏箱率要低一些。但是，亏箱率的高低还与采用的积载方法有关，所以，恰当的积载方法能使车厢内部的高度、长度、宽度都得到充分的利用。

（2）配装的方法

配装的方法要根据车辆的运载特性和货物的性质、包装等决定。

一般来说，车辆如果能够按照核定吨位满载运行，则说明车辆的吨位利用率较高，但是在实际工作中往往会因配送货物的流量、流向、配送时间和配送距离等因素影响而不能满载。此时应该核算满载率，使配送过程中尽可能有较高的满载率，应充分考虑车辆空间和核载量进行安排。

其中吨位利用率的指标为：**吨位利用率 = 实际载重量 ÷ 额定载重量 × 100%**。

配送运输车辆的吨位利用率尽量保持在80%～100%，但是不能超过100%，以免造成车辆损坏。

一般来讲，车辆的配装应按照运载特性，并遵从配装原则，尽可能地提高满载率，具体方法如下：

①研究各类车厢的装载标准，根据不同货物和不同包装提及的合理装载顺序，努力提高装载技术和操作水平，力求装足车辆核定吨位。

②根据客户所需的货物品种和数量，调配适宜的车型承运，要求配送中心保持合理的车型结构。

③凡是可以拼装的尽可能拼装，注意做好不同客户货物的标记工作，以防差错。

需要指出的是，要使车辆的配装合理，应该在订单生成和分拣、包装时就有所安排，配送中心通过建立一定的模型并按照模型编写出软件，利用软件进行配载计算，可以取得良好的效果。

7. 提高送货效率的措施

为提高送货效率，可采用以下措施：

（1）消除交错送货

消除交错送货，可以提高整个配送系统的送货效率。例如，将原来直接由各工厂送至各客户的零散路线，利用配送中心进行整合并调配转送，这样不仅可缓解交通网路的复杂程度，还能大大缩短运输距离。

（2）开展直配、直送

由于"商物分流"，订购单可以通过信息网络直接传给厂商，因此各工厂的产品可从厂商的物流中心直接交货到各零售店。这种直配、直送的方式可大幅度简化物流的层次，使得中间的代理商和批发商不设存货，下游信息也能很快地传达到上游。

（3）采用标准的包装器具

配送不是简单的"送货上门"，要运用科学合理的方法选择配送车辆的吨位、配载方式，确定配送路线，以达到"路程最短、吨千米最小"的目的。采用标准的包装工具，如托盘，可以使送货中货物的搬运、装卸效率提高，并便于车辆配装。

（4）建立完善的信息系统

完善的信息系统能够根据交货配送时间，车辆最大积载量，客户的订货量、个数、重量来选出一个最经济的配送方法。根据货物的形状、体积、重量及车辆的装载能力等，由计算机自动安排车辆和装载方式，形成配车计划。在信息系统中输入每一个客户点的位置，计算机便会依据最短距离找出最便捷的路径。

（5）改善运货车辆的通信设施

健全的车载通信设施，可以把握车辆及司机的状况、传达道路信息或气象信息、掌握车辆作业状况及装载状况、传递作业指示、传达紧急信息指令、提高运行效率及安全运转。

（6）均衡配送系统的配送量

通过和客户沟通，尽可能使客户的配送量均衡化，这样能有效地提高送货效率。为使客户的配送量均衡，通常可以采用对大量订货的客户给予一定的折扣、制定最低订货量、调整交货时间等办法。

8. 用数学方法确定轻重商品的最优装车方案

轻重商品组配是提高运输工具标重利用率和容积利用率的重要方法之一。在组织轻重商品组配时，应用理论与实践相结合的方法，较为科学实用。举例说明：已知圆钉每件重 20 千克，每件体积 0.015（0.3×0.25×0.2）立方米；铝制品每件重 37 千克，每件体积 0.35（0.75×0.74×0.63）立方米。计划装上一辆标重 30 吨、容积 66（10.2×2.81×2.3）立方米的铁路棚车。要测算如何装载上述两种商品，各需组配多少件，才能既装满容积又达到标重。

（1）如果只装铝制品或只装圆钉

1）理论上求解

理论求解较为简单，只需要从重量或体积上求出件数即可。

铝制品从重量上计算：30÷0.037 = 810 件；

铝制品从体积上计算：66÷0.35 = 188 件。

铝制品的装载按重量能装 810 件，按体积能装 188 件，说明铝制品装载 188 件就已装满，那么从理论上计算只能装载 188 件。

圆钉从重量上计算：30÷0.020 = 1500 件；

圆钉从体积上计算：66÷0.015 = 4400 件。

圆钉的装载按重量能装 1500 件，按体积能装 4400 件，说明圆钉装载 1500 件就已满吨位，那么从理论上计算只能装载 1500 件。

从理论上计算得出：铝制品只能装 188 件，圆钉只能装 1500 件。

2）实际组配

① 如果车辆只装铝制品

只装铝制品装配件数如表 2-7-1 所示。

表 2-7-1　只装铝制品装配件数

	车长 10.2 米	剩余	车宽 2.81 米	剩余	车高 2.3 米	剩余
品长 0.75 米	13	0.45	3	0.56	3	0.05
品宽 0.74 米	13	0.58	3	0.59	3	0.08
品高 0.63 米	16	0.12	4	0.29	3	0.41

铝制品的重量计算：16×3×3 = 144 件；

铝制品的体积计算：13×4×3 = 156 件。

最优装配 156 件比理论 188 件少配 32 件。也就是说，理论上计算的装载数量，实际的空间已放不下商品。理论的计算值与实践有差距。

② 如果车辆只装圆钉

如果车辆只装圆钉，装载 1500 件时就已经满吨位，体积绰绰有余，不需要再列表计算。最优装配 1500 件。

（2）两种商品组配

从上面的计算得出，不论装载哪种商品，都会造成浪费。只装铝制品，造成吨位浪费；只装圆钉，造成体积浪费。如果把两种商品组配在一起，将会充分利用吨位和体积。

1）理论上求解

设 A 为圆钉，B 为铝制品。

列方程：

$$\begin{cases} 0.02A + 0.037B = 30 \\ 0.015A + 0.35B = 66 \end{cases}$$

解方程求得：A = 1250 件，B = 135 件。

圆钉能装 1250 件，铝制品能装 135 件。

2）两种商品理论结合实际组配

上面计算的是理论数值，在实际组配时，往往有一定的困难。因此，在理论的基础上，结合实际组配法。既有理论依据，又有使用价值。其步骤如下：

①理论计算两种商品的装车高度。

根据已知求得：

圆钉每立方米重量 = 0.02 ÷ 0.015 = 1.333 吨；

铝制品每立方米重量 = 0.037 ÷ 0.35 = 0.106 吨。

设圆钉占车容积为 X，铝制品占车容积为 Y。

列方程：

$$\begin{cases} 1.333X + 0.106Y = 30 \\ X + Y = 66 \end{cases}$$

解方程求得：X = 18.769，Y = 47.231。

铝制品占车高度 = 47.231 ÷ 10.2 × 2.81 = 1.648 米；

圆钉占车高度 = 2.3 - 1.648 = 0.652 米。

②实际组配两种商品的装载数量。

铝制品实际装配件数如表 2 - 7 - 2 所示。

表 2 - 7 - 2　铝制品实际装配件数

	车长 10.2 米	剩余	车宽 2.81 米	剩余	车高 1.648 米	剩余
品长 0.75 米	13	0.45	3	0.56	2	0.148
品宽 0.74 米	13	0.58	3	0.59	2	0.168
品高 0.63 米	16	0.12	4	0.29	2	0.386

铝制品的重量计算 = 16 × 3 × 2 = 96 件；

铝制品的体积计算 = 13 × 4 × 2 = 104 件。

最优装配 104 件，比理论 135 件少配 31 件。

如果只装铝制品或只装圆钉：圆钉只能装 1500 件，铝制品只能装 156 件。

两种商品理论组配：圆钉能装 1250 件，铝制品能装 135 件。

两种商品实际组配：圆钉实际只能装 1307 件，铝制品能装 104 件。

通过比较得出：如果只装一种商品，一辆车只能装圆钉 1500 件或者只能装铝制品 156 件；如果两种商品实际组配，一辆车就能装圆钉 1307 件和铝制品 104 件。轻重配装不仅能合理装载，还可以减少运输工具。但是在配载时要注意理论结合实际，否则就可能出现小空间装不下商品，但理论上能装下，实际配装时就会出现甩货现象。

2.7.7 运输方式的选择

1. 常见的运输方式

物流运输方式通常分为公路运输、铁路运输、水路运输、航空运输、管道运输等五种运输方式。由于管道运输是限定的产品种类，所以本部分不做介绍。

我国各个地区因地理环境的不同，货物运输方式有一定差异。如产煤大省山西省，向外发运的货物主要是煤炭，铁路运输和公路运输的运量比例为 1∶1。江苏、浙江、广东三省均为外向型经济模式，生产的产品以外贸货物居多，通过集装箱发运到国外，所以水运的比例占到近 1/3。但就全国总体情况看，运输方式的特点有：①总体公路占运输总量比例很大，超过 70%。②铁路运输的比例远远小于公路运输的比例，两者对比是 1∶5。③水运在沿海地区占总量比例较大，仅次于汽运。

（1）公路运输

公路运输是指汽车运输。它是目前非常普遍的运输方式。尤其随着我国高速路网的迅速发展，公路运输速度明显加快，且路面平整。但高速公路收费较高，加大了公路运输的成本，在一定程度上制约了公路运输的发展。

1）公路运输的优点

①运输速度快。在高速公路上，可以实现 400～500 千米内当日往返，800～1000 千米内当日到达的运输速度。②可靠性高，对产品损伤较少。目前我国高速公路的质量越来越好，行驶平稳，运输产品得到了较好的保护。③机动性高。可以选择不同的行车路线，灵活制定营运时间表，所以服务便利，能提供门到门服务，市场覆盖率高。④投资少，经济效益高。因为运输企业不需要拥有公路，所以其固定成本很低，且公路运输投资的周转速度快。⑤操作人员容易培训。公路运输能提供更为灵活和更为多样的服务，多用于价高量小的货物的门对门服务。

2）公路运输的缺点

①运费较贵。公路运输单位公里运输费用仅次于航空运输，比铁路运输与水路运输都要高。②运输能力较小。公路运输的物品体积与重量有较多限制，使它不能像铁路运输一样运大量不同品种和大件的货物。③能耗高，环境污染比其他运输方式严重得多。④土地占用较多。

综上，公路运输主要适用于以下作业：①近距离的独立运输作业；②补充和衔接其他运输方式，当其他运输方式担负主要运输时，由汽车担负起点和终点处的短途集散运输，完成其他运输方式到达不了的地区的运输任务。

（2）铁路运输

铁路运输是一种常用的运输方式。它具有其他运输工具所没有的优势，非常适合长距离运输。

1）铁路运输的优点

①运行速度快，时速可达 80～120 千米。②运输能力较大，可满足大量货物一次性高效率运输。③运输连续性强，由于运输过程受自然条件限制较小，所以可提供全天候的运行。④轨道运输

的安全性能高，运行较平稳。⑤通用性能好，可以运送各类不同的货物。⑥运输成本（特别是可变成本）较低。⑦能耗低。

2）铁路运输的缺点

①设备和站台等限制使得铁路运输的固定成本高，建设周期较长，占地也多。②由于设计能力是一定的，当市场运量在某一阶段急增时难以及时得到运输机会。③铁路运输的固定成本很高，但变动成本相对较低，使得近距离的运费较高。④长距离运输情况下，由于需要进行货车配车，其中途停留时间较长。⑤铁路运输由于装卸次数较多，货物错损或丢失事故通常也比其他运输方式多。

综上，铁路运输主要适用于以下作业：①大宗低值货物的中、长距离运输，也较适合运输散装、罐装货物。②适于大量货物一次高效率运输。③对于运费负担能力小、货物批量大、运输距离长的货物来说，运费比较便宜。④轨道运输安全系数大。

（3）水路运输

水路运输作为运输方式的有效补充，在货物运输中得到广泛使用。主要有沿海运输、近海运输、远洋运输、内河运输等四种运输方式。

1）水路运输的优点

①运能大，能够运输数量巨大的货物。②通用性较强，客货两宜。③越洋运输大宗货品，连接被海洋所占的大陆，远洋运输是发展国际贸易的强大支柱。④运输成本低，能以最低的单位运输成本提供最大的货运量，尤其在运输大宗货物或散装货物时，采用专用的船舶运输，可以取得更好的技术经济效果。⑤劳动生产率高。⑥平均远距长。

2）水路运输的缺点

①受自然气象条件因素影响大。由于季节、气候、水位等的影响，水运受限制的程度大，因而一年中中断运输的时间较长。②营运范围受到限制。③航行风险大，安全性略差。④运送速度慢，准时性差，在途中的货物多，会增加货主的流动资金占有量，经营风险增加。⑤搬运成本与装卸费用高，这是因为运能最大，所以导致了装卸作业量最大。

综上，水运主要承担以下作业任务：①承担大批量货物，特别是集装箱运输。②承担原料半成品等散货运输。③承担国际运输，即远距离，运量大，不要求快速抵达国外的客货运输。

（4）航空运输

航空运输是指使用飞机或其他航空器进行货物运输的一种运输方式。航空货运不仅提供专门用于货物运输的飞机、定期和不定期的航空货运航班，而且还利用定期和不定期客运航班进行货物运输。

1）航空运输的优点

①高速直达性。因为空中较少受自然地理条件限制，航线一般来去两点间的最短距离。②安全性能高。随着科技的进步，飞机不断地进行技术革新，使其安全性能增强，事故率降低，保险费率相应较低。③经济性良好，使用年限较长。④包装要求低。因为空中航行的平稳性和自动着陆系统减少了换货的比率，所以可以降低包装要求。而且在避免货物灭失和损坏后还有明显优势。⑤库存水平低。⑥保持竞争力和扩大市场。

2）航空运输的缺点

①受气候条件的限制，在一定程度上影响了运输的准确性和正常性。②需要航空港设施，所以可达性差。③设施成本高，维护费用高。④运输能力小，运输能耗高。⑤运输技术要求高，人员（飞行员、空勤人员）培训费用高。

综上，空运一般用于以下作业：①国际运输。②适用于高附加值、低质量、小体积的物品运输。如高级电子工业品、精密机械工业产品、高级化学工业产品等的运输。③快捷运输。如鲜活易腐货物、时令性产品、邮件等时间限制较强的特殊货物的运输。

2. 影响运输方式选择的因素

在各种运输方式中，如何选择适当的运输方式是物流合理化的关键。一般来讲，运输方式的选择取决于物流系统要求的服务水平和允许的物流成本。选择运输方式时，在考虑具体条件的基础上，应考虑以下要素：

（1）货物品种

关于货物品种及性质、形状，应在包装项目中加以说明，选择适合这些货物特性和形状的运输方式，货物对运费的负担能力也要考虑在内。

（2）运输期限

运输期限必须与交货日期相联系，应保证运输时限。必须调查各种运输工具所需要的运输时间，根据运输时间来选择运输工具。一般情况下，运输时间的快慢依次为航空运输、汽车运输、铁路运输、船舶运输。各运输工具可以按照它的速度编组来安排日程，加上它的两端及中转的作业时间，就可以算出所需的运输时间。在商品流通中，要研究这些运输方式的现状，进行有计划的运输，希望有一个准确的交货日期是基本的要求。

（3）运输成本

运输成本因货物的种类、重量、容积、运距不同而不同，且运输工具不同，运输成本也会发生变化。在考虑运输成本时，必须注意运费与其他物流子系统之间存在着互为利弊的关系，不能只根据运输费用来决定运输方式，要由全部总成本来决定。

（4）运输距离

从运输距离看，一般情况下可以依照以下原则：300 千米以内，用汽车运输；300~500 千米，用铁路运输；500 千米以上，用船舶运输。一般采取这样的选择是比较经济合理的。

（5）运输批量

因为大批量运输成本低，应尽可能使商品集中到最终消费者附近，选择合适的运输工具进行运输是降低成本的良策。一般来说，15~20 吨以下的商品用汽车运输；15~20 吨以上的商品用铁路运输；数百吨以上的原材料之类的商品，应选择船舶运输。

3. 选择运输方式的方法

在各种运输方式中，如何选择适当的运输方式是物流合理化的重要问题。可以选择单一运输方式，也可以选择使用联运的方式，此处评讲前者。

单一运输方式，就是只选择一种运输方式提供运输服务。公路、铁路、水路和航空四种常用的基本运输方式各有其优点与不足，可以根据四种基本运输方式的优势、特点，结合运输需求进行恰当的选择。

选择运输方式的方法有综合评价法、成本比较法等，应用时可根据实际情况选择其中的一种进行定量分析。

（1）综合评价法

由于运输对象、运输距离和货主对运输时限要求不一样，对经济性、迅速性、安全性和便利性的要求程度也不同，因此可采取综合评价的方法来确定选择哪种运输工具。

经济性主要表现为费用（运输费、装卸费、包装费、管理费等）的节省；在运输过程中，总费用支出越少，则经济性越好。迅速性指货物从发货地到收货地所需要的时间，即货物在途时间，其时间越少，迅速性越好。安全性通常指货物的完整程度，以货物的破损率表示；破损率越小，安全性越好。便利性可以通过发货人所在地至装车（船、飞机）地之间的距离来表示；其距离越近，便利性越好。由于这四个方面的运输要求相互之间是有矛盾的，所以根据商品运输的要求，选择适合的运输方式。比如对长距离运输单价低、重量重的物品，只能选择运费低的运输方式，如水运、铁路运输。例如，把杭州生产的矿泉水运到合肥，一般会选择铁路运输；把苏州的黄沙运输到杭州，一般会选择水运。当然，如果考虑到便利性，也可以采用公路运输方式把杭州生产的矿泉水运到合肥，因为这种方式可以实现从生产企业的大门到批发商企业大门的"门对门"对接，中途不需要通过货物中转，便利性优势比较明显。对一些迅速性要求高的物品，则只能采用空运方式。

（2）成本比较法

企业通过比较运输服务成本与服务水平所导致的相关间接库存成本，根据二者之间达到的平衡程度进行选择。也就是说，运输的速度和可靠性会影响托运人或买方的库存水平。

如果选择速度慢、可靠性差的运输服务，运输过程中就需要更多的库存，这样，就会抵消选择低水平运输服务降低的成本了。在运输服务与运输成本之间、运输成本与其他物流之间存在"效益背反"关系，所以在选择运输方式时，应当以总成本作为依据，而不能仅考虑运输成本。最佳运输方式或运输工具的选择，应该是在综合考虑上述各种因素后做出的，最重要的是如何平衡运输服务的速度和成本。运输方式与运输成本之间的关系如图2-7-4所示。

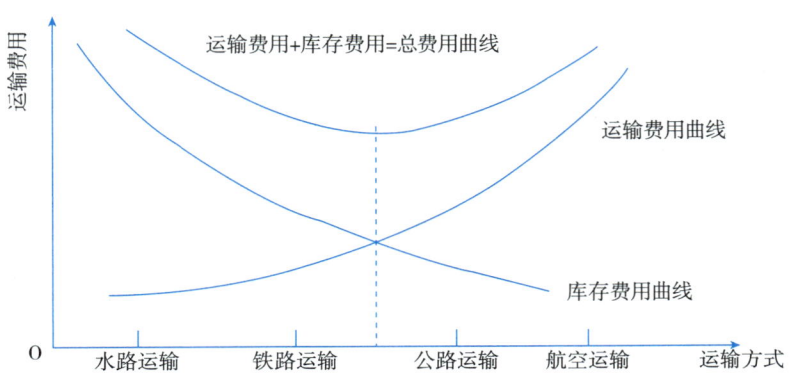

图2-7-4 运输方式与运输成本之间的关系

2.7.8 车辆调度

1. 车辆调度的原则

（1）车辆调度的基本原则

1）坚持统一领导和指挥、分级管理、分工负责的原则。

2）坚持从全局出发，局部服从全局的原则。

3）坚持以均衡和超额完成生产计划任务为出发点的原则。

4）最低资源（运力）投入和获得最大效益的原则。车辆运行计划在组织执行过程中常会遇到一些事前难以预料的问题，如客户需求量变动、装卸机械发生故障、车辆运行途中发生技术障碍、临时性桥断路阻等，这就要有针对性地加以分析和解决，调度部门要随时掌握货源状况、车况、路况、气候变化、驾驶员思想状况、行车安全等，确保运行作业计划顺利进行。

（2）车辆调度的具体原则

1）宁打乱少数计划，不打乱多数计划。

2）宁打乱局部计划，不打乱整体计划。

3）宁打乱次要环节，不打乱主要环节。

4）宁打乱当日计划，不打乱以后计划。

5）宁打乱可缓运物资的运输计划，不打乱急需物资的运输计划。

6）宁打乱整批货物的运输计划，不打乱配装货物的运输计划。

7）宁使企业内部工作受影响，不使客户受影响。

2. 车辆调度工作的内容

车辆是在点多、面广、纵横交错、干支相连接的运输网络中分散流动的，涉及多个部门、多个环节，工作条件较为复杂。故此，需要建立一个具有权威性的组织指挥系统——车辆调度部门，进行统一领导、统一指挥，且能灵活地、及时地处理问题。车辆运行调度是配送运输管理的一项重要职能，是指挥监控配送车辆正常运行、协调、配送生产过程以实现车辆运行作业计划的重要手段。

车辆调度主要包括以下内容：

（1）编制配送车辆运行作业计划。

（2）现场调度。

（3）随时掌握车辆运行信息，进行有效监督。

（4）检查计划执行情况。

鉴于以上工作内容，车辆调度工作具有以下作用：保证运输任务按期完成；能及时了解运输任务的执行情况；促进运输及相关工作的有序进行；实现最小的运力投入。

3. 车辆调度工作的特点

（1）计划性。坚持合同运输及临时运输相结合，以完成运输任务为出发点，认真编制、执行及检查车辆运行作业计划。

（2）预防性。在车辆运行组织中，经常进行一系列预防性检查，发现薄弱环节，及时采取措施，避免中断运输。

（3）机动性。加强信息沟通，机动灵活地处理有关部门的问题，准确及时地发布调度命令，保证生产的连续性。

4. 车辆调度程序

（1）做好用车预约。应坚持做到：当班用车一小时前预约，下午用车上午预约，次日用车当日预约，夜间用车下班前预约，集体活动用车两天（三天）前预约，长途用车三日或一周前预约等。调度对每日用车要心中有数，做好预约登记工作。

（2）做好派车计划。根据掌握的用车时间、等车地点、乘车人单位和姓名、乘车人数、行车路线等情况，做计划安排，并将执行任务的司机姓名、车号、出车地点等在调度办公室公布或口头通知司机本人。

（3）做好解释工作。对未能安排上车辆，或变更出车时间的人员，要及时说明情况，做好解释工作，以减少误会，或避免误事。调度工作应做到原则性强，坚持按制度办事，不徇私情；要有科学性，即掌握单位车辆使用的特点和规律；要加强预见性，做好车辆强度的准备工作。

5. 车辆调度的要求

（1）车辆调度的总体要求

各级调度应在上级领导下，进行运力和运量的平衡，合理安排运输，直接组织车辆运行并随时进行监督和检查，保证月度生产计划的实现。

1）根据运输任务和运输生产计划，编制车辆运行作业计划，并通过作业运行计划组织企业内部的各个生产环节，使其形成一个有机的整体，进行有计划的生产，最大限度地发挥汽车运输潜能。

2）掌握货物流量、流向、季节性变化，全面细致地安排运输生产，并针对运输工作中存在的主要问题，及时反映，并向有关部门提出要求，采取措施，保证运输计划的完成。

3）加强现场管理和运行车辆的调度指挥，根据调运情况，组织合理运输，不断研究和改进运输调度工作，以最少的人力、物力完成最多的运输任务。

4）认真贯彻汽车预防保养制度，保证运行车辆能按时调回进行保养，严禁超载，维护车辆技术状况完好。

（2）车辆调度人员的责任

为了做好各项工作，一般调度部门设置计划调度员、值班调度员、综合调度员和调度长。

1）计划调度员责任

①编制、审核车辆平衡方案和车辆运行作业计划，并在工作中贯彻执行，检查总结。

②掌握运输计划及重点物资完成情况，及时进行分析研究，提出措施和意见。

2）值班调度员责任

①正确执行车辆运行计划，发布调度命令，及时处理日常生产中发生的问题，保证上下级调度机构之间的联系。

②随时了解运输计划和重点任务完成进度，听取各方面反映，做好调度记录，发现有关情况及时向领导指示、汇报。

③随时掌握车况、货况、路况，加强与有关单位的联系，保证单位内外协作。

④签发行车路单，详细交代任务和注意事项。

⑤做好车辆动态登记工作,收集行车路单及有关业务单据。

3)综合调度员责任

①及时统计运力及其分布、增减情况和运行效率指标。

②统计安全运输情况。

③统计运输生产计划和重点运输完成进度。

④统计车辆运行作业计划的完成情况及保养对号率。

⑤及时完成有关资料的汇总、绘制,并负责资料保管。

4)调度长责任

全面领导和安排工作,在调度工作中正确贯彻执行有关政策法令,调动全组人员的积极性,确保运输任务的完成。

任务八 退货作业

学习目标

知识目标

1. 掌握退货作业定义。
2. 掌握配送中心退货作业流程。
3. 熟悉退货作业的理赔。
4. 掌握减少退货作业的措施。
5. 了解退货作业注意事项。

技能目标

1. 能够掌握退货的原因并能正确判断退货的原因。
2. 能够根据具体作业操作,减少退货作业。
3. 能够根据退货流程处理商品退货,为企业节省退货费用。

素养目标

1. 培养物流人的成本意识。
2. 培养节约意识以及服务意识。

引导案例

曼哈顿的退货解决方案

为了帮助消费者处理不同的退货,曼哈顿合伙企业——美国亚特兰大一家供应链提供商与其他的软件提供商设计了新的解决方案。大多数企业都有自己处理退货的方针，要遵循许多的供应商规则，但是这些方案都不简单。据曼哈顿合伙企业逆向物流的高级总管 David Hommrich 介绍，其实每家企业都会有自己的退货产品的处理政策，但是由于每家企业的政策不同，加上操作人员对其不熟悉，使得处理退货的政策指南只能束之高阁，无人问津。因此，曼哈顿合伙企业的一个目标就是要使退货政策深入人心。

曼哈顿合伙企业的"退回供应商"模型能够把所有供应商退货管理的政策纳入计划。比如，一个 DVD 制造商要求每次退回的 DVD 数量为 20。这意味着企业必须搁置 19 件，直到第 20 件到来才能处理。然而，曼哈顿的"退回供应商"模型可以自动生成一个拣选票据，并且能够把票据传输给仓储管理系统。这样，曼哈顿合伙企业就可以避免退货管理中经常出现的问题。

此外，曼哈顿合伙企业的退货政策还具有"守门"功能，可以防止不符合条件的产品的退回。例如，一个制造商可能与一家批发商签订协议，不管是否是质量问题，都只允许一定比例的退货。在这种情况下，企业就必须实时掌握退货的数量。一些企业只允许批发商每季进行一次退货，另一些企业的退货数量与产品的生命周期有关。不管哪种情况，都涉及"守门"功能。曼哈顿合伙企业按照退货处理政策，以关系、产品或环境为基础，动态地解决各种情况，自主决策。

2.8.1 退货作业概述

1. 退货作业概念

商品退货管理是指在完成物流配送活动中，由于配送方或用户方关于配送物品的有关影响因素存在异议，而进行处理的活动。

一般而言，退货作业包括以下各项任务：

（1）尽量减少或消除退货。

（2）明确退货流程及处理原则。

（3）退货商品的处理。

2. 退货作业的原因

（1）依照协议可以退货的情况

例如，淘宝店铺与客户达成协议的七天无理由退货；连锁超市与供应商签订协议的代销商品、试销商品；专卖店与供货商签订的季节性商品等。

（2）搬运中损坏

由于包装的原因，货物在搬运中产生震动，造成商品损坏或包装破损等。

（3）由于质量问题的退货

例如，商品本身存在质量问题，含量不达要求、数量不足等。

（4）次品召回

由于商品在设计、制造过程中存在缺陷，在商品销售后，由用户或厂商自己发现重大缺陷，必须立即部分或全部召回，这种情况虽然不常发生，但不可避免。

（5）商品过期退回

有些商品有保质期限规定，如日常食品、速冻食品等，与供应商有协定，保质期一过，就予以退货或换货。

（6）商品错送退回

由于商品规格、条码、重量、数量等与订单不符，要退回（换货）。

3. 退货管理的意义

随着市场竞争的日益激烈，厂商开始采取更为自由的退货政策，导致退货大量堆积，对配送中心来说也是如此，只有把配送中心商品退货管理工作做好，才能使用户对配送中心有信任感、依赖感和忠诚感，做好配送中心商品退货管理工作具有重要意义。退货管理对于一个公司有着重要意义，不当的退货管理可以摧毁一个品牌，甚至一个公司。如果能从战略的角度处理退货，它就能减少退货的负面影响，甚至还可能取得一些收益。因此，公司需要正确的退货解决方案，亦即可借助逆向物流管理模式，对整个退货流程进行管理，进而将公司的逆向供应链转变成利润与客户满意度的原动力。如果公司的退货处理得当，可以让公司增加不少潜在商机，借此还可加强客户服务、促进净资产回收、提高退货作业的效率等。

（1）满足客户需要，吸引更多的客户

从表面上看，退货是减少配送中心的销售收入，但是把退货工作做好，更能使客户对配送中心产生信任感、依赖感、忠诚感，成为配送中心的忠诚客户。客户在发现所购货物存在某些问题时，会直接向配送中心反馈以得到解决，而不是通过直接投诉或者向媒体披露等手段扩大事端。同时，忠诚的客户会带来一批消费者，使销量不断上升。

（2）树立企业形象，增强企业的吸引力和竞争力

企业形象是指人们通过企业的各种标志（如产品特点、营销策略、人员风格等）而建立起来的对企业的总体印象，是企业文化建设的核心。良好的企业形象有利于增强企业核心竞争力，使企业在竞争中立于不败之地。

（3）降低营销成本，获取更多经济利益

做好退货工作，可以不断提高客户的忠诚度，降低营销成本，为企业获取更多的经济利益。

4. 退货管理的原则

配送中心在处理客户的退货时，不管是客户的责任还是配送中心的责任，都要遵循一定的原则。

（1）责任原则。商品发生退货问题，配送中心首先要界定产生问题的责任人，也就是分清楚是配送中心在配送时产生的问题，还是客户在使用时遇到的问题。凡是属于配送中心方面的责任，一定要坚持无条件退货；属于客户方面的责任，也应当尽可能予以退货。

（2）费用原则。商品退换的过程要消耗企业大量的人力、物力和财力。配送中心在进行商品退换时，除由配送中心自身原因导致的商品退换外，通常要求退换商品的客户支付一定的费用。

（3）条件原则。配送中心应当事先规定接受何种程度的退货，或者在何种情况下接受退货，客户可以据此判断能否退货。通常配送中心还规定相应的时间作为退换期限。例如，规定仅在"不良品或商品损伤的情况下接受退货"，或是"7天之内，保证退货"等。这些退货的条件应当在配送中心的退货政策中事先规定并告知客户，甚至是在配送中心和客户签订的合同中详尽规定退货的条件。满足退货条件的，应当立即给予退货，不能全部满足退货条件的，配送中心也要积极地与客户沟通，消除或者减轻客户的不满情绪。

（4）凭证原则。配送中心应规定客户以何种凭证作为退换商品的证明，并说明其有效的使用方法，以免在客户退货时配送中心难以判断是否是本企业所配送的货物，影响退货处理的时效。

（5）计价原则。退、换货时的货物价格与客户订购时的价格可能存在很大差异，配送中心应事先说明退、换货的计价方法，以减少与客户的纠纷。通常，为保护配送中心的经济利益，对退货的价款选取客户购进价与现行市场价两者中的最低价进行结算。这种方法可能会因损失了客户的自身利益而引起客户的不满。当订购价与现行市场价存在很大差异时，双方应当协商解决计价问题。

5. 退货产生的原因及处理办法

根据退货产生的原因，采取相应的处理办法，表2-8-1列出了常见的退货原因及处理办法，供物流人员处理退货时参考。

表2-8-1 退货原因及处理办法

原因	处理办法	具体细则
按订单发货发生错误	无条件重新发货	1. 及时同发货人联系，由发货人重新调整发货方案，将错发的货物调回，按正确的订单重新发货，中间发生的所有费用由发货人承担； 2. 核查产生问题的原因，如订单错误、拣货错误、出货错误、出货单贴错、装错车等，找到原因后应立即采取有效的措施，如在常出错的地方增加控制点
运输途中货物受到损坏	给予赔偿	1. 依据退货情况，由发货人确定所需的修理费用或赔偿金额，然后由运输单位负责赔偿； 2. 重新研究包装材料的材质、包装方式和搬运过程中各项装车、卸货动作，找出真正的原因并加以改善
客户订货有误	收取费用并重新发货	1. 按客户新订单重新发货； 2. 退货所有费用由客户承担
货物本身缺陷	重新发货或提供替代品	1. 物流公司接到退货要求后，物流人员应安排车辆收回退货，并将被退物集中到仓库退货处理区进行处理； 2. 一旦货物回收结束，物流公司应督促发货方及时采取措施，用没有缺陷的同种货物或替代品重新向收货人发出

2.8.2 退货作业管理

1. 退货作业流程

配送中心退货处理作业的一般流程如图2-8-1所示。

退货作业包括接受退货、审核、退货入库、财务处理、费用结算及跟踪处理等步骤。

2. 退货作业控制程序

（1）接受客户退货

配送中心接受退货要有规范的程序与标准。配送中心接到客户传来的信息后，要尽快将退货单据信息传递给相关部门，运输部门安排取回货品的时间和路线，仓库人员做好接收准备，质量管理部门人员确认退货的原因。一般情况下，少量的退货（如超市门店的退货）可由送货车带回，直接入库。批量较大的退货，要经过审批程序。

1）将销货退回信息通知质量管理及市场部门，确认退货的原因。退货原因明显为配送中心责任的，应迅速整理好相关的退货资料，并及时帮助客户处理退货。如果销货退回的责任在客户，应向客户说明情况，如果客户接受，则请客户取消退货要求；如果客户仍坚持退货，应以"降低公司

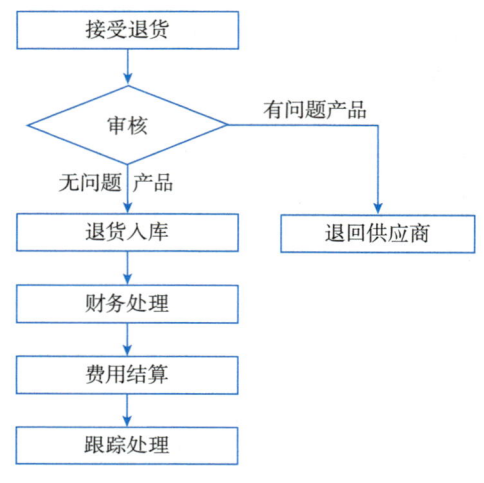

图 2-8-1 退货作业流程

损失到最小,且不损及客户关系"为原则加以处理。

2)告知客户有关销货退回的受理流程及所需提交的相关资料,如货物发票,并主动协助客户将货品退回销售部门。

(2)退货重新入库

对于客户退回的商品,仓库的业务部门要进行初步审核。由于质量原因产生的退货,要放在堆放不良品的区域,以免和正常商品混淆。退货商品要进行严格的重新入库登记,及时输入配送中心的信息系统,核销客户应收账款,并通知商品供应商退货信息,如下表所示:

某配送中心退货单

退货单编号			退货日期			收货日期	
原采购单号			部门			业务员	
供应商编号			供应商				
序号	编码	品名	规格	退货原因	单位	单价	金额
合计							

业务员: 部门经理: 采购经理:
财务经理: 总经理: 年 月 日

(3)重验退货品质

通知质量管理部门按照新品入库验收标准对退回的商品进行新一轮的检查,以确认货品的品质状况。对符合标准的商品进行储存备用或分拣配送;若属于问题商品(包装不良、拣货出错、运输不当等),贴"拒收标签"标志后隔离存放、降级使用或报废处理;若为商品质量问题,则退回供应商。

(4)财务结算退款

退货发生后,给整个供应系统造成的影响非常大,如对客户端的影响、配送中心在退货过程中发生的费用、货品供应商要承担相应的货品成本等。如果客户已经支付了商品费用,财务要将相应的费用退给客户。同时,由于销货和退货的时间不同,同一货物价格可能出现差异,同质不同价、同款不同价的问题时有发生，故财务部门在退货发生时要进行退回商品货款的估价，将退货商品的数量、销货时的商品单价以及退货时的商品单价信息输入配送中心的信息系统，并依据销货退回单办理扣款业务。

(5) 质量管理部门跟踪处理

1) 跟踪退货的处理情况及成效，记录跟踪结果，并及时通知客户。

2) 冷静地接受客户抱怨，抓住抱怨的重点，分析事情发生的原因，找出解决方案。

3) 加强后续服务，使客户对配送中心留下良好的印象。

4) 记录客户的抱怨以及销货退回处理状况，作为今后配送工作改善及查核的参考。

拓展知识

1. 配送商品的返仓操作

(1) 流程

1) 门店商品返仓申请；

2) 电脑室录入并上传总部；

3) 订货部审批；

4) 信息返回门店；

5) 门店整理返仓商品；

6) 返仓商品交接；

7) 配送验收并增加系统库存；

8) 电脑室审单；

9) 冲减门店库存。

(2) 具体操作与要求

1) 门店商品返仓申请

门店商品部填制返仓申请单（一式两联，信息、商品部各一联），内容包括编码、品名、数量、返仓原因，交收货部，收货部交电脑室输单。

2) 电脑室录入并上传总部

电脑室操作员录入并保存返仓申请单，在当天营业结束后随其他数据一起上传总部。

3) 订货部审批

总部数据更新后，订货部相关人员审核返仓申请单，并根据公司的有关规定给予批准，签署意见和批准人姓名。

4) 信息返回门店

批准后的单据随其他数据一起下发至对应的门店。

5) 门店整理返仓商品

电脑室打印审批后的返仓申请单（一式两联）并交给收货部，收货部交予对应的商品部。商品部根据总部的意见对返仓的商品进行分类整理，将能够返仓的商品进行清点封箱，将数量、编号、商品品名写明在外箱上，然后将实际数量填在对应商品的返仓申请单上，做好返仓准备。

6）返仓商品交接

下个配送日来货时，收货部要统计出返仓商品总箱数和返仓单据的张数，并用一式两联清楚地写明：单据总张数、退货商品总箱数、零散商品（不能装箱的商品）的品名及数量，其中，贵重商品品种、数量（单价在 100 元以上的商品）由配送司机根据退货清单进行核对，核对无误后签字确认，将其中一联装入"单据周转专用袋"，另一联收货部留底。

返仓申请单两联均随货同行，所以收货部必须登记返仓申请单号备查。对整车商品或一车装不下的退货，由收货员自带单据跟车到配送中心交接。如果返仓商品交接不清或没有交接手续，损失商品由收货部长与司机共同承担。

7）配送验收并增加系统库存

①返仓商品到配送中心退货组后，司机先将退货清单交给退货组，并与退货组一起当场清点退货总箱数（含不能装箱的商品件数）及单据数量。

②配送中心退货组再根据返仓申请单验收返仓商品，并填注验收数量和验收人姓名。不符合退货要求需返回门店的商品，要在备注栏上写明原因。

③配送电脑室根据验收后的返仓申请单从系统内调出并按实审核，增加配送库存并打印正式的返仓单，返仓单一式两联，第一联送交财务，第二联和返仓申请单的第二联返回门店。

④下发返仓单的数据给门店。

8）电脑室审单，冲减门店库存

门店收货部收到返仓单后，必须在当天交门店电脑室做返仓单审核，减少门店库存。

（3）返仓相关规定

门店返仓分正常返仓和异常返仓两种。

1）正常返仓

①采购中心通告的统一返仓；

②季节性、时令性商品的返仓；

③由门店提出申请，经订货部同意并批准后的返仓；

④由于配送中心的原因，造成错拣而产生的返仓；

⑤在运输途中破损的商品，经司机认可的商品的返仓。

对于④、⑤两种情形，门店必须在收到配送商品后 24 小时内告知配送中心客户服务部，经核实后三天内退回至配送中心，由配送中心调换处理。

2）异常返仓

①超规定时限的返仓，即门店未在返仓通知规定时间内进行的返仓；

②返仓原因与事实不符的返仓；

③商品原有赠品丢失的返仓；

④商品包装被损坏的返仓；

⑤返仓商品无条形码，无法核实商品品名、价格的返仓；

⑥商品配件不全或已损坏的返仓；

⑦商品超过保质期的返仓；

⑧门店返仓申请单上商品数量、品种与配送中心验收数量、品种不符的返仓；

⑨单货不同行的返仓；

⑩没有经过审批的返仓，或未经电脑系统处理的返仓。

3）返仓原因、业务意见及代码

①返仓原因及代码（见表2-8-2）

表2-8-2 返仓原因及代码

代码	返仓原因	代码	返仓原因
01	滞销	02	临到期
03	季节性商品清退	04	商品人为破损
05	商品非人为破损	06	缺配件
07	保质期内变质	08	无计划要货与计划错误
09	总部通知返仓	10	其他

②业务意见及代码（见表2-8-3）

表2-8-3 业务意见及代码

代码	业务意见
01	同意退回配送中心
02	已改直送，请直退供应商
03	已超过通知返仓期限，无法退回，门店自行处理
04	门店自行处理
05	暂不退
06	已与供应商联络，进行大力促销，请门店配合

2. 直送商品的返厂操作

（1）流程

1）理货员填写手工《退货单》；

2）商品部审核并通知供应商退货；

3）门店财务核查供应商余额并签字；

4）收货部核对单、货是否一致；

5）电脑室打印返厂单；

6）凭单退货。

（2）具体操作与规范

1）理货员填写手工《退货单》。理货员工整填写《退货单》，并详细注明退货原因，属于公司通知清退的商品必须在退货单的备注栏中注明"清退"字样，并且对返厂数量不得随意修改。

2）商品部审核并通知供应商退货。商品部长审核《退货单》并通知供应商，供应商在《退货单》上签字确认。

3）门店财务核查供应商余额并签字。商品部总长到门店财务核查供应商账目余额，并由财务签字确认。

4）收货部核对单、货一致。商品部部长将审核后的手工《退货单》与商品一同交予收货部，收货部核对签字确认后交电脑室打单。

5）电脑室打印返厂单。电脑室审查单据手续齐全后严格按手工单内容开具电脑返厂单，冲减电脑库存，并将手工及电脑返厂单交收货部；收货部核对两单是否一致，并组织收货员、商品部部长、防损员、供应商在电脑《返厂单》上签字。

6）凭单退货。收货部、防损员监督供应商凭财务签字后的手工返厂单及电脑单第三联将退货拿出卖场。

（3）退货处理注意事项

退货处理对生产厂家和流通网络中的各方来说都是一件极其严重的事情。高层管理部门应参加回收产品的一切活动，其他有关人员包括企业的法律人员、会计人员、公关人员、质量管理人员、制造工程人员以及销售人员也都应参加。并且，企业应选派专人负责处理产品回收事件，制定一些预防措施。这样不仅能更好地应对紧急情况，而且在产品回收事件处理不成功而将结果诉诸法律时，企业可以将已采取的预防措施作为申辩的一项内容。

（4）退货相关配合处理

无论错误是由什么原因造成的，除了立即回收外，配送中心还必须做出以下相关配合处理：

1）立即补送新货以减少客户抱怨。

2）会计账目上也应立即修正，以免收款或付款错误，造成进一步的混乱。

3）若有保险公司理赔，应立即依照保险理赔程序办理，包括保留现场证据或拍照存证，在规定时间内通知保险公司，准备索赔文件和损失计算，并通知本企业法律顾问一起处理。

4）分析退货原因，作为日后的改进参考。

5）在退货或换货的处理过程中，切记不要与客户争吵或追究责任。

6）对有效期将至的商品，立即以低价方式拍卖，也是降低回收成本的好方法。

3. 实施配送中心退货策略

（1）接受退货

发生退货时，销售部门将退货信息通知质量管理部门和市场部门，同时由销售部门与质量管理部门确认退货原因。退货的原因有如下几种情况：若责任在配送中心，如拣货错误、包装损坏、产品质量问题等，应迅速帮助客户处理退货；若责任在用户一方，应首先尽量说服用户取消退货，若用户坚持退货，则可按事先制定的退货手册中的规定进行退货。前提是以"降低公司损失至最小，且不伤害与用户关系"为原则。

无论上述哪一种情况发生，都应由销售部门主动告知用户应持有哪些资料，主动协助用户退货。

（2）重新入库

由系统生成销货退回单，上面详细记载商品的信息，如货品编号、货品名称、货主编号、货主名称等信息。经销售人员核对后，确认退货基本信息无误的情况下，交由库存部门将退货商品重新入库。

（3）重新检验

质量管理部门按照新品入库的标准对退回商品重新检验。对于合格品，则进入储存或分拣环节（按一般配送中心作业流程进行处理）；若属于问题商品（如运输不当、包装不当、分拣出错等），贴拒收标签，单独存放，这些由配送中心负责；若为产品质量问题，则退回供应商，此外，还可以采取降低等级或报废等方式处理。

(4) 退款估算

退货给配送中心带来诸多不便，诸如打乱购销计划、增加作业量如运输仓储等。对于任何一家配送中心来说，其都不愿意过多地执行退货活动，因此平时一定要加强管理，减少退货现象的发生。考虑退换货要消耗人力、物力和财力等，除因配送中心自身的原因外，都需要加收一定的费用。

另外，在退货发生时，若所退商品在销货与退货时价格不同，应由配送中心的财务部门进行退货商品的退款估算，将退货商品的数量、销货时的商品单价及退货时的商品单价信息输入配送中心的信息系统，并依据销货退回单办理扣款业务。

(5) 质量管理部门的追踪处理

商品退货后，质量管理部门应主动与用户沟通，追踪退回商品的处理情况，记录处理结果。同时在问题得到妥善解决后，要对客户加强后续服务，以维持与客户之间的良好合作关系。将处理退货的资料收存好，以便将来需要时能及时调取资料，或者为将来与客户的更好合作奠定基础。

(6) 配送中心退货心态

1) 所有进到终端的货，就应该在终端销售掉。其他多余的处理都会提高营运成本，减少配送中心的利润。

2) 所有的退货决定都必须以配送中心利益为第一核心考虑，坚决杜绝顾小家、害大家的思想存在。

3) 业务人员对退货负有直接责任，而直属主管必须担当起督导连带责任。

4) 所有的退货都会引起配送中心的损失，因此责任人必须承担相应的责任。

5) 退货的多少、原因及退货的性质都能说明配送中心经营的好坏，所以应予以高度重视。

拓展训练

一、单选题

1. 批量小、规格尺寸和包装不整齐、价值高的商品，或者退换货商品，易霉变、残损的商品适合于（　　）。

　　A. 全验　　　　　　B. 数量检验　　　　C. 抽验　　　　　　D. 质量检验

2. 下图货物的堆码方法是（　　）。

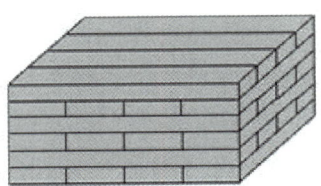

　　A. 重叠式　　　　　B. 压缝式　　　　　C. 仰伏相间式　　　D. 纵横交错式

3. 库房空间有限，存储的货物种类少、体积较大且容易识别，需尽量利用存储空间，这种情况，选择（　　）方式更好。

　　A. 固定货位存放　　B. 随机货位存放　　C. 分区固定货位存放　D. 按周转频率分配货位

4. 对实际库存商品进行数量清点的盘点方法是（　　）。

　　A. 账面盘点法　　　B. 现货盘点法　　　C. 盲盘　　　　　　D. 实盘

5. 仓库中，对货架、文件、设备等进行定置定位放置，这体现了6S管理原则中的（　　）项。
   A. 整理　　　　　B. 整顿　　　　　C. 清扫　　　　　D. 清洁

6. 对于有保质期或有效期的食品类、保健品类、药品类货物，或者市场寿命周期较短的电子类产品，应严格遵守（　　）原则出库。
   A. 优先发货　　　B. 就近发货　　　C. 后进先出　　　D. 先进先出

7. 拣货策略要解决的核心问题是（　　）。
   A. 拣货流程　　　B. 分区拣货　　　C. 分类拣货　　　D. 拣货效率

8. 车辆配载时，进行装车的顺序要遵循（　　）。
   A. 先送后装　　　B. 先送先装　　　C. 随机安排　　　D. 后送后装

9. 按客户的要求分拣并进行必要的组合和集装，然后送入指定发货区的作业称为（　　）。
   A. 集货　　　　　B. 配货　　　　　C. 配装　　　　　D. 分拣

10. 提供产品出库指示资料，作为拣货依据的是（　　）。
    A. 拣货单　　　　B. 提货单　　　　C. 送货单　　　　D. 发货单

11. 当存货分配不足，无法调拨，但客户希望订单一次配送，又不允许过期交货，应当采取的处理方法是（　　）。
    A. 重新分配存货　　　　　　　　　B. 与下一张订单合并配送
    C. 等待有货时再补送　　　　　　　D. 将整张订单取消

12. 配送中心因订单数量多、客户类型等级多，为统筹使用人力、物力，多采用一天固定配送次数配送，因此对存货的分配方式通常采用（　　）。
    A. 单一订单分配　B. 批次订单分配方式　C. 固定时点分配　D. 固定数量分配

13. 补货人员把每天划分为几个时点，在时段内检查拣货区货架上的商品存量，若不足则及时补货，这种补货方式是（　　）。
    A. 定时补货　　　B. 批次补货　　　C. 时段补货　　　D. 随机补货

二、判断题

1. 在制订存储计划之前，需要了解入库货物的品种、规格、数量、包装形态、单件体积、到库时间、存期、理化特性、保管要求等。（　　）

2. 货物入库作业一般来说按照入库准备、货物接运、货物验收、堆码上架、办理入库手续的流程进行排序。（　　）

3. 抽验适合于批量大、价值低，或者质量稳定、规格整齐、供货商信誉较好的货物，或者验收条件有限的场合。（　　）

4. 好的货位安排，既能提高仓储空间的利用率，又能方便保管作业和拣选作业，两者不矛盾。（　　）

5. 盘点就是对仓库内商品的实际数量与保管账目记录的数量进行核对，检查商品有无残缺或质量问题，校准物品实际保管数量，核对金额，确保账、物、卡相一致。（　　）

6. 电子标签有传统的和纸质的两种。（　　）

7. 运输包装主要是为了保护商品，方便运输，因此只需关注外包装箱的结实耐用即可，无须在外包装上印制商家名称、产品信息、产品条形码、储运说明等信息。（　　）

8. RF辅助拣货是一种无纸化的拣选系统。（　　）

9. 拣选方式的选择与出货品种数的多少没有关系。（　　）

10. 装车的时候，应大小搭配，尽量提高容积利用率，且大不压小。（　　）

11. 托盘补货是指以托盘为单位进行补货，补货人员用叉车将托盘由储存保管区搬运到拣货区的作业。一般适用于一次出货量少的货品。（　　）

12. 批次补货适合一日内拣货数量比较稳定、紧急插单不多或是每批次拣取量大的情况。（　　）

13. 按单分拣适用于需进行流通加工的商品。（　　）

三、简答题

1. 请简述常见的配送模式及其优缺点。
2. 什么是物动量分析法？请简述其应用场景。
3. 请简述常见的五种存储策略及其适用范围。
4. 请绘制托盘上货物堆垛的四种常见方式。
5. 请简述货物验收的主要内容。
6. 请绘制订单处理的作业流程图。
7. 请绘制简易的拣货作业流程图。
8. 请简述摘果式拣选和播种式拣选的不同。
9. 请简述补货的基本原则。
10. 请分别简述配送作业和送货作业的基本要求。

四、案例分析题

"7-11"是闻名世界的连锁型便利超市集团。由于每家店铺的大部分空间主要用于销售，因此货架上的产品必须频繁补货，这样才能使店铺经营的商品对客户来说方便可得。为了应对如此大批量的店铺群集补货，"7-11"的做法是使每家店铺都能得到一份针对该店铺存货的清单和订货指南。店铺补货人员在每天规定的时间内采用便携电子订单录入器，读取货架上的商品余量信息，对照库存清单和订货指南，录入所需每种商品的数量信息。这一补货信息传输到区域配送中心后，配送中心的电子订单处理系统马上将这一补货信息转换成发货指令，从而较好地完成了频繁补货作业活动。正是由于"7-11"拥有如此先进的电子订单处理系统，才使得这家以连锁便利为业态特点的零售业巨头在行业中长期立于不败之地。

"7-11"作为世界著名的连锁型便利超市集团，每天处理的订单数以万计。由于订单处理数量巨大，依靠人工处理速度没有办法满足连锁超市订货、补货等巨大需求。因此，必须改善超市集团的订单处理系统，才能更好地满足客户对超市商品的需求。问题是，如何根据上下游企业的互动，以及公司内部的订单作业处理，对"7-11"公司的订单处理进行完善？

在服务客户的整个过程中，订单处理既是开端，也是服务质量得以保障的根本。在订单处理过程中，订单的分拣和集合是比较重要的环节。

问题：

1. 如何快速、正确、有效地取得订货资料？
2. 如何有效处理因多样、少量、高频率订货所引发的多量、繁杂的订货资料？

项目三 管理进阶篇

任务一 物动量 ABC 分类

学习目标

知识目标

1. 掌握物动量的定义。
2. 熟悉物动量 ABC 分类的步骤。
3. 掌握物动量 ABC 分类的原理。
4. 掌握正确进行物动量 ABC 分类的方法。

技能目标

1. 能够根据已知数据进行物动量 ABC 分类。
2. 能够根据物动量 ABC 分类结果判断入库商品的性质。
3. 能够将物动量 ABC 分类用于仓库存储作业中并进行实操。

素养目标

1. 培养团队协作能力。
2. 培养细心、耐心、精益求精的工匠精神。
3. 培养物流人的动手能力。

引导案例

超市 ABC 分类法

超市 ABC 分类法是一种常见的商品分类方法，它将商品按照销售量和利润率的高低分为三类，分别是 A 类、B 类和 C 类商品。A 类商品销售量较高，利润率也较高；B 类商品销售量和利润率居中；C 类商品销售量较低，利润率也较低。这种分类方法可以帮助超市管理者更好地了解商品的销售情况，制定合理的采购和促销策略，提高超市的经营效益。下面我们将以超市 ABC 分类法为例，列举一些相关的案例。

1. 食品类商品的 ABC 分类

在超市中，食品类商品是最常见的商品之一。根据超市 ABC 分类法，食品类商品可以按照销售量和利润率的高低分为三类。A 类食品包括高端进口食品、特色零食等，销售量较高，利润率也较高；B 类食品包括普通零食、方便食品等，销售量和利润率居中；C 类食品包括低端零食、过期食品等，销售量较低，利润率也较低。超市管理者可以根据不同类别的食品采取不同的促销策略，比如针对 A 类食品进行限时特价促销、针对 B 类食品进行满减活动、针对 C 类食品进行清仓处理等。

2. 家居用品的 ABC 分类

家居用品是超市中的一个重要商品类别。根据超市 ABC 分类法，家居用品可以按照销售量和利润率的高低分为三类。A 类家居用品包括高端家具、家电等，销售量较高，利润率也较高；B 类家居用品包括普通家具、家居饰品等，销售量和利润率居中；C 类家居用品包括低端家具、小家电等，销售量较低，利润率也较低。超市管理者可以根据不同类别的家居用品采取不同的促销策略，比如针对 A 类家居用品进行限时特价促销、针对 B 类家居用品进行满减活动、针对 C 类家居用品进行清仓处理等。

3. 化妆品的 ABC 分类

化妆品是女性消费者的必备品之一，也是超市中的重要商品之一。根据超市 ABC 分类法，化妆品可以按照销售量和利润率的高低分为三类。A 类化妆品包括高端品牌的化妆品、护肤品等，销售量较高，利润率也较高；B 类化妆品包括普通品牌的化妆品、护肤品等，销售量和利润率居中；C 类化妆品包括低端品牌的化妆品、护肤品等，销售量较低，利润率也较低。超市管理者可以根据不同类别的化妆品采取不同的促销策略，比如针对 A 类化妆品进行限时特价促销、针对 B 类化妆品进行满减活动、针对 C 类化妆品进行清仓处理等。

4. 服装的 ABC 分类

服装是超市中的另一个重要商品类别。根据超市 ABC 分类法，服装可以按照销售量和利润率的高低分为三类。A 类服装包括高端品牌的服装、时尚潮流款式等，销售量较高，利润率也较高；B 类服装包括普通品牌的服装、基础款式等，销售量和利润率居中；C 类服装包括低端品牌的服装、过季款式等，销售量较低，利润率也较低。超市管理者可以根据不同类别的服装采取不同的促销策略，比如针对 A 类服装进行限时特价促销、针对 B 类服装进行满减活动、针对 C 类服装进行清仓处理等。

5. 电子产品的 ABC 分类

电子产品是超市中的高端商品之一，也是消费者购买力的体现。根据超市 ABC 分类法，电子产品可以按照销售量和利润率的高低分为三类。A 类电子产品包括高端品牌的电视、音响等，销售量较高，利润率也较高；B 类电子产品包括普通品牌的电视、音响等，销售量和利润率居中；C 类电子产品包括低端品牌的电视、音响等，销售量较低，利润率也较低。超市管理者可以根据不同类别的电子产品采取不同的促销策略，比如针对 A 类电子产品进行限时特价促销、针对 B 类电子产品进行满减活动、针对 C 类电子产品进行清仓处理等。

6. 饮料的 ABC 分类

饮料是超市中的常见商品之一。根据超市 ABC 分类法，饮料可以按照销售量和利润率的高低分为三类。A 类饮料包括高端进口饮料、特色饮料等，销售量较高，利润率也较高；B 类饮料包括普通饮料、果汁等，销售量和利润率居中；C 类饮料包括低端饮料、过期饮料等，销售量较低，利润率也较低。超市管理者可以根据不同类别的饮料采取不同的促销策略，比如针对 A 类饮料进行限时特价促销、针对 B 类饮料进行满减活动、针对 C 类饮料进行清仓处理等。

启发与思考

1. 什么是 ABC 分类？
2. 请简述不同类型的物流 ABC 分类的规律。

3.1.1　ABC 分类法概念

ABC 分类法（Activity Based Classification），全称应为 ABC 分类库存控制法，又称帕累托分析法或巴雷托分析法、柏拉图分析、主次因分析法 、ABC 分析法、分类管理法、物资重点管理法、ABC 管理法、巴雷特分析法，平常我们也称之为"80 对 20"规则。

ABC 分类法是由意大利经济学家维尔弗雷多·帕累托首创的。ABC 分析法是储存管理中常用的分析方法，也是经济工作中一种基本工作和认识方法。ABC 分析法的应用，在储存管理中比较容易地取得以下成效：第一，压缩了总库存量；第二，解放了被占压的资金；第三，使库存结构合理化；第四，节约了管理力量。

1879 年，帕累托在研究个人收入的分布状态时，发现少数人的收入占全部人收入的大部分，而多数人的收入却只占一小部分，他将这一关系用图表示出来，就是著名的帕累托图。该分析方法的核心思想是在决定一个事物的众多因素中分清主次，识别出少数的但对事物起决定作用的关键因素和多数的但对事物影响较小的次要因素。后来，帕累托法被不断应用于管理的各个方面。1951 年，管理学家戴克（H. F. Dickie）将其应用于库存管理，并将之命名为 ABC 法。1951—1956 年，约瑟夫·朱兰将 ABC 法引入质量管理，用于质量问题的分析，被称为排列图。1963 年，彼得·德鲁克（P. F. Drucker）将这一方法推广到全部社会现象，使 ABC 法成为企业提高效益的普遍应用的管理方法。

3.1.2 ABC 分类法步骤

（1）收集数据。按分析对象和分析内容，收集有关数据。例如，打算分析产品成本，则应收集产品成本因素、产品成本构成等方面的数据；打算分析针对某一系统搞价值工程，则应收集系统中各局部功能、各局部成本等数据；打算分析铁路安全，则应收集影响铁路安全的因素有哪些、铁路相关人员的素质情况等方面的数据。

（2）处理数据。对收集到的数据资料进行整理，按要求计算和汇总。

（3）制作 ABC 分析表。ABC 分析表栏目构成如下：第一栏为物品名称；第二栏为品目数累计，即每一种物品皆为一个品目数，品目数累计实际就是序号；第三栏为品目数累计百分数，即累计品目数对总品目数的百分比；第四栏为物品单价；第五栏为平均库存；第六栏是第四栏单价乘以第五栏平均库存，为各种物品平均资金占用额；第七栏为平均资金占用额累计；第八栏为平均资金占用额累计百分数；第九栏为分类结果。制表按下述步骤进行：将第 2 步已计算出的平均资金占用额，以大排队方式，由高至低填入表中第六栏。以此栏为准，将相当物品名称填入第一栏、物品单价填入第四栏、平均库存填入第五栏，在第二栏中按 1，2，3，4，…编号，则为品目累计。然后，计算累计品目百分数，填入第三栏；计算平均资金占用额累计，填入第七栏；计算平均资金占用额累计百分数，填入第八栏。

（4）确定分类。按 ABC 分析表，观察第三栏累计品目百分数和第八栏平均资金占用额累计百分数，将累计品目百分数为 5% ~ 10%，而平均资金占用额累计百分数为 70% ~ 75% 的前几个物品，确定为 A 类；将累计品目百分数为 20% ~ 25%，而平均资金占用额累计百分数也为 20% ~ 25% 的物品，确定为 B 类；C 类累计品目百分数为 60% ~ 70%，而平均资金占用额累计百分数仅为 5% ~ 10%。

（5）绘制 ABC 分析图。以累计品目百分数为横坐标，以累计资金占用额百分数为纵坐标，按 ABC 分析表第三栏和第八栏所提供的数据，在坐标图上取点，并连接各点曲线，绘成 ABC 曲线（见图 3 - 1 - 1）。

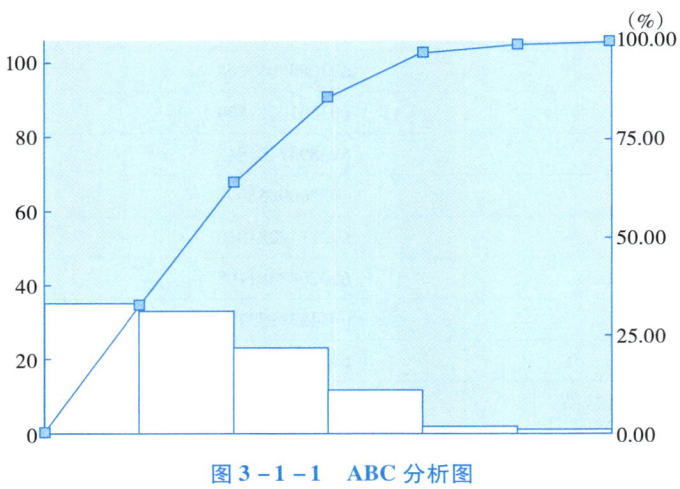

图 3 - 1 - 1　ABC 分析图

3.1.3 ABC 分类的原理

根据出库作业报告进行统计分析，按照出库数量进行降序排列，累计计算货品出库量占总出库量的百分比，根据 ABC 分类法要求，计算累计出库量占总出库量的百分比：0%＜A≤65%，65%＜B≤90%，90%＜C≤100%；品种占总品种数：0%＜A≤15%，15%＜B≤45%，45%＜C≤100%。

（品种数：A：10%～15%；B：20%～30%；出库量：A：65%～80%）

（出库量：A：0%～70%；B：70%～90%；其余为 C）

物动量 ABC 分析法的电脑操作，用 Excel 表进行 ABC 分类的步骤：

（1）将 6 张的物动量信息粘贴到一个新建的 Excel 表格里。

（2）将每张的"表头"删除，将"条码"这一列删除。

（3）单击 Excel 的"数据"选项，再下拉列表选"降序"，注意此处要按货品名称进行降序排列。

（4）单击数据选项"分类汇总"，弹出分类汇总，下拉列表，其中分类字段选货品名称，汇总方式选求和，选定汇总项选出库量。

（5）用鼠标左键单击 Excel 表左上"123"数字级次"2"。

（6）把表格全选上，然后按出库量进行降序排列。

（7）求出每种货物出库量所占总出库量百分比，注意当利用 Excel 计算百分比时（＝B8/＄B＄212），第二个 B 的前后都要加＄，这样算出一个后，可以把整列拉下来。

（8）进行 ABC 分类。

以物动量 ABC 分析案例进行分析，某配送中心 6 个月出库报表如下所示：

出库月报表 1

序号	商品名称	商品条码	出库量（SKU）
1	洗衣液	6939729900091	100
2	皂粉	6920907800173	30
3	洗衣粉	6903148042441	2180
4	化妆水	6920855052068	165
5	精华液	6932010061839	28
6	防晒霜	6938957101843	56
7	乳液	6932009455093	890
8	洗衣皂	6921774281010	27
9	身体乳	6902083881405	19
10	沐浴露	6944839993796	21
11	旺仔牛奶	6921168509256	180
12	娃哈哈乳酸菌饮品	6930363000483	340
13	百事可乐	6930363000484	343
14	莫斯利安	6930363000485	100
15	加多宝	6930363000487	86
16	芬达	6930363000470	21

续表

序号	商品名称	商品条码	出库量（SKU）
17	康师傅冰红茶	6930363000474	30
18	雪花啤酒	6981013081240	120
19	可口可乐	6981013081243	89
20	雪碧	6904007601946	1450
21	农夫山泉	6932003067001	234
22	每日C水晶葡萄	6932003067002	34
23	达利园香葱咸饼	6932003067003	68
24	美可法式夹心饼干	6932003067004	50
25	冷酸灵牙膏	6932003067005	204
26	奥利奥巧克力夹心饼干	6932003067006	196
27	裕鑫草莓味片	6932003067007	65
28	六必治牙膏	6932003067008	359
29	米老头	6932003067009	21
30	格力高百力滋	6932003067010	78
31	老坛酸菜牛肉面	6920907800173	106
32	奥利奥威化饼干	6932003067011	63
33	中华牙膏	6932003067012	209

出库报表2

序号	商品名称	商品条码	出库量（SKU）
1	洗衣液	6939729900091	104
2	皂粉	6920907800173	45
3	洗衣粉	6903148042441	1980
4	化妆水	6920855052068	142
5	精华液	6932010061839	25
6	防晒霜	6938957101843	42
7	乳液	6932009455093	1000
8	洗衣皂	6921774281010	40
9	身体乳	6902083881405	46
10	沐浴露	6944839993796	19
11	旺仔牛奶	6921168509256	167
12	娃哈哈乳酸菌饮品	6930363000483	205
13	百事可乐	6930363000484	300
14	莫斯利安	6930363000485	88
15	加多宝	6930363000487	24
16	芬达	6930363000470	40
17	康师傅冰红茶	6930363000474	54
18	雪花啤酒	6981013081240	80
19	可口可乐	6981013081243	86

续表

序号	商品名称	商品条码	出库量（SKU）
20	雪碧	6904007601946	1230
21	农夫山泉	6932003067001	210
22	每日C水晶葡萄	6932003067002	36
23	达利园香葱咸饼	6932003067003	74
24	美可法式夹心饼干	6932003067004	43
25	冷酸灵牙膏	6932003067005	198
26	奥利奥巧克力夹心饼干	6932003067006	183
27	裕鑫草莓味片	6932003067007	81
28	六必治牙膏	6932003067008	298
29	米老头	6932003067009	34
30	格力高百力滋	6932003067010	67
31	老坛酸菜牛肉面	6920907800173	100
32	奥利奥威化饼干	6932003067011	59
33	中华牙膏	6932003067012	188

出库报表3

序号	商品名称	商品条码	出库量（SKU）
1	洗衣液	6939729900091	130
2	皂粉	6920907800173	58
3	洗衣粉	6903148042441	1780
4	化妆水	6920855052068	140
5	精华液	6932010061839	34
6	防晒霜	6938957101843	36
7	乳液	6932009455093	1100
8	洗衣皂	6921774281010	28
9	身体乳	6902083881405	35
10	沐浴露	6944839993796	20
11	旺仔牛奶	6921168509256	172
12	娃哈哈乳酸菌饮品	6930363000483	200
13	百事可乐	6930363000484	340
14	莫斯利安	6930363000485	93
15	加多宝	6930363000487	38
16	芬达	6930363000470	80
17	康师傅冰红茶	6930363000474	78
18	雪花啤酒	6981013081240	65
19	可口可乐	6981013081243	90
20	雪碧	6904007601946	1348
21	农夫山泉	6932003067001	220
22	每日C水晶葡萄	6932003067002	26

续表

序号	商品名称	商品条码	出库量（SKU）
23	达利园香葱咸饼	6932003067003	80
24	美可法式夹心饼干	6932003067004	40
25	冷酸灵牙膏	6932003067005	200
26	奥利奥巧克力夹心饼干	6932003067006	198
27	裕鑫草莓味片	6932003067007	90
28	六必治牙膏	6932003067008	300
29	米老头	6932003067009	50
30	格力高百力滋	6932003067010	68
31	老坛酸菜牛肉面	6920907800173	82
32	奥利奥威化饼干	6932003067011	60
33	中华牙膏	6932003067012	200

出库报表 4

序号	商品名称	商品条码	出库量（SKU）
1	洗衣液	6939729900091	220
2	皂粉	6920907800173	89
3	洗衣粉	6903148042441	2100
4	化妆水	6920855052068	253
5	精华液	6932010061839	22
6	防晒霜	6938957101843	50
7	乳液	6932009455093	998
8	洗衣皂	6921774281010	30
9	身体乳	6902083881405	14
10	沐浴露	6944839993796	20
11	旺仔牛奶	6921168509256	178
12	娃哈哈乳酸菌饮品	6930363000483	198
13	百事可乐	6930363000484	402
14	莫斯利安	6930363000485	100
15	加多宝	6930363000487	12
16	芬达	6930363000470	38
17	康师傅冰红茶	6930363000474	63
18	雪花啤酒	6981013081240	98
19	可口可乐	6981013081243	78
20	雪碧	6904007601946	1280
21	农夫山泉	6932003067001	220
22	每日 C 水晶葡萄	6932003067002	38
23	达利园香葱咸饼	6932003067003	80
24	美可法式夹心饼干	6932003067004	39
25	冷酸灵牙膏	6932003067005	162

续表

序号	商品名称	商品条码	出库量（SKU）
26	奥利奥巧克力夹心饼干	6932003067006	190
27	裕鑫草莓味片	6932003067007	62
28	六必治牙膏	6932003067008	300
29	米老头	6932003067009	20
30	格力高百力滋	6932003067010	70
31	老坛酸菜牛肉面	6920907800173	98
32	奥利奥威化饼干	6932003067011	60
33	中华牙膏	6932003067012	210

出库报表 5

序号	商品名称	商品条码	出库量（SKU）
1	洗衣液	6939729900091	120
2	皂粉	6920907800173	38
3	洗衣粉	6903148042441	1880
4	化妆水	6920855052068	236
5	精华液	6932010061839	10
6	防晒霜	6938957101843	41
7	乳液	6932009455093	1120
8	洗衣皂	6921774281010	49
9	身体乳	6902083881405	13
10	沐浴露	6944839993796	18
11	旺仔牛奶	6921168509256	165
12	娃哈哈乳酸菌饮品	6930363000483	198
13	百事可乐	6930363000484	234
14	莫斯利安	6930363000485	96
15	加多宝	6930363000487	32
16	芬达	6930363000470	41
17	康师傅冰红茶	6930363000474	58
18	雪花啤酒	6981013081240	76
19	可口可乐	6981013081243	90
20	雪碧	6904007601946	1180
21	农夫山泉	6932003067001	203
22	每日 C 水晶葡萄	6932003067002	43
23	达利园香葱咸饼	6932003067003	80
24	美可法式夹心饼干	6932003067004	50
25	冷酸灵牙膏	6932003067005	152
26	奥利奥巧克力夹心饼干	6932003067006	192
27	裕鑫草莓味片	6932003067007	73
28	六必治牙膏	6932003067008	302

续表

序号	商品名称	商品条码	出库量（SKU）
29	米老头	6932003067009	58
30	格力高百力滋	6932003067010	69
31	老坛酸菜牛肉面	6920907800173	138
32	奥利奥威化饼干	6932003067011	67
33	中华牙膏	6932003067012	159

出库报表6

序号	商品名称	商品条码	出库量（SKU）
1	洗衣液	6939729900091	160
2	皂粉	6920907800173	78
3	洗衣粉	6903148042441	2300
4	化妆水	6920855052068	231
5	精华液	6932010061839	57
6	防晒霜	6938957101843	53
7	乳液	6932009455093	1200
8	洗衣皂	6921774281010	50
9	身体乳	6902083881405	10
10	沐浴露	6944839993796	20
11	旺仔牛奶	6921168509256	180
12	娃哈哈乳酸菌饮品	6930363000483	200
13	百事可乐	6930363000484	340
14	莫斯利安	6930363000485	90
15	加多宝	6930363000487	35
16	芬达	6930363000470	48
17	康师傅冰红茶	6930363000474	86
18	雪花啤酒	6981013081240	90
19	可口可乐	6981013081243	100
20	雪碧	6904007601946	1198
21	农夫山泉	6932003067001	193
22	每日C水晶葡萄	6932003067002	42
23	达利园香葱咸饼	6932003067003	87
24	美可法式夹心饼干	6932003067004	50
25	冷酸灵牙膏	6932003067005	278
26	奥利奥巧克力夹心饼干	6932003067006	204
27	裕鑫草莓味片	6932003067007	95
28	六必治牙膏	6932003067008	285
29	米老头	6932003067009	46
30	格力高百力滋	6932003067010	72
31	老坛酸菜牛肉面	6920907800173	99

续表

序号	商品名称	商品条码	出库量（SKU）
32	奥利奥威化饼干	6932003067011	62
33	中华牙膏	6932003067012	219

物动量分类汇总如表3－1－1所示。

表3－1－1　物动量分类汇总表

商品名称	出库量（SKU）
奥利奥巧克力夹心饼干	1163
奥利奥威化饼干	371
百事可乐	1959
达利园香葱咸饼	469
防晒霜	278
芬达	268
格力高百力滋	424
化妆水	1167
加多宝	227
精华液	176
康师傅冰红茶	369
可口可乐	533
老坛酸菜牛肉面	623
冷酸灵牙膏	1194
六必治牙膏	1844
每日C水晶葡萄	219
美可法式夹心饼干	272
米老头	229
莫斯利安	567
沐浴露	118
农夫山泉	1280
乳液	6308
身体乳	137
娃哈哈乳酸菌饮品	1341
旺仔牛奶	1042
洗衣粉	12220
洗衣液	834
洗衣皂	224
雪碧	7686
雪花啤酒	529
裕鑫草莓味片	466
皂粉	338
中华牙膏	1185

把表格全选上，然后按出库量进行降序排列，如表 3-1-2 所示。

表 3-1-2　货物按出库量降序排列

商品名称	出库量（SKU）
洗衣粉	12220
雪碧	7686
乳液	6308
百事可乐	1959
六必治牙膏	1844
娃哈哈乳酸菌饮品	1341
农夫山泉	1280
冷酸灵牙膏	1194
中华牙膏	1185
化妆水	1167
奥利奥巧克力夹心饼干	1163
旺仔牛奶	1042
洗衣液	834
老坛酸菜牛肉面	623
莫斯利安	567
可口可乐	533
雪花啤酒	529
达利园香葱咸饼	469
裕鑫草莓昧片	466
格力高百力滋	424
奥利奥威化饼干	371
康师傅冰红茶	369
皂粉	338
防晒霜	278
美可法式夹心饼干	272
芬达	268
米老头	229
加多宝	227
洗衣皂	224
每日 C 水晶葡萄	219
精华液	176
身体乳	137
沐浴露	118

求出每种货物出库量占总出库量百分比及品种百分比，如表 3–1–3 所示。

表 3–1–3　货物出库量占总出库量百分比及品种百分比

商品名称	出库量（SKU）	品种百分比（%）	出库量百分比（%）	品种累计百分比（%）	出库量累计百分比（%）
洗衣粉	12220	3.03	26.53	3.03	26.53
雪碧	7686	3.03	16.69	6.06	43.22
乳液	6308	3.03	13.70	9.09	56.91
百事可乐	1959	3.03	4.25	12.12	61.17
六必治牙膏	1844	3.03	4.00	15.15	65.17
娃哈哈乳酸菌饮品	1341	3.03	2.91	18.18	68.08
农夫山泉	1280	3.03	2.78	21.21	70.86
冷酸灵牙膏	1194	3.03	2.59	24.24	73.45
中华牙膏	1185	3.03	2.57	27.27	76.02
化妆水	1167	3.03	2.53	30.30	78.56
奥利奥巧克力夹心饼干	1163	3.03	2.52	33.33	81.08
旺仔牛奶	1042	3.03	2.26	36.36	83.35
洗衣液	834	3.03	1.81	39.39	85.16
老坛酸菜牛肉面	623	3.03	1.35	42.42	86.51
莫斯利安	567	3.03	1.23	45.45	87.74
可口可乐	533	3.03	1.16	48.48	88.90
雪花啤酒	529	3.03	1.15	51.52	90.05
达利园香葱咸饼	469	3.03	1.02	54.55	91.06
裕鑫草莓味片	466	3.03	1.01	57.58	92.08
格力高百力滋	424	3.03	0.92	60.61	93.00
奥利奥威化饼干	371	3.03	0.81	63.64	93.80
康师傅冰红茶	369	3.03	0.80	66.67	94.60
皂粉	338	3.03	0.73	69.70	95.34
防晒霜	278	3.03	0.60	72.73	95.94
美可法式夹心饼干	272	3.03	0.59	75.76	96.53
芬达	268	3.03	0.58	78.79	97.11
米老头	229	3.03	0.50	81.82	97.61
加多宝	227	3.03	0.49	84.85	98.10
洗衣皂	224	3.03	0.49	87.88	98.59
每日C水晶葡萄	219	3.03	0.48	90.91	99.06
精华液	176	3.03	0.38	93.94	99.45
身体乳	137	3.03	0.30	96.97	99.74
沐浴露	118	3.03	0.26	100.00	100.00

ABC 分类结果如表 3-1-4 所示。

表 3-1-4 ABC 分类结果

商品名称	出库量（SKU）	品种百分比（%）	出库量百分比（%）	品种累计百分比（%）	出库量累计百分比（%）	ABC 分类结果
洗衣粉	12220	3.03	26.53	3.03	26.53	A
雪碧	7686	3.03	16.69	6.06	43.22	A
乳液	6308	3.03	13.70	9.09	56.91	A
百事可乐	1959	3.03	4.25	12.12	61.17	A
六必治牙膏	1844	3.03	4.00	15.15	65.17	B
娃哈哈乳酸菌饮品	1341	3.03	2.91	18.18	68.08	B
农夫山泉	1280	3.03	2.78	21.21	70.86	B
冷酸灵牙膏	1194	3.03	2.59	24.24	73.45	B
中华牙膏	1185	3.03	2.57	27.27	76.02	B
化妆水	1167	3.03	2.53	30.30	78.56	B
奥利奥巧克力夹心饼干	1163	3.03	2.52	33.33	81.08	C
旺仔牛奶	1042	3.03	2.26	36.36	83.35	C
洗衣液	834	3.03	1.81	39.39	85.16	C
老坛酸菜牛肉面	623	3.03	1.35	42.42	86.51	C
莫斯利安	567	3.03	1.23	45.45	87.74	C
可口可乐	533	3.03	1.16	48.48	88.90	C
雪花啤酒	529	3.03	1.15	51.52	90.05	C
达利园香葱咸饼	469	3.03	1.02	54.55	91.06	C
裕鑫草莓味片	466	3.03	1.01	57.58	92.08	C
格力高百力滋	424	3.03	0.92	60.61	93.00	C
奥利奥威化饼干	371	3.03	0.81	63.64	93.80	C
康师傅冰红茶	369	3.03	0.80	66.67	94.60	C
皂粉	338	3.03	0.73	69.70	95.34	C
防晒霜	278	3.03	0.60	72.73	95.94	C
美可法式夹心饼干	272	3.03	0.59	75.76	96.53	C
芬达	268	3.03	0.58	78.79	97.11	C
米老头	229	3.03	0.50	81.82	97.61	C
加多宝	227	3.03	0.49	84.85	98.10	C
洗衣皂	224	3.03	0.49	87.88	98.59	C
每日 C 水晶葡萄	219	3.03	0.48	90.91	99.06	C
精华液	176	3.03	0.38	93.94	99.45	C
身体乳	137	3.03	0.30	96.97	99.74	C
沐浴露	118	3.03	0.26	100.00	100.00	C

任务二　库存控制

学习目标

知识目标

1. 熟悉库存管理的概念。
2. 掌握库存控制的意义。
3. 熟悉库存控制的常用方法。
4. 掌握各种库存管理模式的特点。

技能目标

1. 能灵活应用各种库存管理模式。
2. 能够熟练应用 EOQ 法控制库存水平。
3. 能够熟练应用定量订货法、定期订货法控制库存水平。
4. 能够根据客户实际选择合适的库存管理模式。

素养目标

1. 培养发现问题、解决问题的能力。
2. 培养良好的职业能力，合理节约成本。
3. 培养创新能力。

引导案例

戴尔的库存管理运行模式及借鉴

戴尔是一家销售主导的企业，在销售过程中取得了举世瞩目的成就，那么它的成功归功于什么呢？对我们企业的发展又有什么借鉴呢？接下我们将谈论这两个问题，并论述戴尔的成功与其先进的供应链系统的关系。

有人说过"21 世纪的竞争是供应链的竞争"，从目前世界各大跨国企业的发展来看，的确如此，通过戴尔的库存管理系统就能看出供应链管理对一个企业的作用。

在库存的数量管理上，戴尔以物料的低库存与成品的零库存而声名远播，其平均物料库存只有约 5 天。在 IT 业界，与戴尔最接近的竞争对手也有 10 天以上的库存，业内的其他企业平均库存更是达到了 50 天左右。由于材料成本每周就会有 1% 的贬值，因此库存天数对产品的成本影响很大，仅低库存一项就使戴尔的产品比许多竞争对手拥有了 8% 左右的价格优势。而高效率的物流配送使戴尔的过期零部件比例保持在材料开支总额的 0.05%～0.1%，2000 年戴尔全年在这方面的损失为

2100万美元。而这一比例在戴尔的对手企业都高达2%~3%，在其他工业部门更是高达4%~5%。

当然，戴尔的库存管理通过双向管理其供应链，通盘考虑用户的需求与供应商的供应能力，使二者的配合达到最佳平衡点，实现"永久性库存平衡"，这才是戴尔库存管理的最终目的。

戴尔没有仓库，但是供应商在它周围有仓库。事实上，戴尔的工厂外边有很多配套厂家。戴尔在网上或电话里接到订单，收了钱之后会告诉对方要多长时间货可以到。它利用这段时间对订单进行整合，对既有的原材料进行分拣，需要什么原材料就下订单给供应商，下单之后，货到了生产线上才进行产权交易，之前的库存都是供应商的。毋庸讳言，戴尔把库存的压力转移给了供应商。

库存物料的品质如何，直接决定了成品的质量。为了确保库存的物料没有瑕疵，戴尔把监督的视线延伸到了对源头的控制和对供应商生产过程的管控。首先，戴尔会同供应商进行深入、充分的交流，共同探讨技术、设计、生产过程等多方面的细节，使供应商与戴尔就库存品质的预期及实现途径达成共识。其次，在此后的合作中，戴尔还会及时将用户最终的应用体验反馈给供应商，并通过定期业务分析等方式，帮助供应商总结经验、吸取教训，努力实现库存品质的稳定与提高。

采用符合行业标准的、模块化的产品，是戴尔库存管理的另一个重要内容。戴尔很少在一个新技术或新产品刚刚出现时就把它"推"向市场，而是要等到技术已经标准化、产品已经成熟时，才大规模进入市场，并力争在进入后马上成为市场的领导者。正因如此，戴尔大量采用符合行业标准的、开放的技术，而不是独家、封闭的技术。这一点尤其反映在库存物料的管理上，戴尔特别强调库存本身的标准化，要求它们符合行业的标准，并尽可能地实现模块化与可互换，以最大限度地降低重复开发的成本。

戴尔成功的库存管理模式，有以下几点值得我们借鉴：

第一，注重物料管理，提高物料的利用效率。

从上述中我们可以知道：戴尔的物料管理水平是全行业最高的，而其物料管理成本却是最低的，所以我们要学习戴尔的物料管理方法，提高物料的生产和利用效率，为企业减少生产成本，提高竞争力。

第二，选择合适的供应商。

戴尔在生产过程中慎重选择供应商，使各供应商为戴尔的销售提供良好的支持。我们企业，无论是生产性企业还是销售性企业都要选择良好的供应商，从而达到"1+1＞2"的效果。

第三，注重产品质量，赢得消费者的信赖。

戴尔非常注重产品的品质，以质量赢得了广大消费者的信赖。所以我国企业在生产或销售过程中一定要注重供应者所提供产品的质量问题，提升自己的信誉，为企业的发展壮大赢得人心和良好的外部环境。

第四，提高技术，为行业技术的发展进步作出贡献。

戴尔在发展过程中不断提高自己的技术水平，成为行业的领头羊。但是戴尔并没有把自己封闭起来，反而向同行业提供支持，不断壮大大家的综合实力。因此，我们一定要向戴尔学习这种开放的精神，提高本行业的综合竞争水平，从而实现互利双赢的良好效果。

第五，良好的e化状况，员工必备的IT素质。

许多企业确实有上供应链管理的需求，但它们的IT基础设施非常薄弱，员工不具备在系统下协同的基本素质，正所谓只有学会了走，才能跑。戴尔在这方面具有很好的优势，他们已经成功运行 ERP、排程管理、生产管理等系统。所以我国企业一定要不断提高自身的综合实力,特别是提高企业员工的素质。

3.2.1 库存管理概述

1. 库存及其作用

(1) 库存的概念

库存是指企业在生产经营过程中为了将来的耗用,或者在销售过程中为了将来的销售而储备的资源。

(2) 库存的分类

1) 按库存在再生产过程中所处的领域分类:①制造库存;②流通库存;③国家储备。

2) 按用户对库存的需求特性分类:①独立需求库存;②相关需求库存。

3) 按库存在生产和配送过程中所处的状态分类:①原材料库存;②在制品库存;③维修库存;④产成品库存。

4) 按库存的作用分类:①周转库存;②安全库存;③调节库存;④在途库存。

(3) 库存的作用

1) 库存的积极作用。

①维持销售产品的稳定。

②维持生产的稳定。

③平衡企业物流。

④平衡企业流动资金的占用。

2) 库存的消极作用。

①占用企业大量流动资金,通常情况下会达到企业总资产的20%~40%,库存管理不当就会形成大量资金的沉淀。

②增加了企业的产品成本与管理成本,库存材料的成本增加直接增加了产品成本,而相关仓储设备、管理人员的支出也加大了企业的管理成本。

③掩盖了企业众多管理问题,如计划不周、采购不力、生产不均衡、产品质量不稳定及市场销售不力等问题。

2. 库存管理的重要性

库存管理也称为库存控制,是指对企业生产经营过程中所需的各种库存进行管理和控制,使库存数量保持在经济合理的水平。库存管理的目的在于满足顾客需求的前提下,通过对库存水平的控制,尽可能地降低库存水平、提高物流系统的效率及资金的利用率,以强化企业的竞争力。库存管理其实就是对数量的管理。真正的库存管理体现在库存的计划与风险管理之中,而不是通常所说的"仓库管理"。"库存"是指以支持生产、维护、操作和客户服务为目的而存储的各种物料,而"库存管理"就是"与库存物料计划与控制相关的所有业务"。库存管理不仅应该确保信息准确,满足客户和市场的需求,还有一项重要任务是控制库存量,加速库存周转,降低库存资金占用,从而降低库存成本。

3. 库存管理岗位工作分析

（1）库存主管工作的重要性

激烈的市场竞争决定了库存主管的活动必须和采购供应、运作管理、营销和销售主管的活动结合起来，各部门之间必须在整个企业战略的框架下加强沟通。

库存主管如果能够加强与企业其他相关部门，如采购部门、生产部门、营销部门、财务部门等的沟通，一方面可以优化投入品交货时间和减少所需库存，另一方面则可以减少采购品种，统一物料编码系统，更好地进行物料跟踪等。

库存主管还应当关注企业技术的创新发展，通过减少供应品种的数量、低成本自动获取和传输库存管理信息、建立新的沟通渠道以便使整个供应链上的各个企业交换信息等，进而利用互联网和通信技术的结合就可以降低成本和提高存储效率。

库存主管在企业日常运作中发挥着重要作用，可以为企业的战略计划提供重要的信息。库存主管主要关注以下四个方面的事务：一是优化库存水平；二是减少库存成本和供应品种；三是达到或超过质量和可追踪性标准（指确定产品在供应链中的位置和确定产品来源的能力）；四是实现服务水平和库存周转率的最大化，同时降低错误率。

库存主管在企业科层管理体系中的地位取决于企业的规模和复杂程度、企业业务类型以及企业所处的商业环境。如在工厂分散并进行国际性产品供应与分销的制造集团中，库存主管将向供应链运作经理报告，该经理为公司执行董事会成员。

（2）库存主管的职责

1）仓储主管的职责

①根据采购计划、生产计划、销售计划，预测仓库容量需求。②了解仓库信息。③制订基本仓储方案。④制订组合方案计划。

2）库存主管的职责

①分析库存变动特点。②权衡相关成本。③制定库存目标。④制订库存管理计划。

4. 库存管理计划的制订与实施

（1）库存管理计划的制订

1）可行性分析

要通过多个方面对库存管理计划的可行性进行分析。

①外部市场评价，即对商品（物料）趋势和客户的服务需求的审视。②企业内部评价，即对企业主要资源如仓储工作人员、设备、设施、关系和信息等的审视，尤其要对现行仓储系统的能力及缺陷做出广泛的评价。③技术评价，即对关键物流技术的应用和能力的评价，包括运输、储存、原材料处理、包装和信息处理等方面。

2）确定库存计划

在可行性分析的基础上确定库存计划。

①确定目标。②考虑限制约束条件。③确定衡量标准。④选择分析技术。⑤制订工作计划。

3）收集数据资料进行分析

①销售和客户订货。②运输数据。③物流空间量度也需要特定的客户数据，有效的物流管理必

须考虑同产品跨越空间距离移动相联系的成本和时间。④有关渠道结构的分析，必须通过对原料和部件的分类来确认比较与制造和采购有关的成本。

（2）库存管理计划的实施

1）确认最佳方案。多个方案往往具有相似的或可比的结果，必须对每个方案的绩效特征和条件进行比较，以确认两个或三个最好的选择。通常"最佳"的标准是：以最小的总成本取得所期望的服务目标。

2）成本收益分析。对计划方案的评价即是对各种可能的情况就现在的成本情况及服务能力与计划中的条件进行比较分析。理想的成本收益分析要对方案就一个基准期进行比较，然后进行跨某个计划时期的比较运作。从这种分析评估中可得到典型的结果和建议，以支持计划方案的选择。

3）风险评价。风险评价考虑计划环境与假设一致的概率和有关系统改变的潜在危险。外在风险主要是需求绩效周期和竞争行为有关的不确定性；内在风险主要来源于劳工和生产率、企业战略改变以及可用资源的变化。对这些风险必须进行定性和定量的评估，以便为管理层提供指导和论证。

4）计划的实施。这是计划工作的最后阶段，实际过程中仍需要完成以下任务：一是就个别实践及其顺序和相关性对实施计划进行明确定义；二是制订计划实施的进度；三是定义评估计划成功的接受标准，接受标准应集中于改进服务、减少成本、改进资产利用和提高质量；四是计划的实际实施。

3.2.2 库存控制方法

1. 经济订购批量

（1）经济订购批量的含义

经济订购批量（Economic Order Quantiby，EOQ）指通过对采购订货成本和仓储保管成本核算，以实现采购订货成本和保管仓储成本的总和为最低的最佳订货批量。

订货成本包括：

①商品成本。

②价格折扣成本。

③缺货成本。

④库存占流动资金的成本。

⑤存储成本。

⑥废弃风险成本。

实例：某企业对物料 A 的全年需求量为 1200 件，单位采购成本为 6 元，持有成本率为 20%，单次订货成本为 20 元，那么该企业每次订购多少可使全年的持有成本和订货成本的总和最小？

（2）经济订货批量公式的推导

1）推导 EOQ 公式所做的假设

①某一时期内，企业的需求是连续稳定且已知的；

②稳定、已知的补货或订货提前期，极端情况下，订货提前期可以为零；

③与订货批量或时间无关的稳定的采购价格；

④与订货批量或时间无关的稳定的运输价格；

⑤所有订货需求都能满足，即不允许缺货；

⑥资金能力方面无限制，即企业所需资金都能满足。

2）EOQ 公式的推导过程

特定订货计划的总库存持有成本的近似公式为：

$$H = P \times i \times (Q/2)$$

其中：H 为总库存持有成本，P 为单位采购成本，i 为持有成本率，Q 为单次订货批量，$Q/2$ 为平均库存。

订货成本由订货的办公成本、通信成本、差旅成本等构成。可以用以下近似公式进行计算：

$$C1 = C0 \times (D/Q)$$

其中，$C1$ 为订货总成本，$C0$ 为单次订货成本，D 为全年的需求量，D/Q 为一定时期的订货次数。

由此，在既定的订货批量和订货次数下，每次补充库存的总成本为：

$$C = H + C1 = P \times i \times (Q/2) + C0 \times (D/Q)$$

其中，C 为每次补充库存的总成本。

某企业的订货批量、持有成本、订货成本以及总成本关系如下表所示：

订货批量（Q）	持有成本（H）	订货成本（C1）	总成本（Ct）
50	30	480	510
100	60	240	300
150	90	160	250
200	120	120	240
250	150	96	246
300	180	80	260
320	192	75	267
400	240	60	300

当 $P \times i \times (Q/2) = C0 \times (D/Q)$ 时，所得的 Q 为经济订货批量。

由此，推导出 $EOQ = \sqrt{\dfrac{2C0 \cdot D}{P \cdot i}}$

其中，P 为单位采购成本，i 为持有成本率，$C0$ 为单次订货成本，D 为某一时期的总需求量，EOQ 为该时期内的经济订货批量。

3）数量折扣时的 EOQ

供应商往往对于采购企业的大宗订货给予数量折扣优惠。数量折扣可以分为两类：累进折扣和比例折扣。

某一订货批量下的采购总成本：

$$Ct = D \times P + P \times i \times (Q/2) + C0 \times (D/Q)$$

某企业每年需要购买 8000 套服装，其年持有成本率为 3%，每次订购成本为 30 元，每件价格是 100 元。

若一次订购量小于等于 400 件时,每件价格是 100 元;

若一次订购量大于或等于 700 件时,每件价格是 70 元;

若介于 400 件和 700 件之间时,每件价格是 80 元。

问每次应订购的最佳批量是多少?

解:已知 $D=8000$,$C_0=30$,$i=3\%$,由 EOQ 公式可得不同单价下的经济订货批量,如下表所示:

订货批量(件)	单价(元/件)	EOQ(件)	可行性
0~400	100	400	可行
401~699	80	447	可行
700 以上	70	478	不可行

此时,进一步比较可行性中两种订货批量下的采购总成本,公式如下:

$$Ct = D \times P + P \times i \times (Q/2) + C_0 \times (D/Q)$$

在订货批量为 400 件时,$Ct_1 = 8000 \times 100 + 100 \times 3\% \times (400/2) + 30 \times (8000/400) = 801200$(元);

在订货批量为 447 件时,$Ct_2 = 8000 \times 80 + 80 \times 3\% \times (447/2) + 30 \times (8000/447) = 641073$(元)。

由此,每次应订购的最佳批量为 447 件。

2. 定量订货法库存控制

(1)定量订货法的基本原理

所谓定量订货法,就是预先确定一个订货点和订货批量,随时检查库存,当库存下降到订货点时就发出订货,订货批量取经济订货批量。

(2)定量订货法的实施

1)订货点如何确定

订货点的大小取决于三个因素:①需求速率;②订货提前期;③安全库存。

用公式表示为:

$$订货点 = 需求速率 \times 订货提前期 + 安全库存$$

2)订货批量如何确定

所谓订货批量,就是一次订货所订的商品数量。订货批量的多少取决于两个因素:①需求速率的高低;②经营费用的高低。

3)实施步骤

①确定订货点和订货批量;②库存管理人员或销售人员每天检查库存;③当库存量下降到订货点时,就发出订货。

4)定量订货法实施的前提条件

①它只适用于订货不受限制的情况;②它的直接运用只适用于单一品种的情况;③它不但适用于确定性需求,也适用于随机性需求;④它一般多用于 C 类商品,品种多而价值低廉,实行固定批量订货。

3. 定期订货法库存控制

(1) 定期订货法的基本原理

定期订货法的基本原理是,预先确定一个订货周期 T^* 和一个最高库存量 $Q\max$,周期性地检查库存,发出订货。

(2) 定期订货法的实施

1) 订货周期的确定

经济订货周期公式:$T^* = N \times EOQ / D$

其中,D 为一段时期内的总需求量,N 为一段时期的工作日数。

2) 最高库存量的确定

$Q\max = D \times (T^* + TK)/N$

3) 全年总订货成本

$C_T = D \times P + C0 \times N/T^* + P \times i \times EOQ$

4) 订货量的确定

实际库存量,是指检查库存时仓库所实际具有的能够用于销售供应的全部商品的数量。

5) 定期订货法实施的前提条件

①它的直接应用只适用于单一品种的情况。

②它不但适用于随机型需求,也适用于确定型需求。

③它一般多用于 A 类商品,即品种少而价值高,比较重要的商品。

3.2.3 库存管理模式

1. 零库存

所谓的零库存,是指物料在采购、生产、销售、配送等一个或几个经营环节中,不以仓库存储的形式存在,而均是处于周转的状态。

(1) 零库存的优缺点

①实施零库存的优点:降低成本;提高资金周转效率;减少浪费;增强灵活性。

②实施零库存的缺点:供应链依赖性高、风险应对能力弱、需求预测要求高、潜在断货风险。

(2) 零库存的实施形式

①委托保管方式;②协作分包方式;③轮动方式;④准时供应系统;⑤看板方式;⑥无库存储备。

2. 供应商管理库存

(1) 供应商管理库存的概念

供应商管理库存包括两种形式:①批发商(经销商)为零售商管理库存;②制造商为经销商管理库存。

(2) 供应商管理库存的战略依据和原则

1) 实施 VMI 的战略依据

战略依据:

①优化供应链整体效率;②降低供应链总成本;③强化供需协同关系;④提升客户服务水平。

2）供应商管理库存的原则

①合作性原则；②互惠原则；③目标一致性原则；④连续改进原则。

（3）VMI 系统的构成

①需求计划预测模块；②配送计划模块。

（4）VMI 的优缺点

1）VMI 的优点

①从供应链方面：打破信息壁垒，减少重复库存与浪费，优化整体库存水平；加速对市场需求的响应，提升供应链的稳定性与竞争力。

②从供货商方面：掌握终端数据，精准预测需求以优化生产；统筹物流实现规模效应，降低成本；增强与经销商的合作黏性，巩固市场地位。

③从经销商方面：减少库存管理的精力与资金投入，降低积压风险；供应商应主动补货保障货源，减少客户流失，便于自身专注销售。

④从终端客户方面：供应更稳定，减少缺货；降低商品积压损耗，保障质量，提升消费体验。

2）VMI 的缺点

①VMI 成功与否取决于供应商与零售商之间的合作关系。

②相关各方之间的依赖度提高，转移成本提高，各方的利润分配成为很大的困难。

③各方之间如果缺乏诚信，不能够充分交换信息数据。

④技术成本及对组织进行变革调整的成本较高。

⑤缺少了必要的、充分的货架空间有可能使零售商失去顾客的注意。

⑥零售商开展任何促销活动，都需要提前与供应商进行沟通，否则极易出现货品短缺。

⑦由于库存水平较低，极易遭受非可预见性的风险损失。

（5）VMI 的实施

实施 VMI 策略，首先要改变订单的处理方式，建立基于标准的托付订单处理模式。

供应商管理库存的策略可以分为如下几个步骤实施：

①建立顾客信息系统；

②建立销售网络管理系统；

③建立供应商与分销商（批发商）的合作框架协议；

④组织机构的变革。

（6）VMI 的支持技术及应用

1）VMI 的支持技术包括：EDI/Internet、ID 代码、条码、条码应用标识符、连续补给程序等。

2）VMI 的应用如下：

①对误差敏感行业，如医药行业。

②分店众多的快速消费品行业，如沃尔玛。

③易腐、易损产品行业，如双汇肉类放心店。

④库存产品价值高、需求难以预测的行业，如计算机制造业。

⑤需要高超的领导能力，需要形成长期的战略伙伴关系的行业，如汽车业。

3. 用户管理库存

供应商的库存通常保持在用户的场地，通常情况下，用户使用了这些产品以后才向供应商付款，这种由用户来管理其供应商库存的方式称为用户管理库存。

4. 寄售

（1）寄售的含义

1）寄售的概念。寄售（Consignment）是指委托人（寄售人）先将货物运到受委托人（代销）的所在地，由受委托人按协议规定，参照当地市场价格代为销售货物。

2）寄售的实施。寄售常用于国际贸易，现在用于零售。

3）寄售业务的特点。先凭协议出运货物，后成交销出。

（2）采用寄售方式的注意事项

1）选好寄售地和代销人。

2）对寄售货物的存放地点做好安排。

3）注意存放期限。

4）签发寄售协议，保证货、款安全。

应特别注意的是，寄售物品的前期质量检查工作必须到位，这是寄售库存法成功的前提条件。

5. 联合库存管理

（1）联合库存管理的基本思想

联合库存管理（Jointly Managed Inventory，JMI）是一种在 VMI 的基础上发展起来的上游企业和下游企业权利责任平衡和风险共担的库存管理模式。JMI 体现了战略供应商联盟的新型企业合作关系，强调了供应链企业之间双方的互利合作关系。

JMI 把供应链系统管理进一步集成为上游和下游两个协调管理中心，库存连接的供需双方以供应链整体的观念出发，同时参与，共同制订库存计划，实现供应链的同步化运作，从而部分消除了由于供应链环节之间的不确定性和需求信息扭曲现象导致的供应链的库存波动。通过协调管理中心，供需双方共享需求信息，起到了提高供应链的运作稳定性作用。

（2）联合库存管理的特点

1）由于联合库存管理将传统的多级别、多库存点的库存管理模式转化成对核心制造企业的库存管理，核心企业通过对各种原材料和产成品实施有效控制，就能达到对整个供应链库存的优化管理，简化了供应链库存管理的运作程序。

2）联合库存管理在减少物流环节、降低物流成本的同时，提高了供应链的整体工作效率。

3）联合库存管理系统把供应链系统管理进一步集成为上游和下游两个协调管理中心，从而部分消除了由于供应链环节之间的不确定性和需求信息扭曲现象导致的库存波动。

4）这种库存控制模式也为其他科学的供应链物流管理如连续补充货物、快速反应、准时化供货等创造了条件。

（3）联合库存管理给企业带来的优势

联合库存管理给企业带来的优势有：信息优势；成本优势；物流优势；战略联盟的优势等。

（4）联合库存管理与 VMI 的区别

联合库存管理是解决供应链系统中由于各节点企业的相互独立库存运作模式导致的需求放大现象，是提高供应链的同步化程度的一种有效方法。联合库存管理和供应商管理用户库存不同，它强调双方同时参与，共同制订库存计划，使供应链过程中的每个库存管理者（供应商、制造商、分销商）都从相互之间的协调性考虑，确保供应链相邻的两个节点之间的库存管理者对需求的预期保持一致，从而消除了需求变异放大现象。任何相邻节点需求的确定都是供需双方协调的结果，库存管理不再是各自为政的独立运作过程，而是供需连接的纽带和协调中心。

（5）联合库存管理的实施策略

1）建立供应链协调管理机制。没有一个协调的管理机制，就不可能进行有效的联合库存管理。建立供应链协调管理机制，要从以下几个方面着手。

①建立供应链共同愿景；②建立联合库存管理模式；③建立联合库存的协调控制方法；④建立利益的分配、激励机制。

2）建立信息沟通渠道。

3）发挥第三方物流系统的作用。

4）选择合适的联合库存管理模式，如集中库存模式、无库存模式。

任务三　配送调度安排

学习目标

知识目标

1. 了解送货、送达服务与送货车辆返程安排作业管理的原则。
2. 理解送货、送达服务与送货车辆返程安排的内容和程序。
3. 掌握送货、送达服务与送货车辆返程安排的流程。
4. 熟悉车辆调度的方法。
5. 理解车辆调度工作的内容。

技能目标

1. 能够正确进行送货作业并提供送达服务。
2. 掌握提高输配送运行效率的方法。
3. 能够制订车辆调度方案。

素养目标

1. 培养学生负责任的工作态度，细致认真的工作作风。
2. 培养学生独立思考、勇于表达自己见解的习惯。
3. 培养正确的学习习惯和学习态度，形成良好的团队合作意识。

引导案例

某配送中心 P_0 向 10 个客户 P_j（$j=1$，2，…，10）配送货物，其配送网络如图 3-3-1 所示。图中括号内的数字表示客户的需求量（t），线路上的数字表示两节点之间的距离。配送中心有 2 吨和 4 吨两种车辆可供使用，每次发车运行距离不超过 30 千米。试制订最优的配送方案。

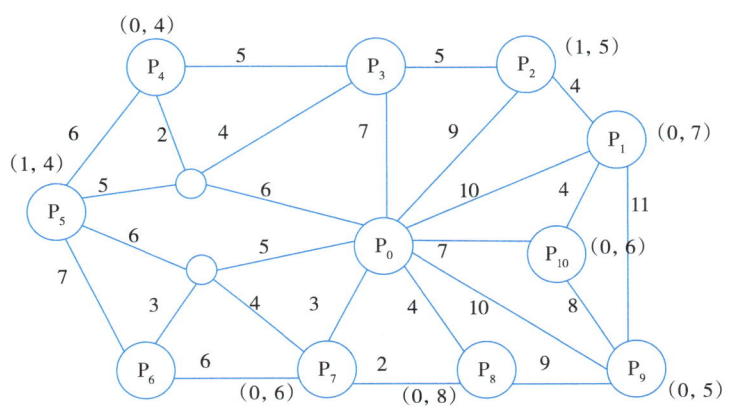

图 3-3-1 某配送中心的配送网络

3.3.1 配送线路制定及优化

1. 找最近点法

在实际送货过程中我们常常会遇到要从配送中心给单个客户送货的问题，这时我们通常期望能够找到一条从配送中心到客户点的最短运行路线，因为这样能够节省油耗和成本。这种需要是从始点到终点的一条路径，使得路径总长最短的问题，被称为最短路问题。

最短路问题一般描述如下：在一个网络图中，给定一个始点和一个终点，求始点到终点的一条路径，使得路径总长最短。

除配送路径选取问题外，有许多实际问题都可以归结为最短路问题，例如两地之间的管道铺设、线路安装、道路修筑等都属于最短路问题。下面介绍一种解决本问题较简单的方法。

该方法思路为：从始点或终点开始，找与该点相连的所有点中最近的点，从而得到第二个点，再找与第二个点相连的所有点中最近的点，得到第三个点，以此类推。但是需注意不能够走回头路，也就是前面找到的点，不能够再被找出来一次。

配送中心 S 向 t 客户配送货物，S 到 t 的道路如图 3-3-2 所示，各条道路距离已经标在路线旁，该车应该如何运行，才能使得行走的总距离最短？

如果从始点 S 点开始，过程如图 3-3-3 所示。

可以得到两条最短路线：①S→3→5→t，距离为 9；②S→3→2→4→t，距离为 9。

如果从终点 t 开始，过程如图 3-3-4 所示。

显然，两条路线中 t→4→2→3→S 最短，距离为 9。

所以，本问题具有两条最短路线 S→3→5→t 和 S→3→2→4→t，距离为 9。

在车辆运行中时常会遇到道路交通管制和单行道的情况，这种情况要看该道路是否处在最短路

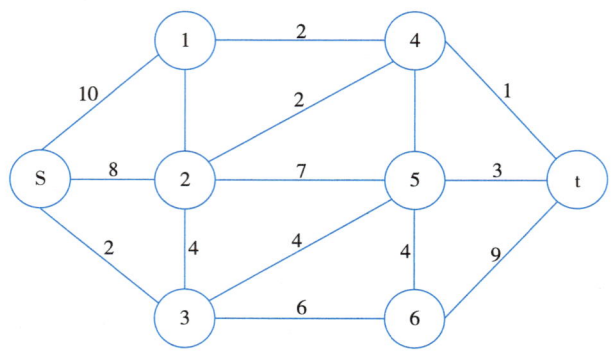

图 3-3-2　S 到 t 的道路

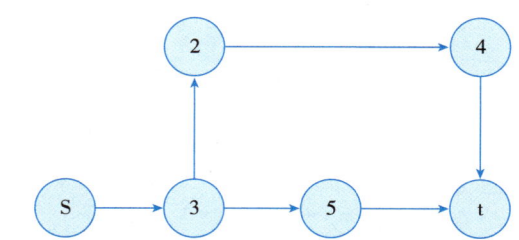

图 3-3-3　从始点 S 点开始的路径

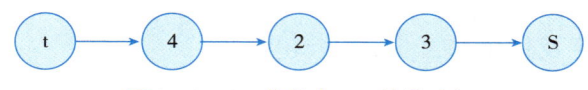

图 3-3-4　从终点 t 开始的路径

上,如果处在最短路上,会对最短路的方案产生影响,否则就不会产生影响。如上述示例中,如果 3 到 2 间的道路交通管制禁止通行,就可以认为 3 到 2 的道路不存在,则 S→3→2→4→t 最短路的方案就不存在。如果 3 到 2 是单行道,也就是在图 3-3-4 中会有 3→2 的箭头标识,则只能从 3 到 2,不能从 2 到 3。所以,回程时就不能走 t→4→2→3→S 这条路线。

2. 节约里程法

（1）节约里程法定义

在 B2B 的配送中心中,一般采用节约里程法进行配送路线选择。

节约里程法是用来解决运输车辆数目不确定问题的最有名的启发式算法,又称节约算法或节约法,可以用并行方式和串行方式来优化行车距离。

节约里程法核心思想是依次将运输问题中的两个回路合并为一个回路,每次使合并后的总运输距离减小的幅度最大,直到达到一辆车的装载限制时,再进行下一辆车的优化。

利用节约法确定配送路线的主要出发点是,根据配送中心的运输能力和配送中心到各个用户以及各个用户之间的距离来制订使总的车辆运输的吨公里数最小的配送方案。另外,还需满足以下条件:

1）所有用户的要求;
2）不使任何一辆车超载;
3）每辆车每天的总运行时间或行驶里程不超过规定的上限;

4）用户到货时间要求。

（2）节约里程法步骤

某配送中心 P_0 向 5 个用户 P_j（$j=1$，2，…，5）配送货物，其配送路线网络、配送中心与用户的距离以及用户之间的距离如图 3-3-5 所示，配送中心有 3 台 2 吨车和 2 台 4 吨车两种车辆可供使用。利用节约里程法制订最优的配送方案。

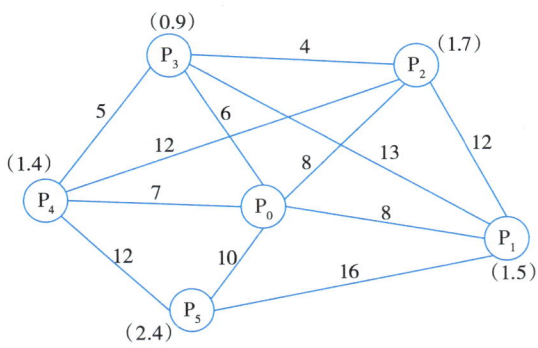

图 3-3-5　某配送中心的配送网络

第一步，作运输里程表，列出配送中心到用户及用户间的最短距离。

	需求量	P_0					
P_1	1.5	8	P_1				
P_2	1.7	8	12	P_2			
P_3	0.9	6	13	4	P_3		
P_4	1.4	7	15	9	5	P_4	
P_5	2.4	10	16	18	16	12	P_5

第二步，按节约里程公式求得相应的节约里程数。

需求量	P_0					
1.5	8	P_1				
1.7	8	12 4	P_2			
0.9	6	13 1	4 10	P_3		
1.4	7	15 0	9 6	5 8	P_4	
2.4	10	16 2	18 0	16 0	12 5	P_5

第三步，将节约里程按从大到小顺序排列。

序号	路线	节约里程
1	$P_2 \to P_3$	10
2	$P_3 \to P_4$	8
3	$P_2 \to P_4$	6
4	$P_4 \to P_5$	5
5	$P_1 \to P_2$	4
6	$P_1 \to P_5$	2
7	$P_1 \to P_3$	1
8	$P_1 \to P_4$	0
9	$P_2 \to P_5$	0
10	$P_3 \to P_5$	0

第四步，根据载重量约束与节约里程大小，顺序连接各客户节点，形成两条配送线路。

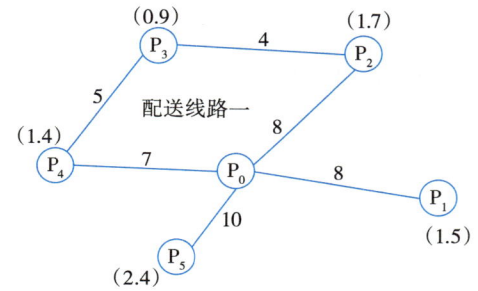

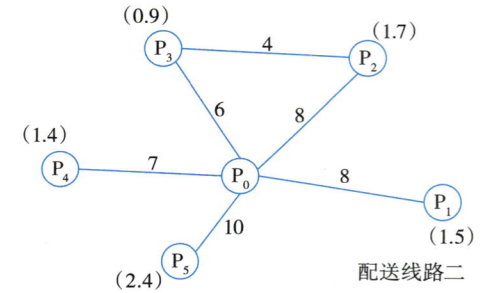

得出结果：

配送线路一：

运量 = 1.7 + 0.9 + 1.4 = 4 吨；

运行距离 = 8 + 4 + 5 + 7 = 24 千米。

用一辆 4 吨车运送，节约距离为 18 千米。

配送线路二：

运量 = 2.4 + 1.5 = 3.9 吨 < 4 吨；

运行距离 = 8 + 10 + 16 = 34 千米。

用一辆 4 吨车运送，节约距离为 2 千米。

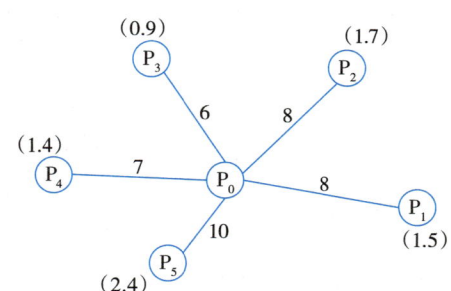

初始方案：5 条配送线路，需要 5 辆车，配送距离 = 39 × 2 = 78 千米。

优化后的方案：2 条配送路线，2 辆 4 吨车，配送距离 = 24 + 34 = 58 千米。

3.3.2 车辆调度

1. 经验调度法和运输定额比法设计车辆调度方案

某建材配送中心，某日需运输水泥 580 吨、盘条 400 吨和不定量的平板玻璃。该中心有大型车 20 辆，中型车 20 辆，小型车 30 辆。各种车每日只运输一次物资，车辆运输定额表如表 3 – 3 – 1 所示。

表 3 – 3 – 1　车辆运输定额表　　　　　　　　　　　　　　　　单位：吨/日·辆

车辆种类	运水泥	运盘条	运平板玻璃
大型车	20	17	14
中型车	18	15	12
小型车	16	13	10

根据经验调度法确定，车辆安排的顺序为大型车、中型车、小型车。货载安排的顺序为：水泥、盘条、平板玻璃。得出派车方案如表 3 – 3 – 2 所示，共完成货运量 1080 吨。

表 3 – 3 – 2　经验调度法

车辆种类	运水泥车辆数	运盘条车辆数	运平板玻璃车辆数	车辆总数
大型车	20			20
中型车	10	10		20
小型车		20	10	30
货运量（吨）	580	400	100	

车辆运输定额比经验调度法方便快捷，但是运输的货运量不一定是最大化。下面我们用车辆运输定额比的方法进行派车。根据以上车辆的运输能力，可以计算每种车运输不同货物的定额比，如表 3 – 3 – 3 所示。

表 3 – 3 – 3　车辆运输定额比法

车辆种类	运水泥/运盘条	运盘条/运平板玻璃	运水泥/运平板玻璃
大型车	1.18	1.21	1.43
中型车	1.2	1.25	1.5
小型车	1.23	1.3	1.6

其他种类的定额比都小于 1，不予考虑。在表 3 – 3 – 3 中小型车运水泥的定额比最高，因而要首先安排小型车运输水泥；其次由中型车运输盘条；剩余的由大型车完成。派车方案如表 3 – 3 – 4 所示，共完成运量 1106 吨。

表 3 – 3 – 4　定额比优化派车法

车辆种类	运水泥车辆数	运盘条车辆数	运平板玻璃车辆数	车辆总数
大型车	5	6	9	20
中型车		20		20
小型车	30			30
货运量（吨）	580	400	126	

通过比较以上两种方法，可知运输定额比法要比经验调度法多运输货物。在有多种车辆时，车辆使用的经验原则为尽可能使用能满载运输的车辆进行运输。如运输5吨的货物，安排一辆5吨载重量的车辆运输。在能够保证满载的情况下，优先使用大型车辆，且先载运大批量的货物。一般而言，大型车辆能够保证较高的运输效率和较低的运输成本。

2. 表上作业法设计车辆调度方案

表上作业法是利用商品调运平衡表和单位运价表的资料，通过位势表和检验表的运算作业，设计所要控制的最省费用的调运方案的一种方法。

利用表上作业法求解运输的最优方案，一般要经过以下三个步骤：首先，给出一个初始方案；其次，依据一个判定准则，判别其是否最优；最后，对判定不是最优的已有方案进行调整。

某种产品有三个产地，每天的产量分别是：A_1 为 7 吨，A_2 为 4 吨，A_3 为 9 吨。要将这些产品分别运往四个销售部门，各地的销售量分别是：B_1 为 3 吨，B_2 为 6 吨，B_3 为 5 吨，B_4 为 6 吨，各产销地之间每吨商品的运价如表 3-3-5 所示。在满足销售部门的需要量的情况下，试计算如何调运使总的运费支出最少。

表 3-3-5　运价表（1）

运价 销地 产地	B_1	B_2	B_3	B_4	产量
A_1	3	11	3	10	7
A_2	1	9	2	8	4
A_3	7	4	10	5	9
销量	3	6	5	6	20 / 20

解：

（1）确定初始调运方案——最小元素法

最小元素法是按运价中最小运价集依次确定产销关系，直到达到产销平衡。从表 3-3-5 中找出最小运价为 1，表示先将 A_2 生产的产品调运给 B_1。A_2 每天生产的产品全部调运给 B_1 后，还余 1 吨，因此在平衡表的（A_2，B_1）方格填上 3，表示 A_2 调运 3 吨产品给 B_1，并将运价表中 B_1 这一列划去，表示销地 B_1 已得到全部需求量，不需要继续调运。然后在运价表未划去的各运价中，再找出一个最小的数值 2。即 A_2 每天余下产品应尽量满足 B_3 的需要，A_2 只有 1 吨了，所以在平衡表（A_2，B_3）的格内填上 1，划去运价表中 A_2 这一行。按最小元素法在表上一直做下去，直到将运价表上所有行、列都划去为止，这样就在产销平衡表上得到下一个初始方案，如表 3-3-6、表 3-3-7 所示。

表 3-3-6　运价表

产地 销地	B_1	B_2	B_3	B_4
A_1	3	11	3	10
A_2	1	9	2	8

续表

销地 产地	B_1	B_2	B_3	B_4
A_3	7	4	10	5

表 3-3-7　产销平衡表初始方案

销地 产地	B_1	B_2	B_3	B_4	销量
A_1			4	3	7
A_2	3		1		4
A_3		6		3	9
产量 3	6	5	6		

根据初始方案，可以计算出调运费用 S = 3×1 + 6×4 + 4×3 + 1×2 + 3×10 + 3×5 = 86（元）。

由上述方法得出的方案是否可作为表上作业法的初始方案呢？要看是否能满足以下两项要求：

1）产销平衡表中所填数字的方格应为 (m+n-1) 个。即平衡表填有数字的方格数，应是生产地个数加上销售地个数再减去1。

这里需要说明，有可能出现以下情况：平衡表上产销各点供需量已全部达到平衡，平衡表上所有数字的方格小于 (m+n-1)。这时，我们必须在表内填个"0"，以达到所规定的条件，这个"0"同其他数字一样看待，不能视作空格。

2）找不到以有数字的格为顶点构成的闭回路。这是指在平衡表上以某一有数字的格为起点，沿水平或垂直方向前进，遇到适当的数字的格（填零的格也看作有数字的格），便转角90°继续前进，这样进行下去，最后回到原来的起始点，如果找不到这样的回路，便符合这一条件。

（2）对初始调运方案进行检验——对角线法

采用最小元素法得到的初始调运方案，是否就是最省运费的方案，还需要判别。

判别的方法，就是要求出各个空格对应的检验数。用对角线法求检验数，先依照表 3-3-7 作一个表，不过要将该表所填的调运量换成运价表中相应的运价，如表 3-3-8 所示。

表 3-3-8　运价表（2）

销地 产地	B_1	B_2	B_3	B_4
A_1			3	10
A_2	1		2	9
A_3		4		5

然后根据对角线之和相等的原则，把表中剩余的数填上。如对角线 A_1B_3、A_1B_4、A_2B_3、A_2B_4，分别对应的数字为 3、10、2、9，其中对角线 2+10=12，那么 3+9=12，所以，A_2B_4 空格即为9。以此类推，填完剩下的空格得到对角线表，如表 3-3-9 所示。为了和原有数值区别开来，可以把原来数值加上括弧。

表 3-3-9 对角线表

产地＼销地	B_1	B_2	B_3	B_4
A_1	2	9	(3)	(10)
A_2	(1)	8	(2)	(9)
A_3	-3	(4)	-2	(5)

然后用单位运价表上的运价减去表 3-3-9 中相对应的数字，便得到了各空格的检验数，如表 3-3-10 所示。检验数如果都是大于或等于零，此方案为最优；如果有负数，则需对初始方案进行调整。

表 3-3-10 检验数表

产地＼销地	B_1	B_2	B_3	B_4
A_1	1	2		
A_2			1	-1
A_3	10		12	

（3）对初始调运方案进行调整

对初始调运方案进行调整的方法是：以检验数为负值的空格为起点（如有两个以上负检验数时，选绝对值最大的空格为起点）作一条闭回路，如表 3-3-11 所示，在这个闭回路中，除起点外，其余顶点均要求由调运数量的格所组成，然后对运量作最大可能的调整。

表 3-3-11 调运方案调整表

产地＼销地	B_1	B_2	B_3	B_4	产量
A_1		4(+1)	←— 3(-1)		7
A_2	3	1(-1)	—→	(+1)	4
A_3		6		3	9
销量	3	6	5	6	

具体的做法是：将闭回路所经过的顶点，分成奇数与偶数两类（令起点为"0"，即偶次点），选奇次顶点最小的数字（本例是"1"）填入空格内，再做相应的改动以保持产销平衡，这样便得到一个新的调运方案，如表 3-3-12 所示。调整后的方案运费为 85 元。

表 3-3-12 新调运方案调整表

产地＼销地	B_1	B_2	B_3	B_4	销量
A_1			5	2	7
A_2	3			1	4
A_3		6		3	9
销量	3	6	5	6	

新得出的方案是否就是最优了呢？还需要再运用求检验数的方法进行检验。新方案的检验数没有负数，如表 3-3-13 所示，说明已是最优方案了。

表 3-3-13　检验表

销地 产地	B_1	B_2	B_3	B_4
A_1	0	2		
A_2		2		1
A_3	9		12	

这里需要说明的是，对初始方案使用闭回路法调整过程中，遇到奇次顶点有两个以上的最小数时，除一个外，其余空格要补上"0"，以保持方案仍有（m+n-1）的调运量。最后得出的最优方案不一定只有一个，而可能求出多个运费相同的最优方案，全面考虑实际情况，选择其中某一方案。

实践案例

某配送中心 P 将于 2022 年 6 月 30 日向义媛（A）、义暖（B）、义瑗（C）、义嫒（D）、义嫒（E）、义慢（F）、义暖（G）、义爱（H）、义嗳（I）、义嫒（J）和义瑗（K）11 家公司配送货物。下图中连线上的数字表示公路里程（km）。靠近各公司的数字，表示各公司对货物的需求量（t）。配送中心备有 6 吨和 5 吨载重量的汽车可供使用，且车辆一次巡回行走里程不能超过 27 千米。设送到时间均符合用户要求，试用节约里程法制订最优的配送方案。

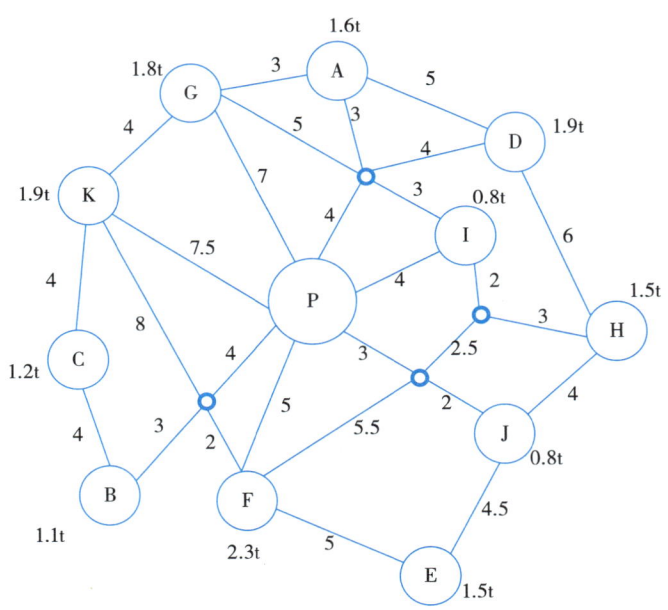

任务四　配送中心选址

学习目标

知识目标

1. 能够掌握配送中心选址时应该综合考虑的各种因素及原因。
2. 能够熟悉重心法、因素加权评分法、层次分析法的概念及原理。
3. 在掌握配送中心作业流程的基础上进行配送中心内部规划。

技能目标

1. 能够运用重心法、因素加权评分法、层次分析法对配送中心进行选址。
2. 能够进行储运单位分析，明确配送中心储运单位组合形式。
3. 能够根据配送中心作业量和物流路线，初步设计配送中心的功能区域布局。

素养目标

1. 培养节约的意识。
2. 培养精益求精的工匠精神。

引导案例

沃尔玛的配送中心

沃尔玛1945年诞生于美国。在它创立之初，由于地处偏僻小镇，几乎没有哪个分销商愿意为它送货，于是沃尔玛不得不自己向制造商订货，然后再联系货车送货，效率非常低。在这种情况下，沃尔玛的创始人山姆·沃尔顿决定建立自己的配送组织。1970年，沃尔玛的第一家配送中心在美国阿肯色州的一个小城市本顿维尔建立，这个配送中心供货给4个州的32个商场，集中处理公司所销商品的40%。

沃尔玛配送中心的运作流程是：供应商将商品的价格标签和UPC条形码（统一产品码）贴好，运到沃尔玛的配送中心；配送中心根据每个商店的需要，对商品就地筛选，重新打包，从"配区"运到"送区"。

由于沃尔玛的商店众多，每个商店的需求各不相同，这个商店也许需要这样一些种类的商品，那个商店有可能又需要另外一些种类的商品，沃尔玛的配送中心根据各个商店的需要，把产品分类放入不同的箱子当中。这样，员工就可以在传送带上取到自己所负责的商店所需的商品。那么在传送的时候，他们怎么知道应该取哪个箱子呢？传送带上有一些信号灯，有红的、绿的，还有黄的，员工可以根据信号灯的提示来确定箱子应被送往的商店。这样，所有的商店都可以在各自所属的箱子中拿到需要的商品。

在配送中心，货物成箱地被送上激光制导的传送带，在传送过程中，激光扫描货箱上的条形码，全速运行时，只见纸箱、木箱在传送带上飞驰，红色的激光四处闪射，将货物送到正确的卡车上，传送带每天能处理20万箱货物，配送的准确率超过99%。

20世纪80年代初，沃尔玛配送中心的电子数据交换系统已经逐渐成熟。到了20世纪90年代初，它购买了一颗专用卫星，用来传送公司的数据及其信息。这种以卫星技术为基础的数据交换系统的配送中心，将自己与供应商及各个店面实现了有效连接，沃尔玛总部及配送中心任何时间都可以知道，每一个商店现在有多少存货，有多少货物正在运输，有多少货物存放在配送中心等；同时还可以了解某种货品上周卖了多少，去年卖了多少，并能够预测将来能卖多少。沃尔玛的供应商也可以利用这个系统直接了解自己今天、昨天、上周、上个月甚至去年的销售情况，并根据这些信息来安排组织生产，保证产品的市场供应，同时使库存降到最低限度。

由于沃尔玛采用了这项先进技术，配送成本只占其销售额的3%，其竞争对手的配送成本则占到销售额的5%，因此，沃尔玛每年就可以比竞争对手节省下近8亿美元的商品配送成本。20世纪80年代后期，沃尔玛从下订单到货物到达各个店面需要30天，现在由于采用了这项先进技术，这个时间只需要2~3天，大大提高了物流的速度和效益。

从配送中心的设计上看，沃尔玛的每个配送中心都非常大，平均占地面积大约有11万平方米，相当于23个足球场。一个配送中心负责一定区域内多家商场的送货，从配送中心到各家商场的路程一般不会超过一天行程，以保证送货的及时性。配进中心一般不设在城市里，而是在郊区，这样有利于降低用地成本。

沃尔玛的配送中心虽然面积很大，但它只有一层，之所以这样设计，主要是考虑到货物流通的顺畅性。这种设计能让产品从一个门进，从另一个门出。如果产品不在同一层就会出现许多障碍，如电梯或其他物体的阻碍，产品流通就无法顺利进行。

沃尔玛配送中心的一端是装货月台，可供30辆卡车同时装货，另一端是卸货月台，可同时停放135辆大卡车。每个配送中心有600~800名员工，24小时连续作业；每天有160辆货车开来卸货，150辆车装好货物开出。

在沃尔玛的配送中心，大多数商品停留的时间不会超过48小时，但某些产品也有一定数量的库存，这些产品包括化妆品、软饮料、尿布等各种日用品，配送中心根据这些商品库存量的多少进行自动补货。到现在，沃尔玛在美国已有30多家配送中心，分别供货给美国18个州的3000多家商场。

沃尔玛的供应商可以把产品直接送到众多的商店中，也可以把产品集中送到配送中心，两相比较，显然将其集中送到配送中心可以使供应商节省很多钱。所以在沃尔玛销售的商品中，有87%左右是经过配送中心的，而沃尔玛的竞争对手仅能达到50%的水平。由于配送中心能使物流成本降低50%左右，使得沃尔玛能比其他零售商向顾客提供更廉价的商品，这正是沃尔玛迅速成长的关键所在。

沃尔玛公司在中国大陆设有三个大型的配送中心，分别在深圳、天津和嘉兴。深圳总仓辐射珠三角以及西南部地区；天津总仓辐射北京、天津周边以及东北地区；嘉兴总仓辐射长三角地区。沃尔玛超市建立一个配送中心，考虑的因素包括劳动条件、地理条件、气候条件、资源供应、基础设施、产品销售、生活条件、环境保护、政治文化及其他扩展条件，将配送成本及服务水平进行综合分析和考虑，再决定配送中心选在什么地方。

沃尔玛嘉兴配送中心位于浙江省嘉兴市秀洲王店镇，是沃尔玛在中国全新开设的第三个物流配送中心，并于2009年1月投入使用，它负责长三角地区甚至华南地区的物流配送，配送中心的服务范围包含了全国1/3的市场，地位举足轻重。选择嘉兴作为配送中心的主要原因如下：

1. 嘉兴相对于上海、杭州、宁波而言劳动力充足，并且劳动力的价格比较低廉。
2. 嘉兴交通便捷，铁路、公路、水路四通八达。
3. 嘉兴在以秀洲为中心的100千米半径内，制造业物流、商贸物流、社会物流等物流资源较为充足，已具备现代物流业发展的条件。
4. 沃尔玛在嘉兴投资建立配送中心时，房价相对还是比较低的，土地价格偏低，对沃尔玛选择在嘉兴建立配送中心也起到了很大的推动作用。
5. 嘉兴政府从水电、税收等多方面给予了支持。

启发与思考

1. 沃尔玛配送中心选址考虑的主要因素是什么？
2. 预测一下沃尔玛在中国的下一个配送中心会在哪里选址？

3.4.1 配送中心选址

1. 选址的含义

配送中心位置的选择，将显著影响实际运营的效率与成本，以及日后仓储规模的扩充与发展。因此，企业在决定配送中心设施的位置方案时，必须谨慎参考相关因素，并按适当步骤进行。

配送中心选址包括两方面的含义，即地理区域的选择和具体地址的选择。

配送中心的选址首先要选择合适的地理区域。对各地理区域进行审慎评估，选择一个适当范围作为考虑的区域，如华东区、华北区等，同时还需结合配送中心的物品特性、服务范围及企业的运营策略而定。

配送中心的地理区域确定后，还需确定具体的建设地点，如果是制造商型的配送中心，应以接近上游生产厂或进口港为宜；如果是日常消费品的配送，则宜接近居民生活社区。一般应以进货与出货产品类型特征及交通运输的复杂度，来选择靠近上游或下游的位置。

2. 选址问题的理解

某个配送系统可能需要建造一个配送中心，也可能需要建造两个以上的配送中心。当配送系统需要多个配送中心时，就必须同时对配送中心的数量、位置、规模、服务范围等进行决策。配送中心选址决策的结果实际上是确定了配送系统的网络结构，如图3-4-1、图3-4-2所示。

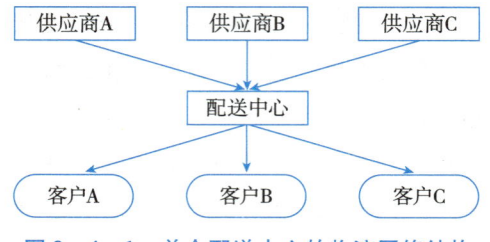

图3-4-1 单个配送中心的物流网络结构

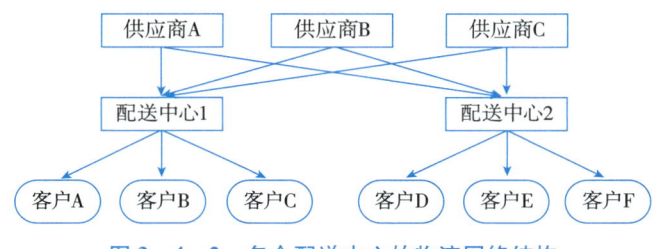

图 3-4-2　多个配送中心的物流网络结构

3. 影响选址的主要因素

配送中心选址时应该综合考虑各种因素，包括客户分布、供应商分布、交通条件、土地条件、自然条件、人力资源条件、政策环境条件等。

（1）客户分布

配送中心选址时首先要考虑所服务客户的分布。对于零售商型配送中心，其主要客户是超市和零售店，这些客户大部分在人口密集的地方，为了提高服务水准及降低配送成本，配送中心多建在城市边缘接近客户分布的地区。

（2）供应商分布

配送中心选址时要考虑供应商的分布地区。因为配送中心的货品全部是由供应商所供应的，配送中心越接近供应商，则其货品的安全库存可控制在越低的水平上。但是若配送中心的进货输送成本是由供应商负担的，可不重视此因素。

（3）交通条件

交通条件是影响物流配送成本及效率的重要因素之一，交通运输的不便将直接影响车辆配送运输的进行。因此必须考虑对外交通的运输通路，以及未来交通与邻近地区的发展状况等因素。地址宜紧邻重要的运输线路，以方便配送运输作业的进行。考核交通方便程度的条件有高速公路、国道、铁路、快速道路、港口、交通限制规定等因素。配送中心应尽量选择建在交通方便的高速公路、国道及快速道路附近的地方，如果以铁路及轮船来承运，则要考虑靠近火车编组站、港口等。

（4）土地条件

考虑土地与地形的限制。对于土地的使用，必须符合相关法规及城市规划的要求，尽量选在物流园区或经济开发区。建设用地的形状、长宽、面积与未来扩充的可能性，则与规划内容有密切的关系。因此在选择地址时，需参考规划方案中仓库的设计内容，在无法完全配合的情形下，必要时需修改规划方案的内容。另外，还要考虑土地大小与地价，在考虑现有地价及未来增值的状况下，配合未来可能扩充的需求程度，决定最合适的面积大小。

（5）自然条件

在物流用地的评估中，自然条件也必须考虑，事先了解当地自然环境是否有助于降低风险。例如，在自然环境中，有湿度、盐分、降雨量、台风、地震、河川等自然现象，有的地方湿度比较高，有的地方湿度比较低，有的地方靠近海边盐分比较高，这些都会影响货品的储存品质，尤其是服饰产品或3C数码产品等对湿度及盐分都非常敏感。此外，强降雨、台风及地震等自然灾害对于配送中心的影响也非常大，必须特别留意并且避免被损害。

(6) 人力资源条件

在仓储配送作业中，最主要的资源需求为人力资源。由于一般物流作业仍属于劳动密集型的作业形态，配送中心内部必须要有足够的作业人力，因此在决定配送中心位置时必须考虑劳工来源、技术水准、工作习惯、工资水准等因素。人力资源的评估条件有附近人口数、交通状况、薪资水平等。如果配送中心的选址位置附近人口不多且交通又不方便时，则基层的作业人员不容易招聘；如果附近地区的薪资水平太高，也会影响基层的作业人员的招聘。因此，必须进行该地区的人口数、交通状况及薪资水平调查。

(7) 政策环境条件

政策环境条件也是配送中心选址评估的重点之一，尤其是现在物流用地的取得变得更加困难，如果有政府政策的支持，则更有助于物流业的发展。政策环境条件包括企业优惠措施（土地提供、减税）、城市规划（土地开发、道路建设计划）、地区产业政策等。许多交通枢纽城市（如深圳、武汉等地）都在规划设置现代物流园区，其中除了提供物流用地外，也有关于税负方面的减免，有助于降低物流企业的营运成本。

4. 选址的步骤

配送中心选址决策通常包括几个层次的筛选，是一个逐步缩小范围且具体化的选择过程。

(1) 选址约束条件分析

约束条件是指系统或系统环境中那些由于种种原因而不能改变的因素。从某种意义上来说，每增加一个约束条件都能简化决策过程，因为它减少了需要进行分析的可供选择方案的数目。

配送中心选址决策常见的约束条件有以下 6 种：

1) 资金。资金将会影响区位因素，因为不同位置的土地价格差异非常大。

2) 能够到达客户的运输方式，所以选址决策必须在运输能力范围内进行。如对大多数客户而言，公路是唯一能到达的运输方式，则配送中心位置必须在公路交通枢纽或运输干线附近。

3) 能源条件。供水、供电等能源系统是配送中心赖以生存的基础，将限制配送中心的选址范围。

4) 政府对土地用途的规划。地方政府对使用不同区块的土地有着各种不同的限制，配送中心只允许被建在政府指定的区域范围内。

5) 经济政策。税收、关税等与配送中心选址直接相关，配送中心选址应寻求较宽松的环境。

6) 竞争对手。竞争对手的分布将影响配送中心的选址，配送企业必须根据自身的产品或服务特征来决定配送中心是靠近竞争对手还是远离竞争对手。

(2) 定性分析

对上述各约束条件进行充分的分析后，就可以对初始候选地址进行筛选，初步确定选址范围。

(3) 收集整理资料

确定配送中心的位置需要对相关的影响因素进行定量、定性分析。为此，在确定配送中心位置前需要收集大量的相关数据、资料作为选址的依据。收集内容主要包括：客户分布、客户生产经营状况、产品特征、物流量、交通状况、运输费率、运输批量、土地价格、配送中心的建设成本、客户对运输的时效性要求等。

(4) 定量分析

随着应用数学和计算机的普及，数学方法被广泛地应用于解决设施选址问题。在具体的选址过程中，需要根据掌握的情况、选址要求等，针对不同情况选用一个或多个具体模型进行定量分析，如重心法模型、混合整数线性规划模型等。

(5) 结果评价

结合市场适应性、购置土地的条件、服务质量等，对定量分析的选址结果进行评价，确定其是否具有现实意义及可行性。

(6) 确定选址结果

以定量分析结果为基础，根据实际情况及未来发展趋势，对所得到的模型最优解及可行解进行多方面的综合评价，最终确定一个合理的、满意的解，作为选址方案的最终结果。需要注意，模型最优解不一定是选址最终结果。

5. 选址的方法

选址的方法包括定性分析法和定量分析法。定性分析法主要是根据选址影响因素和选址原则，依靠专家或管理人员丰富的经验、知识及其综合分析能力，确定配送中心的具体选址，如优缺点比较法、德尔菲分析模型法等。定性分析法的优点是注重历史经验，简单易行；其缺点是容易犯经验主义和主观主义的错误，并且当可选地点较多时，不易做出理想的决策，导致决策的可靠性不高。定量分析法主要有重心法、因素加权评分法、层次分析法、混合0－1整数规划法、遗传算法等。定量分析法选址的优点是可以求出比较准确可信的解（选址点坐标），并通过对解的评价来辅助我们进行最终的选择。

(1) 重心法

重心法是研究固定设施选址常用的方法，它是一种以微积分为基础的模型，用来找出起讫点之间使运输成本最小的中介设施的位置。重心法是将物流系统的需求点看成是分布在某一平面范围内的物体系统，将各点的需求量和资源量分别看成是物体的重量，物体系统的重心将作为物流网点的最佳设置点，利用确定物体重心的方法来确定物流网点的位置。具体过程如下。

设在某计划区域内，有 N 个资源点和需求点，各点的资源量或需求量为 $W_j\ (j=1,2,\cdots,n)$，它们各自的坐标是 $(x_j,y_j)\ (j=1,2,\cdots,n)$。资源量或需求量网络如图 3-4-3 所示。

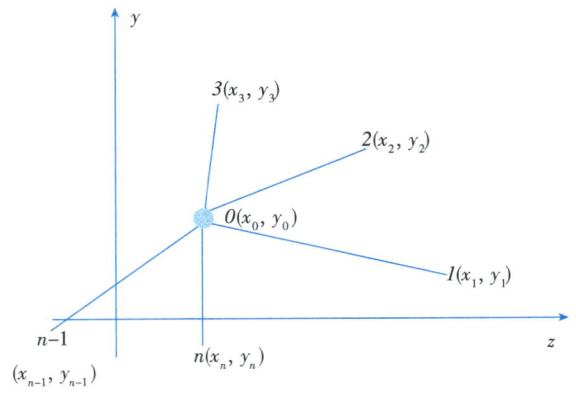

图 3-4-3　资源量或需求量网络

在计划区域内准备设置一个配送中心，设该配送中心的坐标为 (x, y)，配送中心至资源点或需求点的运费率为 C_j。根据求平面中物体重心的方法，可以得到：

$$\begin{cases} \bar{x} = \sum_{j=1}^{n} C_j W_j X_j / \sum_{j=1}^{n} C_j W_j \\ \bar{y} = \sum_{j=1}^{n} C_j W_j Y_j / \sum_{j=1}^{n} C_j W_j \end{cases} \quad (3-4-1)$$

代入数值，实际求得 $(\bar{x}, \bar{y})$ 的值，即为配送网点位置的坐标。

必须指出的是，通过上述方法求得的配送中心坐标还不是最优的，因为它没有考虑设置一个配送中心后现有资源点和需求点之间将不再直接联系而要通过该配送中心中转，运输距离将发生变化，从而运输成本也将发生变化。所以必须将以上方法加以优化。

假设配送中心的地理坐标是 (x_0, y_0)，配送中心到资源点或者需求点的发送费用为 C_j，总的发送费用为 D，则有：

$$D = \sum_{j=1}^{n} C_j \quad (3-4-2)$$

而 C_j 又可以表示为：

$$C_j = r_j W_j d_j \quad (3-4-3)$$

式（3-4-3）中：r_j 表示从配送中心到资源点或者需求点的发送费率（即单位吨公里的发送费）；W_j 表示资源点的供应量或者需求点的发送量；d_j 表示从配送中心到资源点或者需求点的直线距离。

其中，d_j 也可以写成如下形式：

$$d_j = [(x_0 - x_j)^2 - (y_0 - y_j)^2]^{1/2} \quad (3-4-4)$$

把式（3-4-4）代入式（3-4-3），得到：

$$D = \sum_{j=1}^{n} r_j W_j d_j \quad (3-4-5)$$

由式（3-4-5）和式（3-4-2）可以求得使 D 为最小的 (x_0, y_0)。解决问题的方法是根据 x_0 和 y_0 的一阶偏导数为零的原理求解的，计算公式如下：

$$\frac{\partial D}{\partial x_0} = \sum_{j=1}^{n} r_j W_j (x_0 - x_j) / d_j = 0 \quad (3-4-6)$$

$$\frac{\partial D}{\partial y_0} = \sum_{j=1}^{n} r_j W_j (y_0 - y_j) / d_j = 0 \quad (3-4-7)$$

由式（3-4-6）和式（3-4-7）可以求得最适合的 D 和 (x_0, y_0)，即：

$$x_0 = \frac{\sum_{j=1}^{n} r_j W_j x_j / d_j}{\sum_{j=1}^{n} r_j W_j / d_j} \quad (3-4-8)$$

$$y_0 = \frac{\sum_{j=1}^{n} r_j W_j y_j / d_j}{\sum_{j=1}^{n} r_j W_j / d_j} \quad (3-4-9)$$

方程式的求解方法：

式（3-4-8）和式（3-4-9）的右边还含有未知数（x_0, y_0），如果从两个公式的右边完全消除 x_0 和 y_0，计算将会很复杂，计算量也很大。因此，可以采用迭代的方法进行计算。用迭代方法计算的步骤如下：

1）给出配送中心的初始位置坐标（x_0^0, y_0^0），可用重心公式计算得出的结果作为初始解代入；

2）利用式（3-4-2）和式（3-4-3）计算与（x_0^0, y_0^0）相应的总的运输发送费用 D^0；

3）把（x_0^0, y_0^0）分别代入式（3-4-2）、式（3-4-6）和式（3-4-7）中，计算配送中心的改善地点（x_0^1, y_0^1）；

4）利用式（3-4-2）和式（3-4-3）计算相对应的总的运输发送费用 D^1；

5）比较 D^1 和 D^0，如果 $D^1 \geq D^0$，则说明（x_0^1, y_0^1）就是最优化解。如果 $D^1 < D^0$，则说明计算结果得到改善，并且有待更进一步优化，于是返回第三步做进一步的计算，再把（x_0^1, y_0^1）代入式（3-4-2）、式（3-4-6）和式（3-4-7）中，计算配送中心的再改善地点（x_0^2, y_0^2）。

这样反复计算下去，直到 $D^{n+1} \geq D^n$，求得最优化解（x_0^n, y_0^n）为止。

上述研究表明，用迭代方法进行物流中心选择的关键是给出物流中心的初始位置，本节中将各个资源供应点或者需求点的地理重心作为初始地点；在实际应用中，也可以选用任意初始地点的方法；还可以根据各供应点或者需求点的位置和物资的需求、供应量的分布状况选取初始地点。初始地点的确定方法是可以完全不同的，没有一般的确定初始地点的统一规则，但根据地理位置中心来确定初始地点的方法还是比较可取的，它可以减少计算量，降低盲目性。

案例：迭代法选址模型的应用

表 3-4-1 中，有四个零售点的坐标和物资需要量。

表 3-4-1 四个零售点的数据

零售点	物资需求量 W_j（吨）	运输费率 r_j	坐标	
			x_j	y_j
1	2	5	2	2
2	3	5	11	3
3	2.5	5	10	8
4	1	5	4	9

第一步，按照各零售点销售货物的重量，求四个零售点所构成的四边形的重心，重心的坐标（$\bar{x}$, $\bar{y}$）可以用下面的方程式求得：

$$\bar{x} = \sum_j r_j W_j x_j / \sum_j r_j W_j \qquad (3-4-10)$$

$$\bar{y} = \sum_j r_j W_j y_j / \sum_j r_j W_j \qquad (3-4-11)$$

在此例中，假设 r_j 是相同的，所以在式（3-4-10）和式（3-4-11）中可以消除 r_j。用表 3-4-1 中的数据求（$\bar{x}$, $\bar{y}$）可得：

$$\bar{x} = \frac{2 \times 2 + 3 \times 11 + 2.5 \times 10 + 1 \times 4}{2 + 3 + 2.5 + 1} \approx 7.8$$

$$\bar{y} = \frac{2 \times 2 + 3 \times 3 + 2.5 \times 8 + 1 \times 9}{2 + 3 + 2.5 + 1} \approx 4.9$$

故四个零售点的重心是（7.8，4.9）。然后再把这个坐标作为初始地点 (x_0^0, y_0^0)，用迭代法来改善它，使总的发送费用最小。

第二步求 D^0。首先根据式（3-4-4）计算，得到：

$$d_1 = [(7.8-2)^2 + (4.9-2)^2]^{1/2} = 6.5$$
$$d_2 = [(7.8-11)^2 + (4.9-3)^2]^{1/2} = 3.7$$
$$d_3 = [(7.8-10)^2 + (4.9-8)^2]^{1/2} = 3.8$$
$$d_4 = [(7.8-4)^2 + (4.9-9)^2]^{1/2} = 5.6$$

其次由式（3-4-2）计算，得到：

$$D^0 = (2 \times 6.5 + 3 \times 3.7 + 2.5 \times 3.8 + 1 \times 5.6) \times 5 = 196$$

第三步求 (x_0^1, y_0^1)，得到：

$$x_0^1 = \frac{2 \times 2/6.5 + 3 \times 11/3.7 + 2.5 \times 10/3.8 + 1 \times 4/5.6}{2/6.5 + 3/3.7 + 2.5/3.8 + 1/5.6} = 8.6$$

$$y_0^1 = \frac{2 \times 2/6.5 + 3 \times 3/3.7 + 2.5 \times 8/3.8 + 1 \times 9/5.6}{2/6.5 + 3/3.7 + 2.5/3.8 + 1/5.6} = 5.1$$

第四步，用改善的地点（8.6，5.1）计算各 d_j 和 D^1：

$$d_1 = [(8.6-2)^2 + (5.1-2)^2]^{1/2} = 7.3$$
$$d_2 = [(8.6-11)^2 + (5.1-3)^2]^{1/2} = 3.2$$
$$d_3 = [(8.6-10)^2 + (5.1-8)^2]^{1/2} = 3.2$$
$$d_4 = [(8.6-4)^2 + (5.1-9)^2]^{1/2} = 6$$

因为 $D^1 = 191 < D^0 = 196$，所以应返回步骤三，计算 (x_0^2, y_0^2)：

$$x_0^2 = \frac{2 \times 2/7.3 + 3 \times 11/3.2 + 2.5 \times 10/3.2 + 1 \times 4/6}{2/7.3 + 3/3.2 + 2.5/3.2 + 1/6} = 9.0$$

$$y_0^2 = \frac{2 \times 2/7.3 + 3 \times 3/3.2 + 2.5 \times 8/3.2 + 1 \times 9/6}{2/7.3 + 3/3.2 + 2.5/3.2 + 1/6} = 5.1$$

第五步，用改善的地点（9.0，5.1）计算各 d_j 和 D^2：

$$d_1 = [(9-2)^2 + (5.1-2)^2]^{1/2} = 7.7$$
$$d_2 = [(9-11)^2 + (5.1-3)^2]^{1/2} = 3.0$$
$$d_3 = [(9-10)^2 + (5.1-8)^2]^{1/2} = 3.0$$
$$d_4 = [(9-4)^2 + (5.1-9)^2]^{1/2} = 6.3$$

现有 $D^2 = 191 = D^1$。由于这个计算是取小数点后一位小数，所以 D^1 和 D^2 的比较不太严密，但是，可以知道 (x_0^1, y_0^1) 已经接近于最优化解。现在把这个迭代步骤归纳为表 3-4-2，最后所求得的最佳地点是（8.6，5.1）。

表 3-4-2 迭代计算的结果

计算次数	配送中心的选定地点	总运输发送费
0	(7.8，4.9)	196

续表

计算次数	配送中心的选定地点	总运输发送费
1	(8.6，5.1)	191
2	(9.0，5.1)	191

关于重心法，尽管理论上能够求得比较精确的最优化结果，但是在现实的工作中，却不一定容易实现。首先，在精确的最优化解的位置上，由于其他因素的影响，决策者考虑其他因素后，有时不得不放弃这一最优化解的结果，而去选择现实中满意的其他方案。其次，在该模型中用坐标来表示距离，这样就把运输费用看成是两点间直线距离的函数，这一点与实际是不相符的，虽然可通过在距离计算公式中增加一个调整系数来加以修正，但系数的合理选取还是有一定的难度。最后，当供给点和需求点同在一个系统中时，求得的"重心"最优性是在供给点必须通过该"重心"再到达需求点的前提下取得的，而事实上，这个前提并不是真正必需的，在很多情况下，由于明显的不合理性，因而会对结果进行调整，调整的结果难以保证其最优性。

（2）因素加权评分法

特点：把提供比较的各项因素进行加权综合比较，充分考虑各种因素对方案的影响程度。

关键：要选择好比较的因素，合理的确定各因素的权数，客观地对每个方案的各个因素打分。

适用范围：若在选址中对影响选址的非经济因素进行量化分析评价，一般采用加权评分法。

加权评分法选址步骤如下：

1）确定影响因素，给定权重。

①确定涉及选址的非经济因素。

②比较各因素的相对重要性，确定最重要因素权重为10。

③给定其他因素的权重，0~9层级因素。

2）按等级评分。

①评分等级及分值表。

②用等级或分值定量表示该因素对方案的满足程度。

3）计算各方案得分。

①将某因素的权重乘以其对应选址方案该等级分数。

②求出各方案的评价等级加权和。

4）得出最佳方案。

分数最高的方案即为最佳选址方案。

某大型油漆生产厂的各类油漆涂料产品，都是经由经销商渠道销售的。目前油漆生产厂管理层决定要自建一批油漆店网点，用以扩大本厂油漆产品的销售量。油漆店网点的选址布局要考虑物流成本节约问题。现在要对某地区的油漆店选址点进行决策，有两个备选地址方案，那么油漆生产厂该如何选择呢？

①确定选址问题的评价因素，并确定各评价因素的相对权重。

生产厂管理者先咨询外部专家，共同讨论确定该选址问题的评价因素，清单为接近竞争性商店、场地租金、停车场地、店面现代化程度、顾客可达性、地方税、社区服务、接近交通干线等八个因素。

对于油漆店选址问题来说，这八个因素的重要性（地位和作用）是不一样的。重要程度用权重值来表示，相对重要的因素，我们赋予它的权重值相对就高一些，相对不重要的，我们赋予它的权重值就低一些。设定权重值（W）为1到10，10表示最重要，1表示最不重要。在咨询专家的帮助下，生产厂最终确定这八个因素的权重值分别为8、5、8、6、9、3、3、8。

②结合备选方案，建立因素加权矩阵评价表。

因素加权矩阵评价表的结构见表3-4-3，表中间的数字为第 i 个备选方案 A_i 关于评价因素 X_j 的评价值。这样加权矩阵评价表的元素就由备选方案、评价因素、评价因素的权重、各备选方案在各评价因素下的评价值组成。

表3-4-3　油漆店选址问题的因素加权矩阵评价表

评价因素 权重 备选点	接近竞争性 商店 W=8	场地租金 W=5	停车场地 W=8	店面 现代化程度 W=6	顾客可达性 W=9	地方税 W=3	社区服务 W=3	接近交通 干线 W=9
选址点 A_1	5	3	10	9	8	2	4	7
选址点 A_2	7	4	8	5	4	4	6	2

③对各备选方案在各评价因素下逐一评价，将评价值（得分）填入表中。

在咨询专家的帮助下，对各备选方案在各因素下逐一进行1~10的打分，将得分结果填入表中，10代表某一方案在某一评价因素下最理想的状态，数字越小说明此方案越不理想，如在接近竞争性商店因素的影响下，选址点 A_1 得5分，选址点 A_2 得7分，说明地点 A_2 比地点 A_1 要理想；而在接近交通干线因素的影响下，地点 A_1 得7分，地点 A_2 得2分，说明地点 A_1 要比地点 A_2 理想得多。

④计算各备选方案的综合评价值（总得分）。

各评价因素下的评价值的加权和，即为综合评价值。据此计算各备选方案的综合评价值。其中，综合评价值最大的备选方案即为最优方案。各因素的权重乘以各因素下选址点的得分后加总就得到该选址点的总得分。选址时将优先考虑得分值高的地点，再考虑得分值低的地点。

选址点 A_1 的总得分：$8×5+5×3+8×10+6×9+9×8+3×2+3×4+8×7=335$（分）。

选址点 A_2 的总得分：$8×7+5×4+8×8+6×5+9×4+3×4+3×6+8×2=252$（分）。

335＞252，所以该油漆生产厂应首先考虑在选址点 A_1 建油漆店，其次考虑选址点 A_2。

需要特别注意的是，对不同地点打分时态度要保持一致，这样才可以对总得分进行合理比较。

（3）层次分析法

层次分析法（Analytic Hierarchy Process，AHP）是一种实用的多因素决策方法。该方法以其定性与定量相结合处理各种决策因素的特点，以及系统、灵活、简洁的优点，迅速在社会、经济等领域中得到广泛应用。AHP的思想是首先通过建立清晰的层次结构来分解复杂问题，其次引入测度理论，通过两两比较，用相对标度将人的判断标量化，并逐层建立判断矩阵，再次求解各判断矩阵的权重，最后计算方案的综合权重并排序。随着AHP的广泛应用，人们针对其不足进行了改进。

由于信息不完备，在实际两两比较中往往会出现不确定的主观判断。对不确定性的判断用点值来表述显然是不合适的，这时可以采用模糊数来描述，也可以采用区间数来表示。于是出现了模糊AHP（Fuzzy AHP）和区间AHP（Intenal AHP）。区间AHP为处理判断的不确定性，将传统AHP与区间数学结合，用区间数替代点值，建立区间数构成的判断矩阵。当区间数的上界和下界相等时，区间数将退化为点值。模糊 AHP 将传统的 AHP 与模糊数学相结合，使用模糊数代替点值构成判断矩阵，然后求解权重向量，通过模糊数矩阵和向量计算得到模糊数综合权重，最后对其排序。该方法能有效表达判断的不确定性，模型建立和求解也较简便。传统 AHP 可看作模糊 AHP 的一种特例。

在采用 AHP 法解决复杂的决策问题时，由单个专家的判断来建立判断矩阵往往带有一定片面性，为实现决策的科学与民主，可由多个专家来参与两两比较，于是发展出了群体 AHP（Group AHP），可与区间 AHP 和模糊 AHP 结合使用。

1）层次分析法的基本原理和步骤

人们在进行社会的、经济的以及科学管理领域问题的系统分析时，面临的常常是一个由相互关联、相互制约的众多因素构成的复杂的、往往缺少定量数据的系统。层次分析法为这类问题的决策和排序提供了一种新的、简洁而实用的建模方法。

运用层次分析法建模，大体上可按下面四个步骤进行：

①建立递阶层次结构模型；

②构造出各层次中的所有判断矩阵；

③层次单排序及一致性检验；

④层次总排序及一致性检验。

2）递阶层次结构的建立与特点

应用 AHP 分析决策问题时，首先要把问题条理化、层次化，构造出一个有层次的结构模型。在这个模型下，复杂问题被分解为元素的组成部分。这些元素又按其属性及关系形成若干层次。上一层次的元素作为准则对下一层次有关元素起支配作用。这些层次可以分为三类（如图 3-4-4 所示）：

①最高层。这一层次中只有一个元素，一般它是分析问题的预定目标或理想结果，因此也称为目标层。

②中间层。这一层次中包含了为实现目标所涉及的中间环节，它可以由若干个层次组成，包括所需考虑的准则、子准则，因此也称为准则层。

③最底层。这一层次包括了为实现目标可供选择的各种措施、决策方案等，因此也称为措施层或方案层。

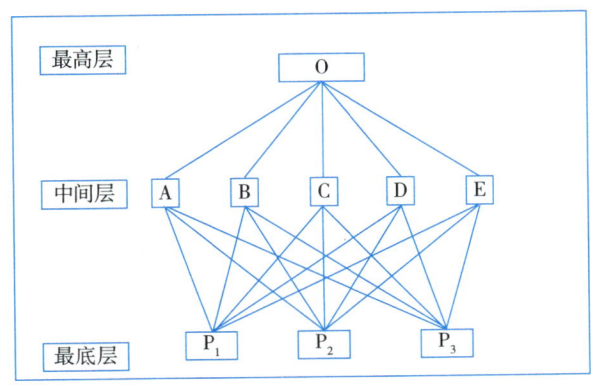

图 3-4-4 层次分析法结构

递阶层次结构中的层次数与问题的复杂程度及需要分析的详尽程度有关，一般层次数不受限制。每一层次中各元素所支配的元素一般不要超过9个。这是因为支配的元素过多会给两两比较判断带来困难。

上海华安集装箱储运有限公司主要经营范围：承办国际海运（危险品/特种箱）、空运进出口货物（私人物品）的国际运输代理业务，包括揽货、订舱、仓储、中转集装箱、拼装拆箱、结算运杂费、报关报检、保险及相关的短途运输服务及咨询业务。

华安储运与各大船运公司、航空公司有着密切的联系并建立了良好的合作关系，经营航线覆盖欧洲、地中海、中东印巴、中南美、加勒比海、红海、非洲及南太平洋诸岛等。

华安储运计划近年在几个港口城市建立一个大规模的物流配送中心，这几个港口城市分别是中国天津、中国宁波、阿联酋迪拜和尼日利亚阿帕帕。下文将用层次分析法来对这4个候选地做一个选择，这4个候选地分别用A、B、C、D来表示。

3.4.2　层次分析法在华安储运集团物流中心选址的应用步骤

在物流系统中，物流中心或配送中心、仓库等设施设置地点的选择是物流系统优化的一个具有战略意义的问题，其中物流中心的位置显得更加重要。物流中心是连接上游和下游的纽带，起着承上启下的作用。合理选址可以有效节省费用，促进生产和消费两种流量的协调与配合，保证物流系统的平稳发展。

物流中心的选址是一项复杂的工作，但如果我们按照图3-4-5的思路，将会大大减少一些不必要的工作，提高工作的效率和准确性。

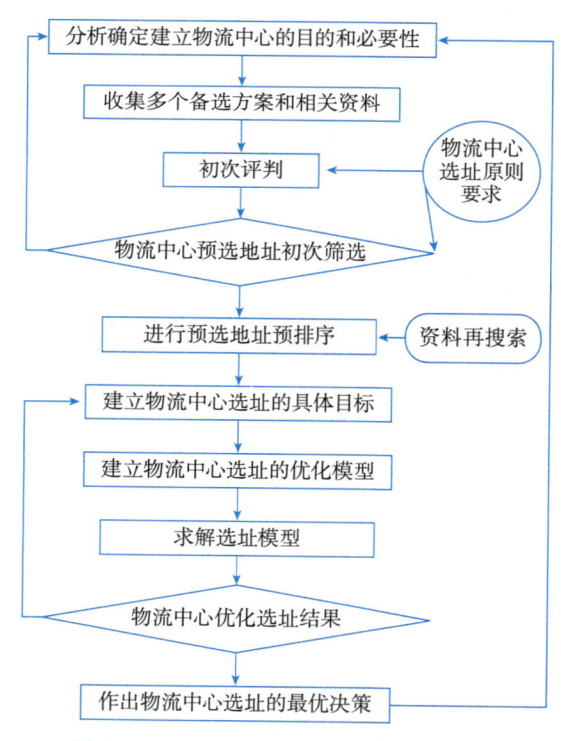

图3-4-5　物流中心选址综合评价思路

3.4.3 物流中心选址决策过程

华安储运集团要建造大型物流配送中心，要在中国天津、中国宁波、阿联酋迪拜和尼日利亚阿帕帕4个基本符合其要求的候选地点中进一步选择各项指标最好的一个作为物流配送中心建设地点，因此需要对这4个候选地的各项因素进行综合评价。邀请专家组成委员会对初步筛选得出的4个候选地（A，B，C，D）的各项因素进行评价，评判标准如下：

①自然环境因素：越好则越有利于建造物流中心；
②经营环境因素：越好则越有利于建造物流中心；
③基础设施情况：越好则越有利于建造物流中心；
④其他因素：越好则越有利于建造物流中心。

利用层次分析法进行分析，求出A、B、C、D 4个候选地适合程度的排序情况。在这里，A、B、C、D是我们要分析的决策变量，特别地，专家分析的自然环境因素和经营环境因素次层的变量重要程度相等，也就是说，两两之比都为1。为此，我们应把基础设施情况和其他因素的次层因素纳入分析范围，指标体系如图3-4-6所示。

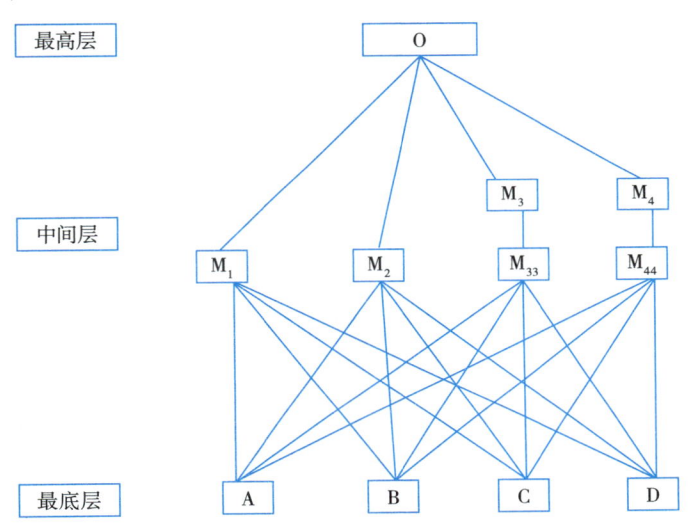

图3-4-6 物流选址指标体系

3.4.4 构造判断矩阵

判断矩阵的确定是层次分析法的关键问题，根据既有项目的研究成果，结合专家的意见，从而确定了判断矩阵的各项数据。

第一层判断矩阵 S_0。S_0 是相对最高层的次层中间层判断矩阵，M_{ij} 是 M_i 相对 M_j 的重要程度值。

$$S_0 = \begin{bmatrix} 1.00 & 0.67 & 1.20 & 1.20 \\ 1.50 & 1.00 & 1.13 & 0.67 \\ 0.83 & 0.89 & 1.00 & 1.60 \\ 0.83 & 1.50 & 0.63 & 1.00 \end{bmatrix}$$

中间层判断矩阵 S_M。S_M 是基础设施情况和其他因素的指标重要程度比较结果得到的判断矩阵：

$$S_{33} = \begin{bmatrix} 1 & 2 \\ 1/2 & 1 \end{bmatrix} \quad S_{44} = \begin{bmatrix} 1 & 3 \\ 1/3 & 1 \end{bmatrix}$$

S_M（$M=1,2,3,4,5,6$）即是分别相对中间层的 6 个次级判断矩阵，F_{ij} 是 F_i 相对 F_j 的重要程度值。

自然环境因素有关指标的比较结果：

$$S_1 = \begin{bmatrix} 1 & 7/4 & 7/9 & 7/2 \\ 4/7 & 1 & 4/9 & 2 \\ 9/7 & 9/4 & 1 & 9/2 \\ 2/7 & 1/2 & 2/9 & 1 \end{bmatrix}$$

经营环境因素有关指标的比较结果：

$$S_2 = \begin{bmatrix} 1 & 1/4 & 5/4 & 1/10 \\ 4 & 1 & 5 & 3/8 \\ 4/5 & 1/5 & 1 & 1/12 \\ 10 & 8/3 & 12 & 1 \end{bmatrix}$$

交通条件有关指标的比较结果：

$$S_3 = \begin{bmatrix} 1 & 6/5 & 7/5 & 2/15 \\ 5/6 & 1 & 9/8 & 1/9 \\ 7/5 & 8/9 & 1 & 1/10 \\ 15/2 & 9 & 10 & 1 \end{bmatrix}$$

公共设施状况有关指标的比较结果：

$$S_4 = \begin{bmatrix} 1 & 5/3 & 7/5 & 2 \\ 3/5 & 1 & 1/2 & 1/5 \\ 5/7 & 2 & 1 & 5/13 \\ 3 & 5 & 13/5 & 1 \end{bmatrix}$$

国土资源利用情况有关指标的比较结果：

$$S_5 = \begin{bmatrix} 1 & 6/5 & 2/3 & 2 \\ 5/6 & 1 & 5/9 & 5/4 \\ 3/2 & 9/5 & 1 & 9/4 \\ 2/3 & 4/5 & 4/9 & 1 \end{bmatrix}$$

环境保护要求有关指标的比较结果：

$$S_6 = \begin{bmatrix} 1 & 2 & 1/2 & 2 \\ 1/2 & 1 & 1/4 & 5/6 \\ 2 & 4 & 1 & 10/3 \\ 3/5 & 6/5 & 3/10 & 1 \end{bmatrix}$$

3.4.5 权重的确定

对于判断矩阵 S_0，算出每一行的几何平均数和权重系数，如表3-4-4所示。

表3-4-4 矩阵 S_0 每一行的几何平均数和权重系数

	自然环境因素	经营环境因素	基础设施情况	其他因素	几何平均数	系数
自然环境因素	1.00	0.67	1.20	1.20	0.991	0.24
经营环境因素	1.50	1.00	1.13	0.67	1.136	0.28
基础设施情况	0.83	0.89	1.00	1.60	1.043	0.25
其他因素	0.83	1.5	0.63	1.00	0.941	0.23

对于判断矩阵 S_{33}，算出每一行的几何平均数和权重系数，如表3-4-5所示。

表3-4-5 矩阵 S_{33} 每一行的几何平均数和权重系数

	交通条件	公共设施	几何平均数	系数
交通条件	1	2	1.41	0.67
公共设施	1/2	1	0.71	0.33

对于判断矩阵 S_{44}，算出每一行的几何平均数和权重系数，如表3-4-6所示。

表3-4-6 矩阵 S_{44} 每一行的几何平均数和权重系数

	国土资源	环境保护	几何平均数	系数
国土资源	1	3	1.73	0.75
环境保护	1/3	1	1.58	0.25

对于自然环境因素有关指标对应的判断矩阵 S_1，算出每一行的几何平均数和权重系数，如表3-4-7所示。

表3-4-7 矩阵 S_1 每一行的几何平均数和权重系数

	A	B	C	D	几何平均数	系数
A	1	7/4	7/9	7/2	1.48	0.32
B	4/7	1	4/9	2	0.84	0.18
C	9/7	9/4	1	9/2	1.90	0.41
D	2/7	1/2	2/9	1	0.42	0.09

对于经营环境因素有关指标对应的判断矩阵 S_2，算出每一行的几何平均数和权重系数，如表3-4-8所示。

表3-4-8 矩阵 S_2 每一行的几何平均数和权重系数

	A	B	C	D	几何平均数	系数
A	1	1/4	5/4	1/10	0.41	0.06
B	4	1	5	3/8	1.66	0.24
C	4/5	1/5	1	1/12	0.33	0.05
D	10	8/3	12	1	4.4	0.65

对于交通条件有关指标对应的判断矩阵 S_3，算出每一行的几何平均数和权重系数，如

表 3-4-9 所示。

表 3-4-9　矩阵 S_3 每一行的几何平均数和权重系数

	A	B	C	D	几何平均数	系数
A	1	6/5	7/5	2/15	0.40	0.06
B	5/6	1	9/8	1/9	0.58	0.09
C	7/5	8/9	1	1/10	0.50	0.07
D	15/2	9	10	1	5.16	0.78

对于公共设施状况有关指标对应的判断矩阵 S_4，算出每一行的几何平均数和权重系数，如表 3-4-10 所示。

表 3-4-10　矩阵 S_4 每一行的几何平均数和权重系数

	A	B	C	D	几何平均数	系数
A	1	5/3	7/5	1/3	0.50	0.11
B	3/5	1	1/2	1/5	0.50	0.11
C	5/7	2	1	5/13	0.96	0.22
D	3	5	13/5	1	2.50	0.56

对于国土资源利用情况有关指标对应的判断矩阵 S_5，算出每一行的几何平均数和权重系数，如表 3-4-11 所示。

表 3-4-11　矩阵 S_5 每一行的几何平均数和权重系数

	A	B	C	D	几何平均数	系数
A	1	6/5	2/3	3/2	1.05	0.25
B	5/6	1	5/9	5/4	0.88	0.21
C	3/2	9/5	1	9/4	1.57	0.38
D	2/3	4/5	4/9	1	0.70	0.17

对于环境保护要求有关指标对应的判断矩阵 S_6，算出每一行的几何平均数和权重系数，如表 3-4-12 所示。

表 3-4-12　矩阵 S_6 每一行的几何平均数和权重系数

	A	B	C	D	几何平均数	系数
A	1	2	1/2	5/3	1.14	0.24
B	1/2	1	1/4	5/6	0.57	0.12
C	2	4	1	10/3	2.27	0.49
D	3/5	6/5	3/10	1	0.68	0.15

3.4.6　一致性检验

现在我们对指标进行一致性检验，以第一层指标为例，检验步骤如下：

第一步：将成对比较矩阵中的每一列与该列所对应的系数相乘，然后再相加，得到一个向量"加权值"。

$$0.24 \times \begin{pmatrix} 1.00 \\ 1.50 \\ 0.83 \\ 0.83 \end{pmatrix} + 0.28 \times \begin{pmatrix} 0.67 \\ 1.00 \\ 0.89 \\ 1.50 \end{pmatrix} + 0.25 \times \begin{pmatrix} 1.20 \\ 1.13 \\ 1.00 \\ 0.63 \end{pmatrix} + 0.23 \times \begin{pmatrix} 1.20 \\ 0.67 \\ 1.60 \\ 1.00 \end{pmatrix} = \begin{pmatrix} 1.004 \\ 1.007 \\ 1.065 \\ 1.007 \end{pmatrix}$$

第二步：将第一步得到的加权值向量除以每个标准的优先级。则计算出：

自然环境因素：$1.004 \div 0.24 = 4.183$；

经营环境因素：$1.077 \div 0.28 = 3.846$；

基础设施情况：$1.065 \div 0.25 = 4.260$；

其他因素：$1.007 \div 0.23 = 4.378$。

第三步：计算第二步得到的值的平均值，用 A 表示。

$A = (4.183 + 3.846 + 4.260 + 4.378) \div 4 = 4.167$。

第四步：计算一致性指标（CI）＝（A－N）÷（N－1），其中，N 为比较项的个数。

可以得到：$CI = (4.167 - 4) \div (4 - 1) = 0.056$。

第五步：计算检验系数 $CR = CI \div RI$。其中 RI 是任意一个成对比较矩阵的平均随机一致性指标。RI 的值取决于该比较项的个数，1~10 阶矩阵的 RI 取值见表 3－4－13。

表 3－4－13　1~10 阶矩阵的 RI 取值

n	1	2	3	4	5	6	7	8	9
RI	0	0	0.58	0.90	1.12	1.24	1.32	1.41	1.45

根据表 3－4－13，我们选定 N＝4，那么 RI＝0.9，则一致性指标为：$CI = 0.056 \div 0.9 = 0.062$，于是该一致性是可以接受的。类似地，我们可以对所有的成对比较的矩阵进行一致性检验。

3.4.7　最佳物流中心的确定

从上面一致性检验可以看出，这次成对比较的设计还是比较合理的，所以我们可以对这 4 个地点（A，B，C，D）进行综合的等级评定。计算过程如下：

A 点总得分：$0.24 \times 0.32 + 0.28 \times 0.06 + 0.25 \times (0.67 \times 0.06 + 0.33 \times 0.11) + 0.23 \times (0.75 \times 0.25 + 0.25 \times 0.24) = 0.1696$。

B 点总得分：$0.24 \times 0.18 + 0.28 \times 0.24 + 0.25 \times (0.67 \times 0.09 + 0.33 \times 0.11) + 0.23 \times (0.75 \times 0.21 + 0.25 \times 0.12) = 0.1777$。

C 点总得分：$0.24 \times 0.41 + 0.28 \times 0.05 + 0.25 \times 0.67 \times 0.07 + 0.33 \times 0.22) + 0.23 \times (0.75 \times 0.38 + 0.25 \times 0.49) = 0.2360$。

D 点总得分：$0.24 \times 0.09 + 0.28 \times 0.65 + 0.25 \times (0.67 \times 0.78 + 0.33 \times 0.56) + 0.23 \times (0.75 \times 0.17 + 0.25 \times 0.15) = 0.4184$。

从上面的计算可以看出，D 点的综合优先级别是最高的，为 0.4184。因此，首先应选择 D 点建设物流中心。

任务五 订单 EIQ 分析

学习目标

知识目标

1. 学习掌握订单数量（EQ）、品项数量（IQ）、订单品项数（EN）、品项订货次数（IK）的概念以及计算方法。
2. 了解物流特性，包括订单内容、订货特性、接单特性、物流中心特性。
3. 掌握配合物流系统特性的物流系统设备。

技能目标

1. 能够选择物流设备。
2. 能够作仿真分析。
3. 能够进行物流系统的基础规划。

素养目标

1. 培养求真务实的工作作风。
2. 培养精益求精的工匠精神。
3. 培养成本意识。

引导案例

众所周知，实现供应链上物流的有效配送是赢得竞争优势的决定性因素之一。无论何时何地，厂商只有选择最有效的物流配送方法，才能提高顾客服务水平，才能确立竞争优势。几乎所有的用户，把精力放到了建仓库、买设备、改扩建的传统工作中，而忽视了更为重要的日常性工作——仓库货位规划与调整。

H 公司是一家第三方物流公司，它在 1991 年进入中国物流市场，进入中国后的主要业务是给全球最大的快餐连锁公司之一的 W 公司提供第三方物流服务。经过 15 年的适应和发展，公司各项业务已进入了正常的发展轨道。在华中区，H 公司从 2000 年底开始接管 W 公司的物流业务，到 2021 年年底，配送的餐厅由刚接手时的 21 家发展到现在的 74 家，覆盖华中五省（湖南、湖北、江西、陕西、河南）。目前，H 公司存在的问题是营运效率停滞不前，库存量随季节的变化波动很大，节假日前最高库存量达到全年平均库存量的 2.5 倍左右，而节假日前很难租到临时库房，以 H 公司低温库为例来分析该公司的货位规划和库存管理中的问题。H 公司目前某一时点的库存量和货位布局，一周出货量如下表所示。

产品名称	某一时点的库存量	一周出货量	B：C	产品名称	某一时点的库存量	一周出货量	F：G
0011	85	173	0.49	0140	18	1	18.00
0021	1174	1505	0.78	0160	1114	1122	0.99
0031	217	556	0.39	0180	327	665	0.49
0041	178	542	0.33	0200	1888	1491	1.27
0101	177	60	2.95	0210	16	6	2.67
0102	546	283	1.93	0215	1017	112	9.08
0121	264	1356	0.19	0310	460	198	2.32
0123	234	40	5.85	0315	582	237	2.46
0131	928	446	2.08	0316	240	149	1.61
0134	507	427	1.19	0401	303	37	8.19
合计	4310	5388	0.80	合计	5965	4018	1.48

注：库存量÷一周出货量＝（4310＋5965）÷（5388＋4018）＝1.092。

货位规划是将货品合理纳入仓库设施，以实现物料搬运最优化和提高空间利用率的目标。例如，将高周转率的货品分配在靠近收货区的货位，可以提高入库存放的速度。但是，入库存放只是一次性作业，如果操作者需要对该货品进行多次补货或拣货，那么，把该货品分配在靠近发货月台或拣货区的货位，则更加有利。货品货位的规划与调整是保持物流始终处于理想运行状态的有效手段。但是，因为许多仓库管理人员没有完全理解这项工作的重要意义，忽略了经常性的货位规划与调整。

H公司的仓储布局正如上所述，仓储布局从2000年设计好到现在一直没有变化，而公司的业务量却翻了几番。另外，由于新产品简单地替代老的、滞销的产品的货位，仓储布局经过几年的变化后显得更加凌乱、无序，仓库操作效率得不到有效的提高。从H公司的低温产品仓储平面布置和一周的订单情况看，存在如下问题：

（1）功能规划不合理。整个仓储的功能区域划分到目前为止已不太合理，进货储存区域的空间太窄（只占整个存储容量的44.58%），从存储区域向拣货区补货，如产品0160、0180、0131、0310、0316等，而拣货区的空间分布太广，在拣货区单品种存放的货太多。实际上拣货区实现了存储区和拣货区的双重功能，但是，这种货位规划方式降低了存储弹性。

（2）拣货区的分布不合理，分布面过宽，造成拣货的路线长。拣货员完成一张订单的拣货几乎需要走遍仓库的每一个角落。

（3）拣货区的产品布局没有考虑到产品的出货量和产品的出货频率，以及产品的外箱特点、耐压性等特点。如产品0011的出货量不到产品0021的12.5%，但产品0011的货位却比产品0021更靠近出口，且所占用的库房存储面积大小一样，还有产品0134、0121、0131的外箱规格一样，但在存放时相距较远。

通过对H公司一周订单的EIQ分析和库存产品本身特点的分析，对H公司的低温库布局做调整。通过货位规划与调整，可以达到以下效果：

按照合理的拣货顺序和货品的拣货频率放置货品，可以缩短拣货人员行走的距离，提高生产效率。调整后，出货频率最高的几个品种，如0200、0160、0180、0131、0134，靠近了待出货品存放区和门口的通道。对0021、0031、0041三个品种，虽然出货量较大，但是由于出货频率低，质量轻而将其放在轮值效率更高的存储区对面，既省时又省力，从而达到提高生产效率的目的。

对应货位规格，分配相应数量的单元化货品，可以减少补货频次。从EIQ分析表中可看出产品0200每周的用量达34托盘，而产品每次进货量为18托盘（40英尺货柜），也就是说，每三天左右就会有一车货进库，对这种高频进出货品在靠近进出货口设置尽可能多的货位，可以减少货品的轮值次数和轮值时间，降低货品由于多次移动所引起的货损风险。

平衡操作者的工作量，可以缩减作业周期、改善工作流程。从EIQ分析表中可以看出，H公司低温产品的出货频率除了个别产品外其余的相差并不大，如果将按订单的拣货方式改为按线路的拣货方式，可以大大减少拣货的次数。例如，1001、1002、1003、1004、1005五张订单，如果按订单拣货，每一张订单每一个产品都要拣一次，五张订单20个产品需要取货100次，而按线拣取的方式只需要取货20次，生产效率得到大大提高。

将容易混淆的货品分配到不同的拣货区，可以提高拣货准确率。

在拣货路径上，将重量货品规划在前端，怕磕碰的货品放在后端，可以降低货品破损率。

按照货品外箱规格的相似性分配货位，在拣货中实现货品分层紧密码放，可以提高托盘码放效率，提高货车车厢利用率。

通过调整仓库布置、提高空间利用率，提高存储区域的面积和存储量，增加仓库的存储弹性。新的仓储平面布置图增加了37个托盘存货位，占存板位的11%，12个托盘待出货品货位。待出货货位可部分或临时转换为存储区使用，从而进一步增加存储弹性。

在仓储规划过程中所获得的产品出货量和出货频次等数据，可以帮助我们通过控制A类产品的库存量来达到控制库存的目的。

3.5.1　EIQ分析法概述

1. EIQ分析法定义

EIQ分析就是利用"E""I""Q"三个物流关键要素，来研究配送中心的需求特性，为配送中心提供规划依据。该理论由日本铃木震先生提出并积极推广。其中，E是指"Entry"，I是指"Item"，Q是指"Quantity"。即是从客户订单的品项、订货次数、数量等方面出发，进行配送特性和出货特性的分析。

该分析方法对企业构建物流系统裨益良多，可用于解决物流的各种问题（如降低物流成本、降低库存、销售量预估、绩效考核等）。尤其在物流节点规划时，由于节点处于流通渠道中，其订单需求零星多变，涉及货物种类数量参差不齐，因此，必须对规划数据进行深入分析才能真正挖掘其物流特性，反映物流节点实际作业的需求。EIQ分析正是从物流节点的订单出发，综合考虑物流系统的服务对象和服务内容（即用户、货物品种和数量）之间的关系及相互作用，并考虑订单频率，结合ABC分析、ABC交叉分析及PCB对比分析等方法，进行订单不同层面、不同属性间的分析，得出货物在物流节点的接收、储存、拣选、出货等运作特征，有效掌握物流特性并提供规划过程宏观角度的切入点，对物流节点的规划设计提供数据分析依据。

总的来讲，EIQ分析法的基本思想属于复杂系统分析范畴，基本要义在于对分析对象进行多属性（多维度）分析；而EIQ分析法的具体操作则针对数据数值进行分析，其分析结果可用于简单分析，亦可用复杂系统的思想来进行解读，但所解读的结果会因分析人员的切入点不同而有所不同。

2. EIQ 分析法原理

具体来说，EIQ 即是订单品项（Entry）、货品种类（Item）和数量（Quantity）的意义。EIQ 分析法即利用 E、I、Q 三个物流关键要素，从客户订单的品项、订购次数与数量等观点出发，来研究配送中心的需求特性，为配送中心提供规划依据。其基本思想在于：在订单出库资料取样的基础上，通过对数据的统计整理，运用 ABC 分析、PCB 分析及柏拉图等工具方法，对订单数据进行订单数量（EQ）、品项数量（IQ）、订单品项数（EN）、品项订货次数（IK）等的统计分析，以获取规划信息，最终用于指导物流节点系统的规划、改进，其分析应用框架如图 3-5-1 所示。

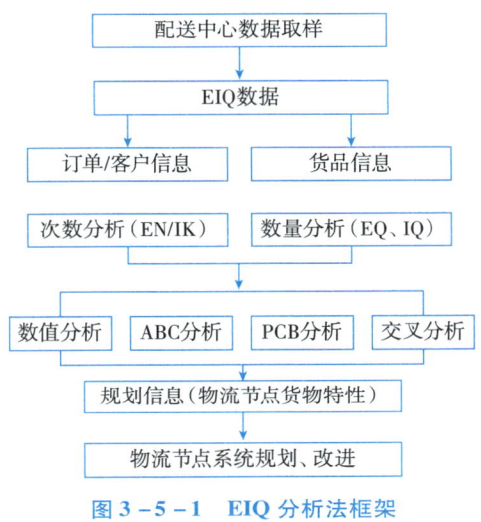

图 3-5-1　EIQ 分析法框架

3.5.2　EIQ 分析法用途

1. 数据分析作用

（1）订单数量（EQ）分析。主要了解单张订单订购量的分布情形，可用于决定订单处理的原则、拣货系统的规划，并将影响出货方式及出货区的规划。

（2）品项数量（IQ）分析。主要了解每个品种出货量的分布状况，分析货品的重要程度与运量规模。可用于仓储系统的规划选用、储位空间的估算，并将影响拣货方式及拣货区的规划。

（3）订单品项数（EN）分析。主要了解订单订购品项数的分布，对于订单处理的原则及拣货系统的规划有很大的影响，并将影响出货方式及出库区的规划。通常需配合总出货品项数、订单出货品项累计数及总品项数三项指标综合考虑。

（4）品项订货次数（IK）分析。主要分析每个品种出货次数的分布，对于了解货品的出货频率有很大的帮助，主要功能可配合 IQ 分析决定仓储与拣货系统的选择。

2. 决策规划作用

（1）可以了解物流特性。订单上的内容，比如客户订购何种物品、多少数量，这些品种和数量为物流系统的基本要素。从客户处接收的订单，依客户的不同而具有不同的特性，统计分析这些特性可以得出客户的订货特性。从各个具有订货特性的客户而来的订单，加以收集积累后，即成为一天的接单，长期分析后可看出物流中心的订单采集的主要途径。除了接单特性外，再加上入库特性、仓储特性、分拣特性、出库特性即构成物流中心特性。

（2）能够找到配合物流系统特性的物流系统设备及运用系统。通过 EIQ 分析，可以帮助物流中心选择合适的物流设备，并基于基本数据做仿真分析，有利于配送中心优化布局规划，或者为未来配送中心发展做基础规划。

3.5.3　EIQ 分析法步骤

1. EIQ 分析表制作

首先，正确获取订单数据资料，可按订单的变动趋势及作业特点选择具有代表性的单日别或多日别进行分析。

其次，正确解读订单资料数据。这是 EIQ 在实际使用中最基本、最基础也是最重要的环节。

最后，根据订单资料制作 EIQ 分析表时，主要是对各个订单（或客户）所订购商品种类及其数量以及各种商品受订次数及数量进行统计。

2. EQ、EN、IQ、IK 图表制作

①订单量（EQ）分析：单一订单出货数量。
②订货品项数（EN）分析：单一订单出货种类数的分析。
③货物种类数量（IQ）分析：每单一货物出货总数量的分析。
④货物种类受订次数（IK）分析：每单一货物出货次数的分析。

3. ABC 交叉分析与 PCB 对比分析图制作

作为多属性（多维度）分析方法，仅从 EQ、EN、IQ、IK 四个属性指标的单一分析是无法解读更深层次的物流特性的，也无法为物流节点总体规划、设备选择、分拣系统规划、仓储规划设计、辅助设施规划、信息系统规划等提供更多的参考信息。因此，需要对多属性进行深入分析。

4. 物流特性总结

这是 EIQ 分析过程中最重要的步骤，通常要配合基础数据分析、交叉分析和其他相关资料做出综合判断分析。

3.5.4　EIQ 分析法案例

GX 公司是一家专注于机械加工和精密铸造的汽车零部件生产厂家，主要经营汽车零配件的生产、销售。自 2013 年搬迁至新厂区之后，目前拥有一个 2000 平方米的出货仓库。通过实地调查得到该公司的仓库布局状况、货品特性和客户特性，并基于此，用 EIQ-ABC 分析法对该仓库的订单进行分析。

（1）仓库布局状况

根据实地调查取得的数据，该仓库的占地面积约为 2000 平方米，其长约为 100 米，宽约为 20 米。该仓库与厂区的金工车间同属于一个车间，在该车间临近于厂区公路的一侧，开有 2 扇约 5 米宽，用于接收铸件和出货的大门，仓库布局被大门分隔成三个部分，位于两门间的属于成品库，其分为存货区、拣货区和出货区。存货区主要是用来存储各种已经完成的汽车零部件铸件，拣货区主要用于订单的收发并完成订单的拣选，出货区主要是用来完成出库作业。

（2）货品特性分析

该仓库所储存的货物都是输送于各个汽车生产厂商的产品零部件，大多为小部件，发货时以箱为单位整箱进库，整箱存储，整箱出货。每个目标客户所需要的零部件都需要按对方的要求进行生产，所以每个客户所需要的零部件的结构都不一样，货品可以按照目标客户的需要分成以下几个大类：BF 类、CIF 类、FG 类、HWK 类、JC 类、JL 类、JM 类、LA 类、NC 类、NCJL 类、OGR 类、QR 类、WLY 类、ZN 类。

（3）客户特性分析

一方面，目标客户一般一个月只下几个订单，但每个订单所包含的货品数量多少不一，有时一个订单中会包含十几个产品，有些甚至只有几个；另一方面，每个客户的产品都需要特殊定制，各个目标客户之间的产品是无法通用的，导致仓库的存货区需要对各个目标客户进行划分，也使得每个客户向仓库提交的订单货品种类差别较大。针对该公司的这种货品特性和客户特性，为了实现仓储的有效管理，有必要对其订单资料进行 EIQ – ABC 分析，以分清货物的重要性，对重点货物进行重点管理，对不重要的货物实施粗放的管理。

3.5.5　订单资料的 EIQ – ABC 分析

通过对该公司仓库的实地调查发现，该仓库每个月的订单接收状况比较稳定，每个目标客户在每个月下的订单数量几乎不变，鉴于此，我们抽取了其中一个月的订单量进行分析。由于仓库按区域划分，为了研究的方便性，就该仓库 NC 类项目下的各个子产品进行 EIQ – ABC 分析。

目标客户的订单以单品的个数为单位，考虑到出货方式是以箱数的形式进行的，在此将订单整理成以箱为单位，经过整理，整理出的该公司订单的 EIQ – ABC 分析表如表 3 – 5 – 1 所示。

表 3 – 5 – 1　EIQ – ABC 分析表

出货订单	出货品项													订单出货数量 EQ	订单出货品项 EN
	I1	I2	I3	I4	I5	I6	I7	I8	I9	I10	I11	I12	I13		
01	30	20	50	15	80	30		30		9	10			274	9
02	30				50	50	70	30	8					238	6
03	45	30	50			30		10						165	5
04			30	30	50	50		40					10	210	6
05	10	10	60		50			30			20	20		230	8
06		10		20		10		10			10			60	5
订单出货量 IQ	115	70	190	65	230	200	70	150	8	9	40	20	10	1177	
单品出货次数 IK	4	4	4	3	4	6	1	6	1	1	3	1	1		

从表 3 – 5 – 1 中可以看出，用 I1、I2…表示 QR 类客户下向该公司订购的 13 种产品，01、02…06 表示 QR 类客户向该公司当月发出的 6 张订单，通过重点分析 IQ 和 IK，区别出该公司 QR 类客户的 A 类产品、B 类产品、C 类产品，并作出区别管理。

（1）IQ-ABC 分析。在进行分析之前，将表 3-5-1 中的单品出货量 IQ 一行的数据进行从大到小排序，将数据进行整理，统计结果如表 3-5-2 所示。

表 3-5-2 QR 类订单的 IQ-ABC 分析表

出货品项	出货数量	百分比（%）	累计百分比（%）
I5	230	19.54	19.54
I6	200	16.99	36.53
I3	190	16.14	52.68
I8	150	12.74	65.42
I1	115	9.77	75.19
I2	70	5.95	81.14
I7	70	5.95	87.09
I4	65	5.52	92.61
I11	40	3.40	96.01
I12	20	1.70	97.71
I13	10	0.85	98.56
I10	9	0.76	99.32
I9	8	0.68	100

注：上表中数字均为四舍五入后保留的小数点后两位。

根据表 3-5-2 中数据，制作出 IQ-ABC 分析柏拉图，如图 3-5-2 所示。

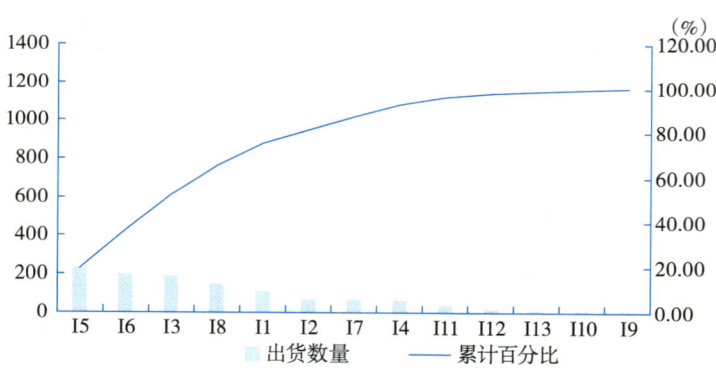

图 3-5-2 IQ-ABC 分析柏拉图

通过 QR 类订单的 IQ-ABC 柏拉图，可以发现该品类下的各个子产品的出库数量呈现明显的两极分化，可以对其进行 ABC 分类管理。产品 I5、I6、I3 的出货数量累计百分比达到了 52.68%，品项数量占总品项数量的 23%，将其归为 A 类产品；B 类产品的出货数量累计百分比达到了 34.41%，品项数量占总品项数量的 30%，该类产品主要为 I8、I1、I7；C 类产品的出货数量累计百分比仅占总出货数量的 12.91%，品项数量却占到了总品项数量的 47%，该类产品包括 I4、I11、I12、I13、I10、I9。

（2）IK-ABC 分析。在进行分析之前，将表 3-5-1 中的单品出货次数 IK 一行的数据进行从大到小排序，将数据进行整理，统计结果如表 3-5-3 所示。

表 3-5-3　QR 类订单中的 IK-ABC 分析表

出货品项	出货次数	百分比（%）	累计百分比（%）
I6	6	15.38	15.38
I8	6	15.38	30.77
I5	4	10.26	41.03
I3	4	10.26	51.28
I1	4	10.26	61.54
I2	4	10.26	71.79
I4	3	7.69	79.49
I11	3	7.69	87.18
I7	1	2.56	89.74
I12	1	2.56	92.31
I13	1	2.56	94.87
I10	1	2.56	97.44
I9	1	2.56	100.00

注：上表中数字均为四舍五入后保留的小数点后两位。

根据表 3-5-3 中数据，制作出 IK-ABC 分析柏拉图，如图 3-5-3 所示。

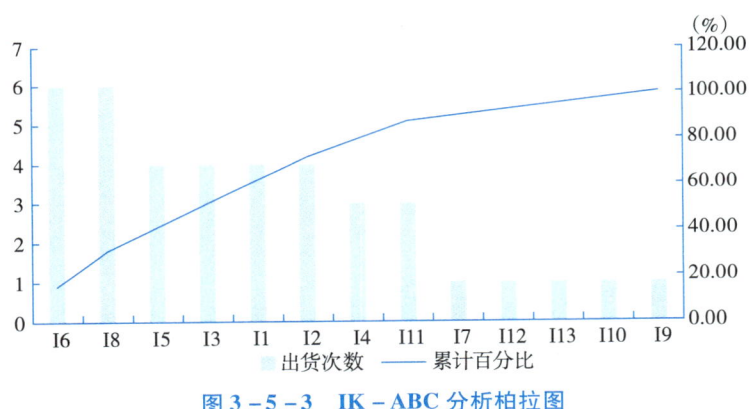

图 3-5-3　IK-ABC 分析柏拉图

从图 3-5-3 中可以看到，出货次数的分布也是呈现比较明显的阶梯状，根据 IK 分析的柏拉图，结合 ABC 分类法，将其进行 IK-ABC 分类：A 类产品的品项出货次数累计百分比达到 51.28%，品项数量占总品项数量的 30%，其中包括 I6、I8、I5、I3；B 类产品的品项出货次数累计百分比达到 38.46%，品项数量占总品项数量的 40%，其中包括 I1、I2、I4、I11、I7；C 类产品的品项出货次数累计百分比仅为 10.26%，品项数量占总品项数量的 30%，其中包括 I12、I13、I10、I9。

（3）IQ、IK 交叉分析。在以上分析的基础上，通过对 IQ、IK 的交叉分析，得到 IQ、IK 交叉分析图，如图 3-5-4 所示。

从图 3-5-4 中可以看出，一般出货数量比较大的品项，出货次数也比较多，所以 IQ、IK 交叉分析得到的结果更偏向于 IQ-ABC 分析的结果。所以，在此将 I5、I6、I3 分为 A 类产品，I8、I1、I2、I7 分为 B 类产品，I4、I11、I12、I13、I10、I9 分为 C 类产品。

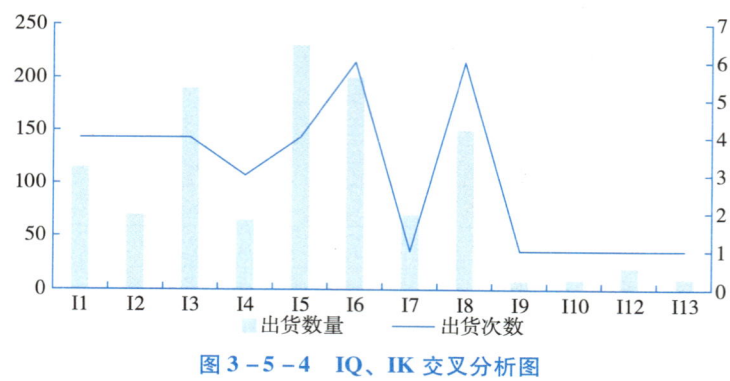

图 3-5-4 IQ、IK 交叉分析图

在产品的仓储管理强度方面，A 类产品应该受到最高强度的管理，盘点频率要达到最高，一旦缺货则应迅速通知产品生产部门，保证不出现缺货；B 类产品的管理适中；C 类产品可以进行粗放式的管理，以节省不必要的劳动力和维护成本。在产品的仓储规划方面，对于 I5、I6、I3 这类出货数量和出货次数都比较高的产品，应该放在离出入口近的位置，便于拣选和储存，以此提高出货效率。

任务六　配送绩效管理

学习目标

知识目标

1. 了解配送中心作业绩效的概念、作用、内容及原则。
2. 熟悉配送中心作业绩效评价的基本流程。
3. 了解配送中心作业绩效评价指标的概念。
4. 掌握建立配送中心作业绩效评价指标的选择原则。
5. 熟悉配送中心作业绩效评价常用的指标和分析方法。

技能目标

1. 能够根据配送中心的情况，建立合理可行的配送作业绩效评价指标体系。
2. 能够运用绩效评价指标体系对配送中心的作业绩效进行评价与分析。

素养目标

1. 培养客观公正的处事原则，确保配送作业绩效评价的公平与公正。
2. 培养求真务实的工作作风。
3. 培养使用客观公正的绩效考核进行管理的管理理念。

引导案例

某配送公司深耕快速消费品配送业务已有 20 年，在当地具有很大的影响力。为继续拓展公司业务，三年前，公司开始涉足生鲜配送业务，目标为五年内成为当地市场占有率最大的生鲜品配送企业。在起步阶段公司的业务拓展非常成功，但是随着生鲜配送业务量的增加，各种问题开始暴露，客户投诉不断，营业额连续两个季度下滑。公司领导非常重视当前开展的新业务，从客户、公司员工两个角度开展调研，了解当前公司发展面临的主要问题。

1. 客户调研问题汇总

交货时效有待改善，经常出现交货不及时的问题。

交货品质存在问题，货损严重，生鲜品对专业度要求极高，该公司此前做的主要是快速消费品，对生鲜品的专业度明显不足，比如不同品类对温度的要求不同，由于错误的温控导致商品新鲜度受到影响。

服务价格无优势，对比行业内其他专业的生鲜配送公司，该公司的报价不具有优势。

售后问题处理不及时，当配送品出现问题时，联系该公司经常无法得到及时解决，售后等待时长经常超 24 小时。

2. 公司员工调研问题汇总

特殊工作区员工要求加薪。生鲜库设置三温区，冷冻区温度极低，需要穿特殊防护服进入库区，工作环境非常恶劣，但是员工的薪资和常温区差异不是很大，员工抱怨很大。

班次调整对管理者来说是一种挑战。生鲜配送为保障新鲜度，对时效要求极高，同时一些客户配送时间要求是凌晨，为满足客户需求要调整原有的工作时间，增设夜班，很多员工不愿意接受夜班的安排，对管理者来说安排工作非常困难。

客服部频繁加班但工作收入并未体现。客户投诉问题的判责非常困难，由于商品易损的特殊性，客户投诉远比公司此前负责的快速消费品要多很多。投诉定责困难，客退部经常加班加点，但是收入对比从前也没有增加。

凭借领导印象的奖惩让不善言辞的员工感到不公。部分员工工作存在表演性质，喜欢讨好领导，在领导面前表现好，因此能在关键时刻获得奖励，但是，在领导不在场的时候又常常"摸鱼划水"，对于真正踏实工作的员工来说非常不公平。

启发与思考

1. 你认为该公司当前面临的问题从本质上来说是什么问题？
2. 如果你是该公司的领导，你该如何帮助该公司解决当前面临的客户和员工问题？

3.6.1 绩效及绩效管理概述

1. 绩效及绩效管理的定义

绩效是指人们从事某一种活动所产生的成绩和效果。绩效管理是通过激励和帮助员工取得优秀的绩效以实现整体组织目标的一种管理方法。绩效管理的核心在于通过激发员工的工作积极性和提升员工的工作能力、素质，以实现提高公司绩效的目标。

2. 绩效的影响因素

影响绩效的因素有很多，其中主要因素包含内部条件、外部环境、员工技能和激励效应。内部条件指的是组织和个人开展工作所需要的各种资源，是客观因素，这种客观因素的制约一定程度上可以被组织和个人所改变；外部环境指的是组织和个人面临的不受控制的客观因素，这种客观因素是组织和个人完全无法控制的；员工技能指的是员工所具备的核心技能，这是内在的因素，这种因素是组织和个人能通过培训和开发提高的；激励效应指的是通过激励措施，使组织和个人为了实现工作目标而展现出的主动性和积极性所产生的效果，这种因素是组织和个人可控的主观因素。

3. 绩效管理中的评价

为了能够客观、公正地反馈阶段性工作的业绩，在阶段性工作结束时，需要对该阶段性工作业绩进行评价。通过客观的评价，能够不断地总结经验，促进下一个阶段的业绩改进。

在进行业绩评价之前要进行信息收集，通过与管理者和员工进行沟通，以及其他客观数据的收集，明确阶段性绩效与目标绩效的差距，并进行原因分析。通常需要通过会议的形式进行绩效评价，包含对实际绩效达成与目标绩效的比较、管理者的反馈、支持与激励、绩效改进建议举措、本阶段总结以及下阶段计划等。

3.6.2　配送中心作业绩效评价概述

1. 配送中心作业绩效及其评价

配送中心作业绩效指的是在一定经营期内配送中心的经营效益和经营者的业绩。配送中心作业绩效评价指的是运用数量统计和运筹学的方法，采用特定的指标体系，按照一定的评价标准和一定的程序，通过定量、定性分析，对配送中心在一定经营期间的经营效益和经营者的业绩做出的客观、公正和准确的评判。

2. 配送中心作业绩效评价的作用

（1）提供管理决策依据

评价配送中心整体作业的情况、运行效果，能够了解其在同行业竞争中的优势地位，为拟定和调整企业的战略、目标、计划以及投入预算提供决策依据。

（2）持续改进作业方式，提高工作绩效

评价配送中心企业内部流程和外部客户的满意度等，能够及时发现当前运营存在的问题，持续改进作业方式、方法和条件；评价和反馈员工的业绩和行为，有助于提高员工工作绩效。

（3）考核与激励团队，增强凝聚力

评价员工和团队对企业的贡献，为企业的奖惩、晋升、调薪等提供客观依据；激发员工潜能，提高工作满意度，增强团队凝聚力，促进形成以绩效为导向的企业文化。

（4）合理制定人力资源规划

评价配送中心的员工和团队的发展情况能帮助配送中心更好地制定人力资源规划。针对员工和团队的现状，制定符合员工和团队需求的人力资源安排，比如修订符合员工发展情况的职业生涯规划、合理制订招聘计划等。

3. 配送中心作业绩效评价的内容

（1）财务方面

财务方面包含配送成本、配送业务量、配送业务营业收入、配送利润水平及利润趋势的评价等。

（2）技术方面

技术方面包含配送中心业务流程的评价、配送中心设施设备的配置及运行的评价等。

（3）资源方面

资源方面包含能源利用率、原材料利用率、回收利用率及资源对环境的影响情况等。

4. 配送中心作业绩效评价的原则

（1）客观性原则

评价的时候必须保证资料的完整、可靠、准确，数据的有效，评价组的人员应当具有代表性，能够客观公正地做出评价。

（2）技术经济原则

配送中心的技术先进性极大影响着物流效率的高低和系统可靠性，经济上的合理性反映物流的物化劳动和劳动消耗情况，以尽可能少的消耗获取良好的经济效果是经济管理工作的出发点，也是企业效益所在。

（3）局部服从整体的原则

大型配送中心有时存在多个布局点，这个时候需要从整体的利益角度出发来规划，而不是仅仅考虑每个布局点各自的效益。在进行评价的时候，要坚持整体效益的最优，使得局部效益服从于整体效益。

（4）合理性和可操作性原则

制定指标体系要先进、合理，具有可操作性。指标设置上既要可行又要可比，可行指的是指标设置符合物流系统的特征和功能要求，在具体指标制定上，不能脱离现有的技术水平去确定一些无法达到的指标，同时评价标准也不能过高或偏低，应当以平均水平为依据。可比性指的是主要评价项目的内容要含义确切，便于进行比较。

（5）定量分析和定性分析相结合

在评价配送中心的时候，要在定性分析的基础上开展，以定量分析为主，要对配送中心实现功能的程度进行分析，同时要有具体的量化分析。

5. 配送中心作业绩效评价的基本流程

（1）明确企业战略目标

在明确企业发展战略的前提下，识别战略实施的关键评价因素，确定企业具体经营目标。

（2）制定绩效评价指标体系

将企业具体经营目标进一步拆解，以此确定每个部门主要的绩效指标，最终落实到每个工作岗位，形成员工行为与结果共同构成的岗位绩效指标体系。

（3）绩效计划、实施和监控

制订绩效工作方案，确定评价原则、评价方法、评价的具体周期，安排工作进程、评价时间表和评价小组的人员分工。员工需要对自己的绩效做出承诺，在绩效实施的期间，管理者要对员工的工作过程进行指导和监督，及时解决发现的问题，并根据需要对绩效计划进行调整。

（4）绩效数据收集、评价与分析

根据前期评价方案与标准统计计分，对照绩效目标形成综合评价结论，并对结果的原因进行讨论、分析和总结，并撰写评价分析报告。

（5）绩效反馈与持续改进

通过绩效反馈面谈，员工了解主观期望和本人实际绩效，得到指导和帮助。双方对绩效评价结果和改进点达成共识后，共同商定下一阶段绩效的周期、目标和改进点。

（6）绩效评价结果运用

根据绩效评价的结果，有针对性地开展员工教育与培训，并根据绩效结果对员工进行相应的奖惩、薪酬调整以及人事调动等。

3.6.3　配送中心作业绩效评价指标概念

配送中心作业绩效评价指标是反映配送中心作业环节及整体作业效率与效果、衡量配送中心作业管理水平高低的尺度，是配送企业对内加强流程作业管理、对外提高客户服务水平的重要工具。

配送中心作业绩效评价指标涉及配送中心作业绩效的各个方面，体系庞大，大部分企业通常从作业绩效中挑选关键指标，这类指标称为 KPI。只要抓住企业少数的关键作业进行分析和衡量，就能抓住业绩评价的重心。该方式的优点是能够集中精力关注核心指标，更便于做出评估，缺点是对其他非关键指标缺少关注，应用的时候需要特别注意。

3.6.4　配送中心作业绩效评价指标的选择原则

为保障配送中心作业绩效评价指标体系的合理有效，选择评价指标需要参考如下原则：

1. 战略目标的一致性和系统性

绩效评价指标应围绕战略目标层层传递和拆解，下一级的指标服务于上一级指标，每个部门、岗位、员工都需要承担各自的目标职责，每个拆解目标最终是为了实现总体战略目标。

2. 与评价目的高度相关

指标考核的结果必须能够为评价目的提供充分依据，评价对象需要对指标事件高度可控，指标事件需要能反映评价目的的需要。针对特定的评价目的，一组指标间应当避免包含、交叉的相互关系，但如果是多目标的评价，可允许这些关系的存在。

3. 抓住少数的关键指标

指标的选择不需要大而全，重点是抓住少数的关键指标，这些关键指标能够将员工行为引向企业战略目标。评价指标的数量要适当，不可过多，也不可过少，过多的评价指标会降低员工的满意度，也会增加企业的管理成本和难度，过少的评价指标有可能无法反映对象的关键绩效水平。

4. 突出绩效的市场驱动性

选取指标时需要考虑选择能反映配送企业与客户之间关系的绩效评价指标，需要根据外部市场需求拆解出适合企业内部的作业绩效指标要求。

5. 坚持 SMART 原则

SMART 原则（S = Specific、M = Measurable、A = Attainable、R = Relevant、T = Time – bound）是为了让员工能够更加高效明确地工作，同时也是帮助管理者对员工绩效考核提供明确的考核目标和考核标准，使得考核更加科学化、规范化，更能保证考核的公平性。SMART 原则强调绩效评价指标必须是具体的、可衡量的、可达到的，与其他的指标具有一定的关联性，同时绩效指标必须有明确的截止时间。在选择绩效评价指标时需要选择明确、易理解的指标，同时目标值的设置要务实，不宜过高或过低，根据企业发展动态调整指标，保障指标的选择符合企业发展现状。

3.6.5 配送中心作业绩效评价指标体系的构成

配送中心作业绩效评价指标体系目前没有统一的标准，不同企业选择的指标体系可能会存在一些差异，但整体来说对配送中心的作业绩效评价指标体系主要包括：配送中心作业质量、配送中心作业成本、配送中心作业绩效、配送中心作业安全、客户服务成效等。

1. 配送中心作业质量

配送中心最基本的任务是将货物准时、保质、保量、准确地送至客户处，包含货物送达客户的货物完好率、货物误差率、配送延误率、单证准确率、送货准确率等。

2. 配送中心作业成本

配送中心作业成本会直接影响到配送中心提供的服务价格和利润，主要包含运输成本、装卸成本、储存成本、流通加工成本以及操作失误赔偿等。相关指标包含配送费用占货物价值比例、平均配送费用、单位货物运输成本、平均装卸成本、平均流通加工成本、每千米送货成本、货损货差赔偿费率等。

3. 配送中心作业绩效

配送中心作业绩效主要衡量的是配送作业人员的劳动生产率、设施设备的利用率和运转效率、配送中心作业管理水平等。相关指标包含订单效应时效、收发货时间、车辆利用率、车辆装载率、平均配送速率、单位时间配送量、进出货时间占比等。

4. 配送中心作业安全

配送中心作业安全主要是保证货物安全和人员安全。包含火灾、盗窃、货物湿损、虫蛀、鼠咬等事件发生的次数以及预防措施的合规性，危险品装卸储运作业的规范情况，以及配送中心事故率、工伤等指标。

5. 客户服务成效

客户服务成效指的是外部客户与市场对上述配送中心作业质量的反馈。相关指标包含客户投诉率、客户意见处理率、市场占有率、客户忠诚度、新增客户量等。

配送中心作业绩效评价指标体系主要包含以上五个模块的指标（质量、成本、绩效、安全、客户服务成效），各模块常见指标及计算公式见表 3 – 6 – 1。

表 3-6-1　各模块常见指标及计算公式

指标模块	指标名称	计算公式
作业质量	配送数量误差率	（配送误差数÷配送总数）×100%
	配送延误率	（配送延误车次÷配送总车次）×100%
	单证准确率	（送货准确的单证数÷送货总单证数）×100%
	缺货率	（缺货次数÷客户订货次数）×100%
	拣货错误率	（拣货错误笔数÷订单总笔数）×100%
	盘点库存准确率	（盘点库存准确数量÷盘点总量）×100%
	呆滞货品率	（呆滞货品件数÷平均库存量）×100%
作业成本	每订单投入拣货成本	（拣货投入成本÷订单数量）×100%
	每容积货物配送成本	［（自车配送成本＋外车配送成本）÷配送总容积］×100%
	每车次配送成本	［（自车配送成本＋外车配送成本）÷配送总车次］×100%
	每千米配送成本	［（自车配送成本＋外车配送成本）÷配送总距离］×100%
	配送成本比率	［（自车配送成本＋外车配送成本）÷送货总费用］×100%
作业绩效	每人每小时作业量	［考核期总作业量÷（考核人数×每日工作小时数×工作天数）］×100%
	站台利用率	［进出货车次数装卸停留总时间÷（站台泊位数×工作天数×每日工作小时数）］×100%
	人均配送量	（配送总量÷配送人员数）×100%
	车辆作业率	［送货次数÷（车辆总数×工作天数）］×100%
	设备能力利用率	（设备的实际装卸搬运量÷设备的额定装卸搬运量）×100%
	设备时间利用率	（设备的实际工作时间÷设备的额定工作时间）×100%
	仓库空间利用率	（存货占用的空间场地÷可利用的存货空间）×100%
	车辆装载率	［车辆实际装载货物的重量（体积）÷车辆额定装载货物的重量（体积）］×100%
作业安全	安全事故次数	统计周期内发生安全事故的次数
	工伤率	（统计周期内工伤人次÷统计周期内员工总数）×100%
客户服务成效	客户投诉率	（投诉客户数÷总客户数）×100%
	客户投诉解决满意率	（客户对解决结果满意的投诉量÷总投诉量）×100%
	复购率	（统计重复购买的客户数量÷统计客户样本总量）×100%
	客户满意率	（统计满意客户数量÷统计客户样本总量）×100%

3.6.6　配送中心作业绩效评价指标体系的分析方法

在配送中心的实际运作中进行作业绩效分析的方法有很多种，下面列举常用的五种分析方法。

1. 对比分析法

对比分析法是对两个或两个以上的指标进行数据对比，以此来了解运营情况，通过比较来发现问题。比较是分析最基本的方法，如果没有比较就没法进行分析。比较分析法在实际使用中主要有 3 种形式：

（1）将实际达成指标与目标指标进行对比，检查计划指标的达成情况。并将指标达成情况进行关联因素分析，通过分析获得积极因素和不利因素，针对不利因素及时做出调整，帮助目标的实现。在进行计划达成情况分析时，也需要重新回顾计划目标的合理性，如果计划本身有问题则需要根据当前情况做相应调整。

（2）当期指标与上一期指标对比。通过这种对比方法能够看出各项指标当期的动态情况，了解各项指标发展趋势，也能够更好地反映企业的发展态势。

（3）与本行业平均水平以及标杆水平进行对比。通过这种对比方法能够反映企业的管理水平与同行业内其他企业的平均水平和先进水平的差距，帮助企业发现自身问题，及时采取措施改进。

2. 目标管理法

目标管理法是将企业的总体目标进行逐级拆解，拆解细化至岗位和个人目标，最后根据被考核人完成的工作情况来进行考核的一种绩效考核方式。在考核之前，被考核人与考核人应当就考核的内容、期限、标准达成一致。在规定考核时间结束时，考核人根据被考核人的工作完成情况以及原先制定的考核标准来进行考核。

3. 关键绩效指标法

关键绩效指标法（KPI）是以企业年度目标作为依据，通过对员工工作绩效特征的分析，来反映企业、部门以及员工个人工作情况的关键量化指标，并以此为基础进行绩效考核，明确的KPI考核是做好绩效管理的关键。

4. 综合平衡计分卡

综合平衡计分卡是从内部运营、财务、客户、学习与成长四个角度，将组织的战略目标落实为可操作的衡量指标和目标值的一种新型绩效管理体系。

综合平衡计分卡包含了5项平衡：

（1）财务指标和非财务指标的平衡。当前企业考核以财务考核指标为主，而对非财务指标（运营、客户、学习与成长）的考核少，即便有相关考核也多以定性考核为主，缺乏量化的考核。

（2）企业长期目标与短期目标的平衡。平衡计分卡的实施过程是战略输入的过程，而最终是以财务为结果输出。

（3）结果性指标与动因性指标的平衡。平衡计分卡以有效完成战略为动因，以可衡量的指标为目标管理的结果，寻求结果性指标和动因性指标之间的平衡。

（4）企业内部群体与外部群体的平衡。企业内部群体主要指的是员工和内部业务流程，企业外部群体主要指的是股东与客户，平衡计分卡能很好地平衡两个群体间的利益。

（5）领先指标与滞后指标间的平衡。财务指标是一个滞后指标，它所反馈的问题只能反映上年度公司的情况，不能反映真正的问题和可改善点。而对内部运营、客户、学习与成长这几个领先指标的关注，能够使得企业达到领先指标与滞后指标之间的平衡。

5. 等级评估法

等级评估法是将被考核人的工作内容分为互相独立的几个模块，对每个模块进行明确的工作标准描述。同时，将标准分为几个等级，如"优秀、良好、及格、不及格"等，考核人根据被考核人的实际工作情况，对每个模块的完成情况进行评估。

拓展训练

一、单选题

1. 以下不属于ABC分类法的步骤的是（　　）。
   A. 收集数据　　　B. 处理数据　　　C. 制ABC分析表　　　D. 问卷调研

2. 按照用户对库存需求特性的分类方式可以将库存分为（　　）。
   A. 制造库存、流通库存、国家储备
   B. 独立需求库存、相关需求库存
   C. 原材料库存、在制品库存、维修库存、产成品库存
   D. 周转库存、安全库存、调节库存、在途库存

3. 以下不属于库存积极作用的是（　　）。
   A. 维持销售产品的稳定　　　B. 维持生产的稳定
   C. 节约管理成本　　　D. 平衡企业流动资金的占用

4. 以下不属于订货成本的是（　　）。
   A. 价格折扣成本　　　B. 缺货成本　　　C. 废弃风险成本　　　D. 人工成本

5. 以下关于VMI的应用描述正确的是（　　）。
   A. 应用于对误差敏感行业，如医药行业
   B. 分店众多的快速消费品行业，如沃尔玛
   C. 易腐、易损产品行业，如双汇肉类放心店
   D. 以上描述均正确

6. 联合库存具有（　　）。
   A. 信息优势　　　B. 成本优势　　　C. 物流优势　　　D. 以上描述均正确

7. 配送中心选址时应该综合考虑各种因素，包括（　　）。
   A. 客户分布、供应商分布
   B. 交通条件、土地条件
   C. 自然条件、人力资源条件、政策环境
   D. 以上因素均需要考虑

8. 关于绩效评价以下描述正确的是（　　）。
   A. 按照一定评价程序进行的定性分析　　　B. 仅针对员工的工作业绩进行评价
   C. 企业绩效评价工作周期是一年　　　D. 能调动各部门员工的积极性

9. 送货准确率是属于（　　）方面的指标。
   A. 配送作业效率　　　B. 配送作业安全
   C. 客户服务效果　　　D. 配送作业质量

10. 以下不属于作业成本方面的指标的是（　　）。
    A. 单位货物运输成本　　　B. 配送延误率
    C. 平均装卸成本　　　D. 平均流通加工成本

11. 以下不属于配送中心作业绩效评价的原则是（　　）。
A. 主观性原则　　　　　　　　　　B. 技术经济原则
C. 局部服从整体的原则　　　　　　D. 合理性和可操作性原则

12. 配送中心作业绩效评价的作用描述不正确的是（　　）。
A. 提供管理决策依据　　　　　　　B. 持续改进作业方式，提高工作绩效
C. 考核与激励团队，增强凝聚力　　D. 仅仅是为管理人员提供帮助

二、判断题

1. 使用ABC分类法进行分析的时候需要对收集来的数据资料进行整理，按要求计算和汇总。（　　）

2. 库存会占用企业大量流动资金，通常情况下会达到企业总资产的20%~40%，库存管理不当就会形成大量资金的沉淀。（　　）

3. 所谓定量订货法，就是预先确定一个订货点和订货批量，随时检查库存，当库存下降到订货点时就发出订货，订货批量取经济订货批量。（　　）

4. 节约里程法是用来解决运输车辆数目不确定问题最有名的启发式算法。（　　）

5. 在仓储配送作业中，最主要的资源需求为土地资源。（　　）

6. 配送中心作业绩效评价指标是反映配送中心作业环节及整体作业效率与效果，衡量配送中心作业管理水平高低的尺度，是配送企业对内加强流程作业管理，对外提高客户服务水平的重要工具。（　　）

7. 配送中心作业绩效评价内容在技术方面包含配送成本、配送业务量、配送业务营业收入、配送利润水平及利润趋势的评价等。（　　）

8. 配送中心作业绩效评价指标的选择不需要大而全，重点是抓住少数的关键指标，这些关键指标能够将员工行为引向企业战略目标。（　　）

9. 对比分析方法是对两个或两个以上的指标进行数据对比，以此来了解运营情况，通过比较来发现问题。（　　）

10. 配送中心作业安全指的就是货物安全。（　　）

三、简答题

1. 简述ABC分类法的具体步骤。
2. 简述库存的积极作用和消极作用。
3. 简述库存管理计划制订的三大步骤。
4. 简述联合库存管理与VMI的区别。
5. 配送中心选址约束条件有哪6种？
6. 简述EIQ分析法原理。
7. EIQ分析法包含哪些具体步骤？
8. 简述配送中心作业绩效指标体系的构成。
9. 什么是SMART原则？
10. 结合自己的工作和生活，简述什么是对比分析法。

四、案例分析题

中储公司配送绩效管理

中国物资储运总公司立足发挥储运的硬件优势和网络优势，积极拓展配送业务，以现有分布于全国各大中城市的 60 多个仓库为据点，建立了全系统的配送网络和完整的配送业务流程以及服务规范。同时加强了信息化建设，实现了配送网络和电子商务网对接，向网络化、信息化、规模化的一流现代物流企业积极迈进。

为了让客户放心、满意地使用中储的配送服务，中储向客户提出了"配送及时，交接准确，反馈迅速，搬运安全，信誉可靠，网络服务"的承诺。"配送及时"，即接到配送单后，保证市内当天送达，200 千米以内 24 小时内送达，600 千米以内 36 小时内送达；"交接准确"，即由专业人员负责交接工作，保证货物和各种票据交接手续简单、准确；"反馈迅速"，即货物经分拣送达后，保证用最快的通信方式通知顾客确认；"搬运安全"，即实行绿色服务，不污染、不破坏货物包装，保证外包装破损率在 1‰ 以下；"信誉可靠"，即由中储原因发生的货损货差责任事故，中储将按市价全额赔偿，同时客户还可选择是否由中储给货物代上保险；"网络服务"，即中储在沈阳、大连、天津、石家庄、郑州、西安、咸阳、成都、重庆、武汉、衡阳、南京、连云港、上海实现联网改造，以降低空车率。

中储认真履行承诺的同时，还针对不同的客户提供具体的个性化服务。例如，中储股份南一分公司在为海尔服务的过程中，库房温度和湿度保持在规定的范围之内，做到库房内地面和货物上无尘土，同时保管员"日事日毕"，配送业务原则上当天任务当天完成，每天、每周、每月进行动态盘点并按时报告。又如，无锡中储物资公司与张家港浦项不锈钢有限公司的合作中，无锡中储为保证货物在运输途中的安全，车辆配备足够数量的"井"字型木架底座，卷板装载汽车后，加固并遮盖防雨篷布，装卸时使用软索，落地时上盖下垫，卷板被装火车时，车皮地板上铺满草垫，并按张家港图纸规定方式装车，卷板与车皮间使用 8 号铁丝捆绑牢固，卷板与铁丝的接触部位全部使用橡皮垫加以保护，无锡中储在保证了货物运输安全的同时，真正做到了令客户满意。再如，中储不仅为 LG 电子沈阳乐金有限公司的库存商品提供防雨、防盗、防潮、防鼠、防污染等基本保证，还按照要求为该公司的一切业务资料保密，提供 24 小时装卸服务，汽车运输快速、及时、准确地运送到东北地区各指定的代销地点。再如，中储孤家子一库为香港德讯海空运有限公司的西门子产品、基士得耶办公设备（中国）有限公司辽宁分公司的高档办公设备提供配送服务；中储石家庄东三教仓库为海尔电冰箱销售有限公司的电冰箱提供配送服务；中储股份上海沪南公司为正大集团易初莲花连锁超市的货物提供配送服务等，都切实履行了配送服务承诺，做到一切为客户着想，一切为客户服务。

根据以上案例，请回答下列问题：

1. 中储公司对用户的承诺体现了配送绩效管理中的哪些内容？并对此进行评价。
2. 中储公司是如何实施个性化服务的？其开展个性化服务需要什么条件？

项目四

技能竞赛篇

任务一　某年职业院校技能大赛智慧物流作业方案设计与实施赛项样题

4.1.1　物动量信息

某配送中心 6 周的出库作业周报如下表所示：

出库作业周报（物动量统计）

制表人：李毅　　　　　　　　　　　　　　　　　　　　　　　　制表时间：4 月 22 日

货品编码/条码	货品名称	出库量（箱）
6902774003017	金多多婴儿营养米粉	15
6918163010887	黄桃水果罐头	16
6920907800173	休闲黑瓜子	13
6944848456282	兴华苦杏仁	225
6944848456589	隆达葡萄籽油	135
6932010061884	早苗栗子西点蛋糕	13
6932010061969	鹏泽海鲜锅底	7
6932010061976	万盛牌瓷砖	8
6944848456599	云南优质咖啡	14
6932010061829	华冠黄油微波炉爆米花	2
6982010061891	乾广章鱼小丸子	8
6942423987624	隆迭葡萄籽油	8
6939261900108	好娃娃薯片	4
6932010061822	爱牧云南优质小粒咖啡	175
6932425987656	婴儿纸尿裤	334
6920855052068	利鑫达板栗	43
6921317958690	婴儿美奶粉	142

续表

货品编码/条码	货品名称	出库量（箱）
6932010061907	大嫂什锦水果罐头	14
6918011061360	鑫利达板栗	6
6932010061459	幸福方便挂面	7
6958786200067	婴儿湿巾	51
6934848456092	可乐年糕	89
6918010061369	脆香饼干	141
6932010061853	乐纳可茄汁沙丁鱼罐头	10
6933434567891	幸福方便面	12
6944848456015	大王牌大豆酶解蛋白粉	1007
6932410061891	大嫂水果罐头	6
6932010081891	雅儿沙拉酱	5
6942425987524	山地玖瑰蒸馏果酒	12
6932010061900	鹏润海鲜锅底	9
6944848456527	诚诚油炸花生仁	55
6932010061860	金谷精品杂粮营养粥	9
6932010061891	轩广章鱼小丸子	14
6932010061921	山地玫瑰蒸馏果酒	3
6944848456290	城城花生仁	8
6932010061863	脆享饼干	9
6932010961891	兴毕苦杏仁	4
6932010061887	神气松花蛋	11
6932010061826	好哇哇薯片	3
6932010061877	华冠芝士微波炉爆米花	13
6913221010106	顺心奶嘴	510
6932010061808	神奇松花蛋	84
6942425987624	雅比沙拉酱	3
6944848456350	梦阳奶粉	17
6942425987629	日明腐乳	7
6944848450350	可口年糕	5
6932010061865	万胜瓷砖	8
6920907800171	婴儿美羊奶粉	4
6932010061952	日月腐乳	11
6932010061780	大玉牌大豆酶解蛋白粉	14

出库作业周报（物动量统计）

制表人：李毅　　　　　　　　　　　　　　　　　　　　　　　制表时间：4月29日

货品编码/条码	货品名称	出库量（箱）
6932425987656	婴儿纸尿裤	362
6913221010106	顺心奶嘴	495

续表

货品编码/条码	货品名称	出库量（箱）
6944848456589	隆达葡萄籽油	136
6921317958690	婴儿美奶粉	167
6932010061860	金谷精品杂粮营养粥	2
6932010061976	万盛牌瓷砖	11
6944848456015	大王牌大豆酶解蛋白粉	1034
6944848450350	可口年糕	15
6932010061865	万胜瓷砖	10
6982010061891	乾广章鱼小丸子	10
6902774003017	金多多婴儿营养米粉	17
6918163010887	黄桃水果罐头	3
6920907800173	休闲黑瓜子	7
6944848456282	兴华苦杏仁	231
6932010061891	轩广章鱼小丸子	10
6944848456350	梦阳奶粉	11
6932010061969	鹏泽海鲜锅底	2
6944848456599	云南优质咖啡	6
6918011061360	鑫利达板栗	15
6932410061891	大嫂水果罐头	11
6944848456527	诚诚油炸花生仁	89
6932010061884	早苗栗子西点蛋糕	10
6920855052068	利鑫达板栗	53
6932010061921	山地玫瑰蒸馏果酒	1
6932010061952	日月腐乳	14
6939261900108	好娃娃薯片	5
6932010061829	华冠黄油微波炉爆米花	7
6932010061780	大玉牌大豆酶解蛋白粉	7
6932010061900	鹏润海鲜锅底	1
6942425987629	日明腐乳	25
6932010061877	华冠芝士微波炉爆米花	5
6932010061822	爱牧云南优质小粒咖啡	190
6932010061907	大嫂什锦水果罐头	15
6944848456290	城城花生仁	12
6920907800171	婴儿美羊奶粉	6
6932010961891	兴毕苦杏仁	13
6942425987524	山地玖瑰蒸馏果酒	4
6932010081891	雅儿沙拉酱	11
6918010061369	脆香饼干	137
6958786200067	婴儿湿巾	70
6942423987624	隆迖葡萄籽油	14

续表

货品编码/条码	货品名称	出库量（箱）
6932010061887	神气松花蛋	9
6932010061459	幸福方便挂面	16
6932010061863	脆享饼干	5
6932010061826	好哇哇薯片	9
6942425987624	雅比沙拉酱	11
6933434567891	幸福方便面	9
6932010061853	乐纳可茄汁沙丁鱼罐头	17
6932010061808	神奇松花蛋	117
6934848456092	可乐年糕	124

出库作业周报（物动量统计）

制表人：李毅　　　　　　　　　　　　　　　　　　　　　　制表时间：5月6日

货品编码/条码	货品名称	出库量（箱）
6902774003017	金多多婴儿营养米粉	8
6921317958690	婴儿美奶粉	175
6913221010106	顺心奶嘴	521
6944848456527	诚诚油炸花生仁	87
6932010061907	大嫂什锦水果罐头	11
6932010061952	日月腐乳	7
6944848456290	城城花生仁	6
6944848456015	大王牌大豆酶解蛋白粉	978
6920907800171	婴儿美羊奶粉	11
6932010081891	雅儿沙拉酱	15
6932010061780	大玉牌大豆酶解蛋白粉	17
6942425987524	山地玖瑰蒸馏果酒	7
6942425987629	日明腐乳	1
6932010061808	神奇松花蛋	96
6918163010887	黄桃水果罐头	17
6920907800173	休闲黑瓜子	15
6934848456092	可乐年糕	125
6932010061884	早苗栗子西点蛋糕	11
6942425987624	雅比沙拉酱	2
6932010061877	华冠芝士微波炉爆米花	5
6958786200067	婴儿湿巾	88
6932010061853	乐纳可茄汁沙丁鱼罐头	3
6920855052068	利鑫达板栗	45
6932010061860	金谷精品杂粮营养粥	7
6933434567891	幸福方便面	14
6932010061891	轩广章鱼小丸子	7

续表

货品编码/条码	货品名称	出库量（箱）
6932010061976	万盛牌瓷砖	11
6932010061826	好哇哇薯片	8
6932010061829	华冠黄油微波炉爆米花	11
6932010061459	幸福方便挂面	12
6932010061921	山地玫瑰蒸馏果酒	3
6944848456599	云南优质咖啡	9
6932410061891	大嫂水果罐头	12
6932010961891	兴毕苦杏仁	18
6932010061900	鹏润海鲜锅底	19
6918011061360	鑫利达板栗	9
6939261900108	好娃娃薯片	11
6932010061822	爱牧云南优质小粒咖啡	187
6932425987656	婴儿纸尿裤	357
6944848456350	梦阳奶粉	9
6944848456589	隆达葡萄籽油	131
6932010061969	鹏泽海鲜锅底	9
6932010061865	万胜瓷砖	3
6932010061887	神气松花蛋	12
6932010061863	脆享饼干	10
6944848456282	兴华苦杏仁	272
6944848450350	可口年糕	9
6942423987624	隆迏葡萄籽油	12
6982010061891	乾广章鱼小丸子	2
6918010061369	脆香饼干	146

出库作业周报（物动量统计）

制表人：李毅　　　　　　　　　　　　　　　　　　　　　制表时间：5月13日

货品编码/条码	货品名称	出库量（箱）
6982010061891	乾广章鱼小丸子	9
6958786200067	婴儿湿巾	66
6944848456599	云南优质咖啡	12
6944848456589	隆达葡萄籽油	125
6944848456527	诚诚油炸花生仁	81
6944848456350	梦阳奶粉	8
6944848456290	城城花生仁	11
6944848456282	兴华苦杏仁	210
6944848456015	大王牌大豆酶解蛋白粉	860
6944848450350	可口年糕	8
6942425987629	日明腐乳	10

续表

货品编码/条码	货品名称	出库量（箱）
6942425987624	雅比沙拉酱	4
6942425987524	山地玖瑰蒸馏果酒	10
6942423987624	隆迭葡萄籽油	12
6939261900108	好娃娃薯片	10
6934848456092	可乐年糕	94
6933434567891	幸福方便面	7
6932425987656	婴儿纸尿裤	331
6932410061891	大嫂水果罐头	16
6932010961891	兴毕苦杏仁	11
6932010081891	雅儿沙拉酱	11
6932010061976	万盛牌瓷砖	7
6932010061969	鹏泽海鲜锅底	7
6932010061952	日月腐乳	15
6932010061921	山地玫瑰蒸馏果酒	2
6932010061907	大嫂什锦水果罐头	9
6932010061900	鹏润海鲜锅底	14
6932010061891	轩广章鱼小丸子	16
6932010061887	神气松花蛋	9
6932010061884	早苗栗子西点蛋糕	10
6932010061877	华冠芝士微波炉爆米花	6
6932010061865	万胜瓷砖	11
6932010061863	脆享饼干	3
6932010061860	金谷精品杂粮营养粥	1
6932010061853	乐纳可茄汁沙丁鱼罐头	4
6932010061829	华冠黄油微波炉爆米花	9
6932010061826	好哇哇薯片	8
6932010061822	爱牧云南优质小粒咖啡	193
6932010061808	神奇松花蛋	82
6932010061780	大玉牌大豆酶解蛋白粉	7
6932010061459	幸福方便挂面	7
6921317958690	婴儿美奶粉	174
6920907800173	休闲黑瓜子	15
6920907800171	婴儿美羊奶粉	3
6920855052068	利鑫达板栗	47
6918163010887	黄桃水果罐头	10
6918011061360	鑫利达板栗	11
6918010061369	脆香饼干	144
6913221010106	顺心奶嘴	584
6902774003017	金多多婴儿营养米粉	8

出库作业周报（物动量统计）

制表人：李毅 　　　　　　　　　　　　　　　　　　　　　　　制表时间：5月20日

货品编码/条码	货品名称	出库量（箱）
6932010061822	爱牧云南优质小粒咖啡	178
6918163010887	黄桃水果罐头	7
6920907800173	休闲黑瓜子	7
6944848456015	大王牌大豆酶解蛋白粉	800
6944848456599	云南优质咖啡	12
6944848456350	梦阳奶粉	11
6932010061887	神气松花蛋	4
6932010061780	大玉牌大豆酶解蛋白粉	4
6942425987524	山地玖瑰蒸馏果酒	11
6942425987629	日明腐乳	15
6944848456589	隆达葡萄籽油	129
6921317958690	婴儿美奶粉	146
6920855052068	利鑫达板栗	70
6932010061891	轩广章鱼小丸子	14
6942425987624	雅比沙拉酱	3
6932010061877	华冠芝士微波炉爆米花	8
6918011061360	鑫利达板栗	8
6932010061459	幸福方便挂面	10
6982010061891	乾广章鱼小丸子	10
6942423987624	隆迭葡萄籽油	11
6902774003017	金多多婴儿营养米粉	16
6913221010106	顺心奶嘴	491
6932425987656	婴儿纸尿裤	456
6932010061921	山地玫瑰蒸馏果酒	6
6920907800171	婴儿美羊奶粉	5
6932010961891	兴毕苦杏仁	9
6932010061900	鹏润海鲜锅底	7
6932010061976	万盛牌瓷砖	9
6918010061369	脆香饼干	137
6932010061808	神奇松花蛋	118
6958786200067	婴儿湿巾	73
6932010061907	大嫂什锦水果罐头	7
6933434567891	幸福方便面	7
6932410061891	大嫂水果罐头	5
6932010081891	雅儿沙拉酱	24
6932010061829	华冠黄油微波炉爆米花	8
6932010061863	脆享饼干	15

续表

货品编码/条码	货品名称	出库量（箱）
6932010061952	日月腐乳	7
6944848456282	兴华苦杏仁	329
6932010061853	乐纳可茄汁沙丁鱼罐头	13
6932010061860	金谷精品杂粮营养粥	12
6934848456092	可乐年糕	123
6932010061884	早苗栗子西点蛋糕	8
6932010061826	好哇哇薯片	3
6932010061969	鹏泽海鲜锅底	15
6944848456527	诚诚油炸花生仁	93
6944848456290	城城花生仁	6
6932010061865	万胜瓷砖	13
6944848450350	可口年糕	7
6939261900108	好娃娃薯片	9

出库作业周报（物动量统计）

制表人：李毅　　　　　　　　　　　　　　　　　　　制表时间：5月27日

货品编码/条码	货品名称	出库量（箱）
6918163010887	黄桃水果罐头	6
6932010061907	大嫂什锦水果罐头	10
6944848456350	梦阳奶粉	14
6920907800171	婴儿美羊奶粉	9
6932010061459	幸福方便挂面	9
6942425987524	山地玖瑰蒸馏果酒	4
6932010061921	山地玫瑰蒸馏果酒	5
6932010061976	万盛牌瓷砖	14
6932010061826	好哇哇薯片	3
6939261900108	好娃娃薯片	6
6932010061853	乐纳可茄汁沙丁鱼罐头	3
6944848456527	诚诚油炸花生仁	84
6920907800173	休闲黑瓜子	2
6944848456589	隆达葡萄籽油	99
6944848456015	大王牌大豆酶解蛋白粉	565
6932010081891	雅儿沙拉酱	14
6942423987624	隆迭葡萄籽油	15
6932010061969	鹏泽海鲜锅底	2
6944848456599	云南优质咖啡	15
6944848450350	可口年糕	3
6932425987656	婴儿纸尿裤	343
6920855052068	利鑫达板栗	57

续表

货品编码/条码	货品名称	出库量（箱）
6932010061822	爱牧云南优质小粒咖啡	125
6932010061877	华冠芝士微波炉爆米花	7
6932410061891	大嫂水果罐头	12
6982010061891	乾广章鱼小丸子	5
6932010061900	鹏润海鲜锅底	11
6921317958690	婴儿美奶粉	112
6932010061860	金谷精品杂粮营养粥	5
6958786200067	婴儿湿巾	64
6902774003017	金多多婴儿营养米粉	1
6944848456282	兴华苦杏仁	282
6932010061891	轩广章鱼小丸子	8
6933334567891	幸福方便面	8
6918011061360	鑫利达板栗	11
6932010061887	神气松花蛋	6
6932010061780	大玉牌大豆酶解蛋白粉	2
6944848456290	城城花生仁	7
6942425987624	雅比沙拉酱	7
6932010061808	神奇松花蛋	86
6932010061952	日月腐乳	2
6934848456092	可乐年糕	89
6918010061369	脆香饼干	109
6932010061829	华冠黄油微波炉爆米花	14
6932010961891	兴华苦杏仁	8
6913221010106	顺心奶嘴	473
6932010061884	早苗栗子西点蛋糕	4
6932010061865	万胜瓷砖	7
6942425987629	日明腐乳	5
6932010061863	脆享饼干	11

4.1.2 入库信息

5月29日，该配送中心收到万事通达商贸有限公司的货物如下表所示，要求当日入库。

入库任务单编号：R0529　　　　　　　　　　　　　　　　　　　　　　　计划入库时间：到货当日

序号	商品名称	包装规格（mm）（长×宽×高）	单价（元/箱）	重量（kg）	生产日期	保质期	入库（箱/托）	货物状态
1	大王牌大豆酶解蛋白粉	203×153×160	100	12	3月8日	12个月	38箱/1托	已组托
2	顺心奶嘴	220×180×160	100	8	3月9日	12个月	30箱/1托	已组托
3	兴华苦杏仁	265×210×240	100	8	3月10日	6个月	47箱/1托	已组托
4	脆香饼干	235×160×160	100	10	3月11日	12个月	59箱/1托	已组托

续表

序号	商品名称	包装规格（mm）（长×宽×高）	单价（元/箱）	重量（kg）	生产日期	保质期	入库（箱/托）	货物状态
5	婴儿湿巾	297×223×240	100	8	3月12日	12个月	34箱/1托	已组托
6	休闲黑瓜子	273×215×180	100	15	3月13日	12个月	33箱/1托	已组托

供应商：万事通达商贸有限公司。

4.1.3 库存信息

目前，仓库的库存信息如下：

1. 货架规格

重型货架（托盘货架）为1排6列3层，双货位，单货位承重≤500kg。

货位参考尺寸：第一层：L1125×W1000×H1010（mm）；第二层：L1125×W1000×H1040（mm）；第三层：L1125×W1000×H960（mm）。

2. 货位存储信息

（1）重型货架（托盘货架）

货位30元/个（见下列货位存储图）。

请各参赛队将新上架货物用浅灰色填涂，并标明该货位货物数量，如下图所示。

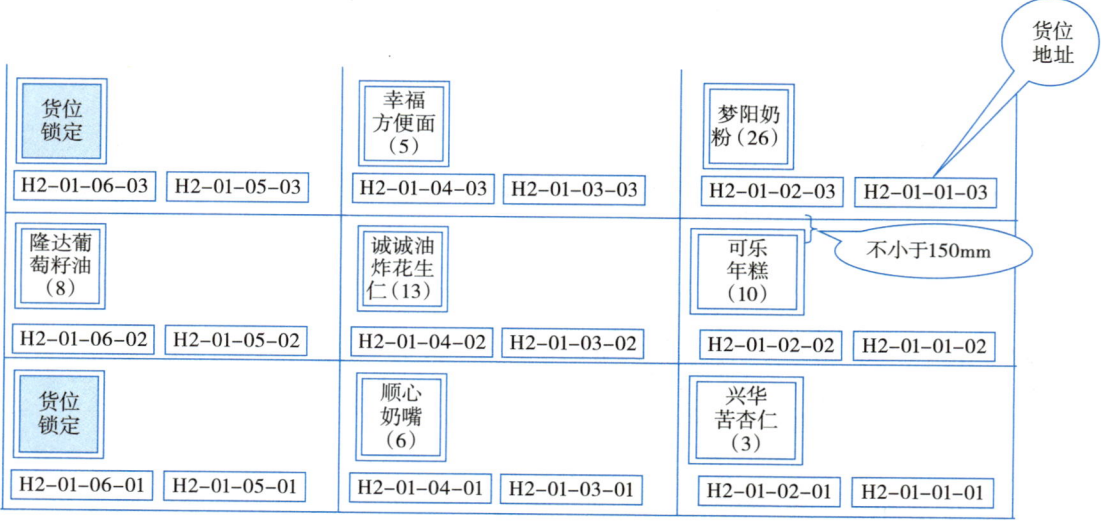

重型（托盘）货架入库任务完成前库存信息

序号	货品名称	规格（mm）	单位	箱装数	货位地址	入库日期	生产日期	保质期
1	顺心奶嘴	220×180×160	箱	15	H2-01-05-01	2022年3月5日	2022年2月6日	12个月
2	兴华苦杏仁	265×210×240	箱	10	H2-01-01-01	2021年12月5日	2021年11月27日	6个月
3	幸福方便面	586×378×180	箱	12	H2-01-04-03	2022年3月5日	2022年2月22日	6个月
4	可乐年糕	353×235×180	箱	20	H2-01-02-02	2022年3月6日	2022年2月23日	6个月
5	诚诚油炸花生仁	448×276×180	箱	24	H2-01-04-02	2022年3月5日	2022年2月25日	6个月
6	梦阳奶粉	353×235×180	箱	10	H2-01-02-03	2022年3月6日	2022年2月28日	6个月
7	隆达葡萄籽油	297×223×240	箱	4	H2-01-06-02	2022年3月5日	2022年2月14日	24个月

(2) 立体库区存储信息

立体库库存信息

序号	商品品种	序号	商品品种
1	农夫山泉饮用天然水 550ml	32	巴马铂泉 500ml
2	农夫山泉饮用天然水 380ml	33	北大荒天然矿泉水 350ml
3	雀巢优活 550ml	34	格桑泉饮用天然水 360ml
4	纯果乐果缤纷蓝莓石榴味饮料 500ml	35	恒大冰泉天然泉水 350ml
5	可口可乐零度 500ml	36	可蓝天然矿泉水 550ml
6	加多宝凉茶 310ml	37	康师傅芒果小酪 500ml
7	旺仔牛奶 145ml	38	康师傅蜂蜜柚子 500ml
8	怡宝饮用纯净水 555ml	39	达利园青梅红茶 500ml
9	名仁苏打水 375ml	40	康师傅绿茶 500ml
10	芬达橙味汽水 600ml	41	康师傅茉莉清茶 500ml
11	营养快线水果酸奶饮品水蜜桃味 500ml	42	依能蓝莓味乳酸菌饮料 500ml
12	雪碧 500ml	43	苏打果味饮料 350ml
13	板蓝花果糖凉茶 520ml	44	名仁 6 个柠檬 375ml
14	康师傅水蜜桃饮料 500ml	45	尖叫运动饮料 550ml
15	康师傅优悦饮用纯净水 560ml	46	康师傅冰糖雪梨 500ml
16	百岁山饮用天然矿泉水 570ml	47	美汁源爽花语饮料 420ml
17	康师傅包装饮用水 550ml	48	纯果乐果缤纷热带美味饮料 500ml
18	冰露包装饮用水 550ml	49	达利园青梅花茶 500ml
19	纯悦包装饮用水 550ml	50	脉动西瓜味维生素饮料 600ml
20	娃哈哈饮用纯净水 550ml	51	达利园青梅绿茶 500ml
21	怡宝饮用纯净水 350ml	52	康师傅劲凉冰红茶 500ml
22	水立方饮用天然矿泉水 585ml	53	康师傅茉莉蜜茶 500ml
23	天宝泉弱碱性天然饮用水 500ml	54	农夫果园 30% 混合果蔬 500ml
24	ALKAQUA 爱夸饮用天然矿泉水 570ml	55	康师傅酸梅汤 500ml
25	娃哈哈纯净水 596ml	56	康师傅鲜果橙 500ml
26	百岁山饮用天然矿泉水 348ml	57	统一阿萨姆原味奶茶 500ml
27	雀巢优活 330ml	58	补力电解饮料 520ml
28	农夫山泉天然运动装 400ml	59	一次性使用医用普通口罩
29	昆仑山矿泉水 350ml		
30	阿尔山矿泉水 550ml		
31	巴马铂泉 350ml		

注：8 个单位/箱。

（3）电子标签货架区存储信息

电子标签货架区存储信息

序号	商品品种	商品品种	商品品种
1	恒大冰泉 500ml	百岁山饮用天然矿泉水 348ml	好帮手洗澡巾
2	康师傅浓浓柠檬红茶 450ml	统一绿茶茉莉味 500ml	
3	水晶刷	清亮一次性雨衣	
4	清亮一次性防尘鞋套	康洁垃圾袋	

注：7 个单位/货位。

（4）阁楼货架区存储信息

阁楼货架区存储信息

序号	商品名称
1	旺仔牛奶 245ml
2	芬达苹果味汽水 600ml
3	小茗同学冷泡茉莉萃茶 480ml
4	美汁源 10% 果粒橙 450ml
5	海之言柠檬果味饮料 500ml
6	小茗同学冷泡冰橘绿茶 480ml
7	脉动维生素饮料蜜桃味 600ml
8	王老吉凉茶植物饮料 310ml
9	海之言水蜜桃果味饮料 500ml
10	康师傅冰红茶 500ml
11	小茗同学冷泡青柠红茶 480ml
12	康师傅浓浓柠檬绿茶 450ml

注：20 个单位/货位。

（5）重型货架散货区存储信息

重型货架散货区存储信息

序号	商品名称	货位地址	库存量	库存上下限
1	可乐年糕	S2－01－01－01	15	60/40
2	兴华苦杏仁	S2－01－02－01	5	35/10
3	伊藤园浓茶绿茶饮料 500ml	S2－01－03－01	12	70/10
4	伊藤园无糖绿茶饮料 500ml	S2－01－04－01	35	60/10

（6）密集存储区存储信息

密集存储区存储信息

序号	商品名称
1	金正儿童碗
2	木头人木梳子

注：20 个单位/货位。

4.1.4 客户信息

该配送中心面向的客户主要有四个，具体信息如下表所示：

客户编号		20040301231				
公司名称		浙杭公司		助记码		BY
法人代表	李红	家庭地址	浙江省杭州市繁多花园1号	联系方式		（0591）63580062
证件类型	营业执照	证件编号	120106754788763	营销区域		江干区
公司地址		浙江省杭州市江干区1号大街	邮编	350000	联系人	李鑫
办公电话		（0591）27561666	家庭电话	（0591）83789209	传真号码	0591-11114897
电子邮箱		baiyi@126.com	QQ账号	8753885336	MSN账号	baiyi@msn.com
开户银行		中国邮政储蓄银行	银行账号			××××××0427
公司性质	民营	所属行业	零售业	注册资金	500万元	经营范围	食品、办公用品
信用额度	180万元	忠诚度	高	满意度	较高	应收账款	160万元
客户类型		重点型		客户级别		A
建档时间		2003年5月		维护时间		2022年5月
WEB主页		www.baiyi.com				

客户编号		2006030123				
公司名称		浙凯公司		助记码		BW
法人代表	林宋	家庭地址	浙江省杭州市流星花园3号	联系方式		（0591）87891114
证件类型	营业执照	证件编号	120106754788763	营销区域		江干区
公司地址		浙江省杭州市江干区3号大街	邮编	350000	联系人	李林
办公电话		0591-28888896	家庭电话	0591-64338808	传真号码	0591-28654666
电子邮箱		baiwan@126.com	QQ账号	8753885336	MSN账号	baiwan@msn.com
开户银行		中国工商银行	银行账号			××××××0427
公司性质	民营	所属行业	零售业	注册资金	500万元	经营范围	食品、办公用品
信用额度	100万元	忠诚度	较高	满意度	一般	应收账款	99.9万元
客户类型		普通型		客户级别		C
建档时间		2015年6月		维护时间		2022年5月
WEB主页		www.baiwna.com				

客户编号		20040301233				
公司名称		浙来公司		助记码		BX
法人代表	王红	家庭地址	浙江省杭州市翻斗花园2号	联系方式		（0591）87316904
证件类型	营业执照	证件编号	120106754788763	营销区域		江干区
公司地址		浙江省杭州市江干区2号大街	邮编	300875	联系人	任程
办公电话		0591-28654896	家庭电话	0591-64338906	传真号码	0591-28654897
电子邮箱		baixing@126.com	QQ账号	8753885336	MSN账号	baixing@msn.com
开户银行		中国工商银行	银行账号			××××××0427
公司性质	民营	所属行业	零售业	注册资金	1200万元	经营范围	食品、办公用品

续表

信用额度	250 万元	忠诚度	高	满意度	高	应收账款	248.4 万元
客户类型	伙伴型			客户级别		A	
建档时间	2001 年 5 月			维护时间		2022 年 5 月	
WEB 主页	www.baixing.com						

客户编号			20045030123				
公司名称			浙州公司		助记码		BH
法人代表	李四	家庭地址	浙江省杭州市西溪花园4号		联系方式		（0591）87316904
证件类型	营业执照	证件编号	120106754788763		营销区域		江干区
公司地址	浙江省杭州市江干区4号大街			邮编	350000	联系人	张三
办公电话	0591-28654896		家庭电话	0591-64338906		传真号码	0591-28654897
电子邮箱	baihuo@126.com		QQ 账号	8753885336		MSN 账号	baihuo@msn.com
开户银行		中国工商银行		银行账号		××××××0427	
公司性质	民营	所属行业	零售业	注册资金	600 万元	经营范围	食品、办公用品
信用额度	150 万元	忠诚度	较高	满意度	较高	应收账款	98 万元
客户类型		重点型		客户级别		B	
建档时间		2004 年 9 月		维护时间		2022 年 5 月	
WEB 主页			www.baihuo.com				

4.1.5　盘点作业

在补货作业前，对重型货架散货区编制出盘点作业计划表。

4.1.6　补货作业计划资料

操作说明：

①盘点作业完成后，根据实际情况对重型货架散货区进行补货作业。

②以箱为单位进行补货。

③收到客户订单时间晚于补货作业完成时间。

④重型货架散货区 SKU 存量低于下限时启动补货作业，按上限值进行补货。

请根据上述情况，完成下列补货计划的填制。

序号	品名	源货位	目标货位	补货数量

4.1.7　客户订单

客户订单信息如下：

浙来公司采购订单

订单编号：D202205290101　　　　　　　　　　　　　　　　　　　　　　　订货时间：5月29日

序号	商品名称	单位	单价（元）	订购数量	金额（元）	备注
1	兴华苦杏仁	箱	100	15	1500	
2	可乐年糕	箱	100	4	400	
3	恒大冰泉 500ml	瓶	100	2	200	
4	百岁山饮用天然矿泉水 348ml	瓶	50	9	450	
5	农夫山泉饮用天然水 380ml	瓶	50	1	50	
6	康师傅包装饮用水 550ml	瓶	50	1	50	
7	小茗同学冷泡茉莉萃茶 480ml	瓶	50	2	100	
8	旺仔牛奶 245ml	瓶	50	2	100	
9	海之言柠檬果味饮料 500ml	瓶	50	2	100	
10	伊藤园浓茶绿茶饮料 500ml	瓶	50	1	50	
11	伊藤园无糖绿茶饮料 500ml	瓶	50	1	50	
	合计			40	3050	

浙州公司采购订单

订单编号：D202205290102　　　　　　　　　　　　　　　　　　　　　　　订货时间：5月29日

序号	商品名称	单位	单价（元）	订购数量	金额（元）	备注
1	兴华苦杏仁	箱	100	17	1700	
2	梦阳奶粉	箱	100	4	400	
3	幸福方便面	箱	100	2	200	
4	顺心奶嘴	箱	100	5	500	
5	农夫山泉饮用天然水 380ml	瓶	50	1	50	
6	统一绿茶茉莉味 500ml	瓶	50	2	100	
7	康师傅浓浓柠檬红茶 450ml	瓶	50	1	50	
8	康师傅包装饮用水 550ml	瓶	50	1	50	
9	小茗同学冷泡茉莉萃茶 480ml	瓶	50	2	100	
10	旺仔牛奶 245ml	瓶	50	1	50	
11	海之言柠檬果味饮料 500ml	瓶	50	2	100	
12	伊藤园浓茶绿茶饮料 500ml	瓶	50	1	50	
13	伊藤园无糖绿茶饮料 500ml	瓶	50	2	100	
	合计			41	3450	

浙凯公司采购订单

订单编号：D202205290103　　　　　　　　　　　　　　　　　　　　　　　订货时间：5月29日

序号	商品名称	单位	单价（元）	订购数量	金额（元）	备注
1	兴华苦杏仁	箱	100	15	1500	
2	可乐年糕	箱	100	4	400	
3	恒大冰泉 500ml	瓶	100	2	200	
4	海之言柠檬果味饮料 500ml	瓶	50	2	100	

续表

序号	商品名称	单位	单价（元）	订购数量	金额（元）	备注
5	伊藤园浓茶绿茶饮料 500ml	瓶	50	1	50	
6	伊藤园无糖绿茶饮料 500ml	瓶	50	5	250	
7	诚诚油炸花生仁	箱	100	2	200	
8	娃哈哈饮用纯净水 550ml	瓶	50	5	250	
9	一次性使用医用普通口罩	包	50	2	100	
10	清亮一次性雨衣	包	50	2	100	
11	康洁垃圾袋	包	50	3	150	
	合计			43	3300	

浙杭公司采购订单

订单编号：D202205290104　　　　　　　　　　　　　　　　　　　　　订货时间：5月29日

序号	商品名称	单位	单价（元）	订购数量	金额（元）	备注
1	兴华苦杏仁	箱	100	15	1500	
2	顺心奶嘴	箱	100	8	800	
3	可乐年糕	箱	100	2	200	
4	娃哈哈饮用纯净水 550ml	瓶	50	5	250	
5	一次性使用医用普通口罩	包	50	8	400	
6	清亮一次性雨衣	包	50	2	100	
7	康洁垃圾袋	包	50	3	150	
8	百岁山饮用天然矿泉水 348ml	瓶	50	6	300	
9	恒大冰泉 500ml	瓶	50	2	100	
10	康师傅包装饮用水 550ml	瓶	50	2	100	
	合计			53	3900	

4.1.8　配送路线设计资料

配送路线设计参考资料

某配送中心 P 将于 2021 年 4 月 23 日向浙询（A）、浙度（B）、浙方（C）、浙来（D）、浙飞（E）、浙福（F）、浙里（G）、浙杭（H）、浙州（I）、浙快（J）和浙凯（K）11 家公司配送货物，如下图所示。图中连线上的数字表示公路里程（千米）。靠近各公司的数字，表示各公司对货物的需求量（t）。配送中心备有 8 吨和 5 吨载重量的汽车可供使用，且车辆一次巡回行走里程不能超过 30 千米。设送到时间均符合用户要求，试用节约里程法制订最优的配送方案。

4.1.9　配送时效

配送时效分析

某配送中心为一重要客户配送货物，承诺服务时间为 3 小时，平均备货时间为 0.5 小时，方差为 0.1，平均出行速度为 50 千米/小时，标准差为 10。已知从配送中心到客户的行车距离为 70 千米，该配送中心能否对客户承诺误点率为 1% 的配送服务？（计算结果四舍五入保留整数）

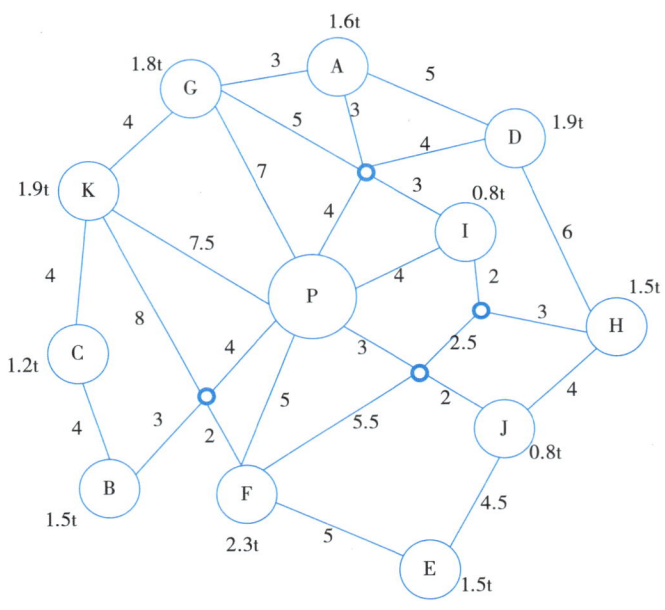

安全系数如下表所示：

服务水平	0.9998	0.99	0.98	0.95	0.90	0.80	0.70
系数 Z	3.50	2.33	2.05	1.65	1.29	0.84	0.53

任务二　某年职业院校技能大赛智慧物流作业方案设计与实施赛项样题

4.2.1　物动量信息

某配送中心 6 周的出库作业周报如下表所示：

出库作业周报（物动量统计）

制表人：XQT　　　　　　　　　　　　　　　　　　　　　　　　制表时间：7 月 1 日

货品编码/条码	货品名称	出库量（箱）
7921317905014	康师傅冰红茶（柠檬口味）500ml	25
7954767440576	芬达水蜜桃汽水 500ml	28
7954767430461	雪碧纤维+清爽柠檬味 500ml	31
6920789559910	诚诚油炸花生仁	81
9418783001201	Aige 脱脂羊奶	1000
9418783001101	Aige 全脂羊奶	1100
6975720001225	幸福方便面	78
6920789559911	可乐年糕	250
6931700971033	得力固体胶	820
6923462610430	花弄影手帕纸	70
6903244673563	心相印百分百原生木纸面巾	40

续表

货品编码/条码	货品名称	出库量（箱）
6901236382974	抽取式维达纸面巾	29
6913221010106	顺心奶嘴	62
6924509902211	精致食用盐	95
6959643187068	趣行PVC成人款均码雨衣	30
6949802801078	乐宜美抛弃型手套	60
6903244958110	心相印卷筒卫生纸180g	76
6922266443770	清风原木纯品卷筒纸	150

出库作业周报（物动量统计）

制表人：XQT　　　　　　　　　　　　　　　　　　　　　制表时间：7月8日

货品编码/条码	货品名称	出库量（箱）
9418783001101	Aige全脂羊奶	230
9418783001201	Aige脱脂羊奶	1540
6920789559936	脆香饼干	40
6920789559905	婴儿湿巾	34
6903244675147	心相印茶语丝享	40
6926691328817	珍爱洁面湿巾A	90
6901236300732	维达卫生湿巾	42
6934925991348	洁丽雅棉柔洗脸巾	88
6920059300057	丽悦暖身贴	450
6901404801108	固本无磷超效洗衣皂	150
6931700971033	得力固体胶	850
6951967410712	刷子	70
6941153220973	菠萝啤果味饮料	321
6911988018519	乐虎氨基酸维生素功能饮料	365
6901236373965	维达蓝色经典140g	90
6920789559912	婴儿纸尿裤	1200
6922868283101	心相印卷筒卫生纸140g	87

出库作业周报（物动量统计）

制表人：XQT　　　　　　　　　　　　　　　　　　　　　制表时间：7月15日

货品编码/条码	货品名称	出库量（箱）
9418783001101	Aige全脂羊奶	600
6940669810222	三防热敏不干胶	1400
6920789559908	梦阳奶粉	400
6920789559977	隆达葡萄籽油	63
6953631801079	斑布布感原生竹纸	85
6914068015651	洁柔可湿水面纸	67
6932111050664	全棉时代纯棉柔巾	35

续表

货品编码/条码	货品名称	出库量（箱）
6901236388969	维达纸手帕	32
6922266461712	清风原木纯品	200
6926032342823	软抄本	250
6901404801108	固本无磷超效洗衣皂	50
6920789559906	休闲黑瓜子	900
6950715599587	可孚一次性医用口罩中号	66
6956603700264	美容坊梳子	50
6941153220973	菠萝啤果味饮料	50
6911988018519	乐虎氨基酸维生素功能饮料	200
6940669810222	三防热敏不干胶	350

出库作业周报（物动量统计）

制表人：XQT　　　　　　　　　　　　　　　　　　　　　制表时间：7月21日

货品编码/条码	货品名称	出库量（箱）
9418783001101	Aige全脂羊奶	400
6920789559911	可乐年糕	120
6940669810222	三防热敏不干胶	350
6920789559908	梦阳奶粉	432
6931700971033	得力固体胶	912
6922266461712	清风原木纯品	300
6922398209473	丽邦护肤柔湿巾	83
6920789559901	大王牌大豆酶解蛋白粉	2900
6920789559906	休闲黑瓜子	150
6941153220973	菠萝啤果味饮料	152
6911988018519	乐虎氨基酸维生素功能饮料	350
6920789559912	婴儿纸尿裤	1600
6920789559901	大王牌大豆酶解蛋白粉	1000
9418783001201	Aige脱脂羊奶	1000
9418783001201	Aige脱脂羊奶	1100

出库作业周报（物动量统计）

制表人：XQT　　　　　　　　　　　　　　　　　　　　　制表时间：7月28日

货品编码/条码	货品名称	出库量（箱）
9418783001201	Aige脱脂羊奶	400
6940669810222	三防热敏不干胶	317
6931700971033	得力固体胶	400
6922266443770	清风原木纯品卷筒纸	310
6970360992069	维德医疗儿童口罩	70
6928913511335	优禾康卫生湿巾	30

续表

货品编码/条码	货品名称	出库量（箱）
6922868285266	心相印卫生湿巾	34
6933720457943	三利纯棉洗脸巾	80
6901404801108	固本无磷超效洗衣皂	400
6920789559906	休闲黑瓜子	200
6956934810786	云蕾沐浴按摩手套	43
6927531482454	精达蝴蝶 6013 尖匙	58
6956367338680	王老吉凉茶植物饮料	330
6941153220973	菠萝啤果味饮料	50
6922266443770	清风原木纯品卷筒纸	550
6920789559912	婴儿纸尿裤	1205

出库作业周报（物动量统计）

制表人：XQT　　　　　　　　　　　　　　　　　　　　　制表时间：8月5日

货品编码/条码	货品名称	出库量（箱）
6947503760588	晨光白板笔	40
6922711087139	广博简约白板笔	92
6935205325501	得力油性记号笔	69
6920789559911	可乐年糕	150
6937436198312	护理牙线棒	33
6920874604972	兴盛牙刷	102
6922485100058	亮白柔洁珍珠白刷毛牙刷	300
6902022132346	蓝月亮野菊花清爽洗手液 500g	55
6902022135736	蓝月亮青苹果味儿童泡泡洗手液	31
6970360992069	维德医疗儿童口罩	150
6902022130496	蓝月亮抑菌洗手液 500g	72
6902022131943	蓝月亮儿童洗手液 225g	40
6913475341858	严迪消毒免洗洗手液 100ml	45
6957411104305	老管家消毒喷雾 500ml	35
6902022131936	蓝月亮甜橙味儿童洗手液 225g	36
6923644242923	蒙牛酸酸乳乳味饮品	48
6970612192056	优禾康酒精棉片	75
6920789559901	大王牌大豆酶解蛋白粉	700
6923074075474	美丽雅一次性 PVC 手套 L 号	33
6923074075481	美丽雅一次性 PVC 手套 M 号	32

4.2.2　入库信息

6 月 30 日，该配送中心收到万事通达商贸有限公司的货物如下表所示，要求当日入库。

入库任务单编号：R20220630　　　　　　　　　　　　　　　　　　　　　　计划入库时间：到货当日

序号	商品名称	包装规格（mm）（长×宽×高）	单价（元/箱）	重量（kg）	生产日期	保质期	入库（箱）	堆码层限
1	大王牌大豆酶解蛋白粉	203×153×300	100	6	2022年5月8日	12个月	84	3层
2	顺心奶嘴	180×210×240	100	4	2022年3月9日	36个月	60	3层
3	Aige全脂羊奶	448×276×180	100	8	2022年6月10日	6个月	18	3层
4	婴儿湿巾	297×223×160	100	9	2022年5月11日	12个月	52	3层
5	休闲黑瓜子	235×160×160	100	8	2022年5月12日	12个月	59	3层
6	婴儿纸尿裤	265×210×240	100	15	2022年3月13日	24个月	28	3层

供应商：万事通达商贸有限公司。

4.2.3 库存信息

目前，仓库的库存信息如下：

1. 货架规格

重型货架（托盘货架）为1排6列3层，双货位，单货位承重≤500kg。

货位参考尺寸：第一层：L1125×W1000×H1010（mm）；第二层：L1125×W1000×H1040（mm）；第三层：L1125×W1000×H960（mm）。

2. 货位存储信息

（1）重型货架（托盘货架）

货位30元/个（见下列货位存储图）。

请各参赛队将新上架货物用浅灰色填涂，并标明该货位货物数量，如下图所示。

幸福方便面 8　　H1-01-01-03							
Aige脱脂羊奶（24）　H1-01-01-03	Aige脱脂羊奶（10）　H1-01-02-03	脆香饼干（6）　H1-01-03-03	可乐年糕（12）　H1-01-04-03	可乐年糕（12）　H1-01-05-03		隆达葡萄籽油（8）　H1-01-07-03	H1-01-08-03
Aige脱脂羊奶（24）　H1-01-01-02	H1-01-02-02	H1-01-03-02	幸福方便面（10）　H1-01-04-02	婴儿湿巾（4）　H1-01-05-02	不小于150mm　H1-01-06-02	梦阳奶粉（20）　H1-01-07-02	清风原木纯品卷筒纸（10）　H1-01-08-02
诚诚油炸花生仁（7）　H1-01-01-01	Aige全脂羊奶（2）　H1-01-02-01	H1-01-03-01	H1-01-04-01	H1-01-05-01	H1-01-06-01	三防热敏不干胶（20）　H1-01-07-03	得力固体胶（20）　H1-01-08-01

重型（托盘）货架入库任务完成前库存信息

序号	货位地址	商品名称	包装规格（mm）（长×宽×高）	单价（元/箱）	重量（kg）	生产日期	保质期	箱装数
1	H1-01-01-03	Aige 脱脂羊奶	203×153×250	100	6	2022年5月8日	12个月	10
2	H1-01-02-03	Aige 脱脂羊奶	203×153×250	100	6	2022年5月8日	12个月	10
3	H1-01-04-03	脆香饼干	180×210×220	100	8	2022年3月9日	12个月	11
4	H1-01-02-02	Aige 全脂羊奶	448×276×180	100	8	2022年5月10日	6个月	12
5	H1-01-02-01	Aige 全脂羊奶	448×276×180	100	8	2022年5月10日	6个月	12
6	H1-01-05-03	可乐年糕	220×180×150	100	10	2022年5月11日	12个月	11
7	H1-01-06-03	可乐年糕	220×180×150	100	10	2022年4月11日	12个月	11
8	H1-01-05-02	婴儿湿巾	297×223×160	100	9	2022年4月12日	12个月	13
9	H1-01-04-02	幸福方便面	263×240×180	100	3	2022年5月20日	6个月	14
10	H1-01-07-02	梦阳奶粉	260×210×200	100	15	2022年5月13日	12个月	15
11	H1-01-07-03	隆达葡萄籽油	240×200×220	100	8	2022年5月15日	12个月	13
12	H1-01-08-02	清风原木纯品卷筒纸	195×200×300	100	7	2022年4月13日	12个月	12
13	H1-01-01-01	诚诚油炸花生仁	210×190×150	100	9	2022年6月13日	12个月	16
14	H1-01-07-01	三防热敏不干胶	190×200×150	100	6	2022年3月13日	24个月	20
15	H1-01-08-01	得力固体胶	215×190×150	100	8	2022年4月18日	12个月	60

（2）电商仓库存储信息

电商仓库存储信息

库区名称	仓位编码	商品编码	商品名称	商品单位	商品数量
电商仓库	D2-01-01-01	6923074075474	美丽雅一次性PVC手套L号	盒	5
电商仓库	D2-01-01-02	6949802801078	乐宜美抛弃型手套	袋	6
电商仓库	D2-01-01-03	6971942962340	维德医疗医用外科口罩中号	袋	25
电商仓库	D2-01-02-01	6923074075481	美丽雅一次性PVC手套M号	盒	5
电商仓库	D2-01-02-02	6970360992069	维德医疗儿童口罩	包	20
电商仓库	D2-01-02-03	6950715599587	可孚一次性医用口罩中号	袋	8
电商仓库	D3-01-01-01	6971942960452	Wellday 检查手套中号	袋	8
电商仓库	D3-01-01-02	6923074075481	美丽雅一次性PVC手套M号	盒	6
电商仓库	D3-01-01-03	6920059300057	丽悦暖身贴	袋	20
电商仓库	D3-01-02-01	6971942960186	Wellday 酒精消毒片	盒	50
电商仓库	D3-01-02-02	6923074075474	美丽雅一次性PVC手套L号	盒	6
电商仓库	D3-01-02-03	6901404801108	固本无磷超效洗衣皂	袋	20
电商仓库	D4-01-01-01	6970612192056	优禾康酒精棉片	盒	10
电商仓库	D4-01-01-02	6902022130878	蓝月亮维E洗手液500g	瓶	5
电商仓库	D4-01-01-03	6951944509880	徽歌消毒免洗洗手液500ml	瓶	3
电商仓库	D4-01-02-01	6970897101279	海氏海若酒精湿巾	盒	2
电商仓库	D4-01-02-02	6902022132346	蓝月亮野菊花清爽洗手液500g	瓶	7
电商仓库	D4-01-02-03	6902022135736	蓝月亮青苹果味儿童泡泡洗手液	瓶	4

续表

库区名称	仓位编码	商品编码	商品名称	商品单位	商品数量
电商仓库	D5-01-01-01	6921570938781	哈森免洗手抑菌洗手液250ml	瓶	3
电商仓库	D5-01-01-02	6902022130496	蓝月亮抑菌洗手液500g	瓶	9
电商仓库	D5-01-01-03	6902022131943	蓝月亮儿童洗手液225g	瓶	6
电商仓库	D5-01-02-01	6913475341858	严迪消毒免洗洗手液100ml	瓶	7
电商仓库	D5-01-02-02	6957411104305	老管家消毒喷雾500ml	瓶	6
电商仓库	D5-01-02-03	6902022131936	蓝月亮甜橙味儿童洗手液225g	瓶	6
电商仓库	D6-01-01-01	6903244958110	心相印卷筒卫生纸180g	卷	10
电商仓库	D6-01-01-02	6922266443770	清风原木纯品卷筒纸	卷	14
电商仓库	D6-01-01-03	6903244673563	心相印百分百原生木纸面巾	包	6
电商仓库	D6-01-02-01	6922868283101	心相印卷筒卫生纸140g	卷	14
电商仓库	D6-01-02-02	6901236373965	维达蓝色经典140g	卷	15
电商仓库	D6-01-02-03	6901236382974	抽取式维达纸面巾	包	3
电商仓库	D7-01-01-01	6953631801079	斑布布感原生竹纸	包	12
电商仓库	D7-01-01-02	6914068015651	洁柔可湿水面纸	包	8
电商仓库	D7-01-01-03	6932111050664	全棉时代纯棉柔巾	包	6
电商仓库	D7-01-02-01	6901236388969	维达纸手帕	包	5
电商仓库	D7-01-02-02	6922266461712	清风原木纯品	包	20
电商仓库	D7-01-02-03	6903244675147	心相印茶语丝享	包	6
电商仓库	D8-01-01-01	6922485100058	亮白柔洁珍珠白刷毛牙刷	支	20
电商仓库	D8-01-01-02	6926691328817	珍爱洁面湿巾A	包	16
电商仓库	D8-01-01-03	6914068025667	洁柔纸手帕（Face超迷你）	条	4
电商仓库	D8-01-02-01	6947230510067	利得中号垃圾袋	卷	16
电商仓库	D8-01-02-02	6922398209473	丽邦护肤柔湿巾	包	12
电商仓库	D8-01-02-03	6947509910000	得宝迷你纸手帕	包	32
电商仓库	D9-01-01-01	6901236301265	维达超迷你卫生湿巾	条	5
电商仓库	D9-01-01-02	6901236300732	维达卫生湿巾	包	6
电商仓库	D9-01-01-03	6934925991348	洁丽雅棉柔洗脸巾	包	14
电商仓库	D9-01-02-01	6928913511335	优禾康卫生湿巾	包	4
电商仓库	D9-01-02-02	6922868285266	心相印卫生湿巾	包	6
电商仓库	D9-01-02-03	6933720457943	三利纯棉洗脸巾	包	12

（3）重型货架散货区存储信息

重型货架散货区存储信息

库区名称	仓位编码	商品编码	商品名称	商品单位	商品数量	库存上下限
重型货架散货区	M1-01-01-01	6947503760588	晨光白板笔	支	11	10/60
重型货架散货区	M1-01-01-02	6935205369925	得力封箱器	盒	12	10/60
重型货架散货区	M1-01-01-03	6924509902211	精致食用盐	袋	19	10/60
重型货架散货区	M1-01-02-01	6922711087139	广博简约白板笔	支	17	10/60
重型货架散货区	M1-01-02-02	6925282216144	晨光订书钉	盒	19	10/60

续表

库区名称	仓位编码	商品编码	商品名称	商品单位	商品数量	库存上下限
重型货架散货区	M1-01-02-03	6926032342823	软抄本	本	20	15/80
重型货架散货区	M1-01-03-01	6935205325501	得力油性记号笔	支	13	10/60
重型货架散货区	M1-01-03-02	6930669810211	三防热敏不干胶	卷	7	15/65
重型货架散货区	M1-01-03-03	6921734971029	得力固体胶	个	12	15/80

(4) 电子标签货架区存储信息

电子标签货架区存储信息

库区名称	仓位编码	商品编码	商品名称	商品单位	商品数量
电子标签货架区	D1-01-01-01	6925009913868	蜂蜜柚子茶果味茶饮料	盒	6
电子标签货架区	D1-01-01-02	6902083890681	AD 钙奶饮料	瓶	10
电子标签货架区	D1-01-01-03	6920459905036	康师傅包装饮用水 550ml	瓶	18
电子标签货架区	D1-01-02-01	6956367338680	王老吉凉茶植物饮料	罐	19
电子标签货架区	D1-01-02-02	6941153220973	菠萝啤果味饮料	罐	21
电子标签货架区	D1-01-02-03	6943052100110	恒大冰泉天然矿泉水	瓶	21
电子标签货架区	D1-01-03-01	6922255447833	百岁山饮用天然矿泉水 348ml	瓶	20
电子标签货架区	D1-01-03-02	6921168509256	农夫山泉饮用天然水 550ml	瓶	10
电子标签货架区	D1-01-03-03	6925303754884	小茗同学果味茶饮料	瓶	15
电子标签货架区	D1-01-04-01	6902538005141	脉动维生素饮料（水蜜桃口味）	瓶	13
电子标签货架区	D1-01-04-02	6958959700073	伊藤园浓味绿茶	瓶	15
电子标签货架区	D1-01-04-03	6956416205956	美汁源果粒橙	瓶	11
电子标签货架区	D1-01-05-01	6918976550068	雀巢优活饮用纯净水 550ml	瓶	22
电子标签货架区	D1-01-05-02	6902083881405	娃哈哈饮用纯净水 596ml	瓶	16
电子标签货架区	D1-01-05-03	6916196620738	李子园	瓶	22
电子标签货架区	D1-01-06-01	6911988018519	乐虎氨基酸维生素功能饮料	罐	23
电子标签货架区	D1-01-06-02	6923644242923	蒙牛酸酸乳乳味饮品	盒	7
电子标签货架区	D1-01-06-03	6954767440576	芬达水蜜桃汽水 500ml	瓶	19

(5) 阁楼货架区存储信息

阁楼货架区存储信息

库区名称	仓位编码	商品编码	商品名称	商品单位	商品数量
阁楼货架区	G1-01-01-01	6951967410712	刷子	个	9
阁楼货架区	G1-01-01-02	6923462610430	花弄影手帕纸	包	8
阁楼货架区	G1-01-01-03	6956603700264	美容坊梳子	个	7
阁楼货架区	G1-01-02-01	6956934810786	云蕾沐浴按摩手套	个	7
阁楼货架区	G1-01-02-02	6959643187068	趣行 PVC 成人款均码雨衣	袋	4
阁楼货架区	G1-01-02-03	6927462201599	鸡肉火腿肠	支	1
阁楼货架区	G1-01-03-01	6927531482454	精达蝴蝶 6013 尖匙	个	7
阁楼货架区	G1-01-03-02	6937436198312	护理牙线棒	支	5
阁楼货架区	G1-01-03-03	6920874604972	兴盛牙刷	支	20

4.2.4 客户信息

客户编号		2006030111			
公司名称		义嫒公司	助记码		YA0
法人代表	毛克	家庭地址	金华市文三路122号	联系方式	87547855
证件类型	营业执照	证件编号	62301082654463432	营销区域	义乌市
公司地址	浙江省金华市文三路122号		邮编	312000	联系人	毛克
办公电话	26543556	家庭电话	86436812	传真号码	21348124
电子邮箱	ALL@yahoo.com	QQ账号	6433262874	MSN账号	ALL@haotmail.com
开户银行		中国银行	银行账号		××××××5123
公司性质	民营	所属行业	商业	注册资金	600万元	经营范围	日用品、食品
信用额度	12万元	忠诚度	一般	满意度	较高	应收账款	11.841万元
客户类型		普通型	客户级别		B
建档时间		2020年5月	维护时间		2022年4月
WEB主页			www.zheliu.com		

客户编号		20040301231			
公司名称		义嫒公司	助记码		YA1
法人代表	李红	家庭地址	浙江省金华市繁多花园1号	联系方式	（0591）63580062
证件类型	营业执照	证件编号	120106754788763	营销区域	义乌市
公司地址	浙江省金华市义乌市1号大街		邮编	350000	联系人	李鑫
办公电话	（0591）27561666	家庭电话	（0591）83789209	传真号码	0591-11114897
电子邮箱	baiyi@126.com	QQ账号	8753885336	MSN账号	baiyi@msn.com
开户银行		中国邮政储蓄银行	银行账号		××××××0427
公司性质	民营	所属行业	零售业	注册资金	500万元	经营范围	食品、办公用品
信用额度	180万元	忠诚度	高	满意度	高	应收账款	160万元
客户类型		伙伴型	客户级别		A
建档时间		2003年5月	维护时间		2022年5月
WEB主页			www.baiyi.com		

客户编号		20045030123			
公司名称		义嫒公司	助记码		YA2
法人代表	李四	家庭地址	浙江省金华市西溪花园4号	联系方式	（0591）87316904
证件类型	营业执照	证件编号	120106754788763	营销区域	义乌市
公司地址	浙江省金华市义乌市4号大街		邮编	350000	联系人	张三
办公电话	0591-28654896	家庭电话	0591-64338906	传真号码	0591-28654897
电子邮箱	baihuo@126.com	QQ账号	8753885336	MSN账号	baihuo@msn.com
开户银行		中国工商银行	银行账号		××××××0427
公司性质	民营	所属行业	零售业	注册资金	600万元	经营范围	食品、办公用品
信用额度	150万元	忠诚度	较高	满意度	较高	应收账款	98万元

续表

客户类型	重点型		客户级别		B	
建档时间	2004 年 9 月		维护时间		2022 年 5 月	
WEB 主页	www.baihuo.com					

客户编号	2004030118					
公司名称	义嫚公司			助记码	YA3	
法人代表	马恒荣	家庭地址	金华市文泽路 66 号		联系方式	87543232
证件类型	营业执照	证件编号	620108765423234		营销区域	义乌市
公司地址	浙江省金华市文泽路 66 号		邮编	363000	联系人	马恒荣
办公电话	26543822		家庭电话	86236872	传真号码	24548324
电子邮箱	Zheli@y163.com		QQ 账号	6433262344	MSN 账号	Zheli@haotmail.com
开户银行	工商银行			银行账号	××××××3344	
公司性质	民营	所属行业	商业	注册资金	600 万元	经营范围	日用品、食品
信用额度	20000 元	忠诚度	高	满意度	高	应收账款	17950 元
客户类型	普通型		客户级别		B	
建档时间	2017 年 5 月		维护时间		2022 年 4 月	
WEB 主页	www.zheli.com					

客户编号	20045030151					
公司名称	义暖公司			助记码	YN1	
法人代表	赵一	家庭地址	浙江省金华市凤起 22 号		联系方式	63554421
证件类型	营业执照	证件编号	12012346754788763		营销区域	义乌市
公司地址	浙江省金华市凤起路 22 号		邮编	363000	联系人	赵一
办公电话	2454891		家庭电话	22533851	传真号码	24523134
电子邮箱	ZW@126.com		QQ 账号	31453451	MSN 账号	ZW@msn.com
开户银行	中国农业银行			银行账号	××××××4223	
公司性质	民营	所属行业	零售业	注册资金	1000 万元	经营范围	日用品、食品
信用额度	10 万元	忠诚度	高	满意度	一般	应收账款	9.48 万元
客户类型	普通型		客户级别		C	
建档时间	2019 年 5 月		维护时间		2022 年 4 月	
WEB 主页	www.ZHEWU.com					

客户编号	20040301233					
公司名称	义嫒公司			助记码	YY2	
法人代表	王红	家庭地址	浙江省金华市翻斗花园 2 号		联系方式	（0591）87316904
证件类型	营业执照	证件编号	120106754788763		营销区域	义乌市
公司地址	浙江省金华市义乌市 2 号大街		邮编	300875	联系人	任程
办公电话	0591-28654896		家庭电话	0591-64338906	传真号码	0591-28654897
电子邮箱	baixing@126.com		QQ 账号	8753885336	MSN 账号	baixing@msn.com
开户银行	中国工商银行			银行账号	××××××0427	

续表

公司性质	民营	所属行业	零售业	注册资金	1200万元	经营范围	食品、办公用品
信用额度	150万元	忠诚度	高	满意度	高	应收账款	148.4万元
客户类型		伙伴型		客户级别		A	
建档时间		2001年5月		维护时间		2022年5月	
WEB主页				www.baixing.com			

备注：6月29日至7月1日盘点期间不收发货。

客户编号			2006030123				
公司名称		义瑷公司		助记码		YY1	
法人代表	林宋	家庭地址	浙江省金华市流星花园3号		联系方式	（0591）87891114	
证件类型	营业执照	证件编号	120106754788763		营销区域	义乌市	
公司地址		浙江省金华市义乌市3号大街		邮编	350000	联系人	李林
办公电话	0591-28888896	家庭电话	0591-64338808		传真号码	0591-28654666	
电子邮箱	baiwan@126.com	QQ账号	8753885336		MSN账号	baiwan@msn.com	
开户银行		中国工商银行		银行账号		××××××0427	
公司性质	民营	所属行业	零售业	注册资金	500万元	经营范围	食品、办公用品
信用额度	100万元	忠诚度	高	满意度	较高	应收账款	89.9万元
客户类型		重点型		客户级别		B	
建档时间		2015年6月		维护时间		2022年5月	
WEB主页				www.baiwna.com			

4.2.5 盘点作业

在补货作业前，采用明盘的方式对重型货架散货区进行盘点作业。

4.2.6 补货作业计划资料

操作说明：

①盘点作业完成后，根据实际情况对重型货架散货区进行补货作业。

②以箱为单位进行补货。

③收到客户订单时间晚于补货作业完成时间。

④重型货架散货区SKU存量低于下限时启动补货作业，按上限值进行补货。

请根据上述情况，完成下列补货计划的填制。

序号	品名	源货位	目标货位	补货数量

4.2.7 客户订单

客户订单信息如下：

义瑷公司采购订单

订单编号：D202206300101　　　　　　　　　　　　　　　　　　订货时间：6月30日

序号	商品名称	单位	单价（元）	订购数量	金额（元）	备注
1	Aige脱脂羊奶	箱	100	2	200	
2	梦阳奶粉	箱	100	2	200	
3	幸福方便面	箱	100	1	100	
4	三防热敏不干胶	箱	100	3	300	
5	婴儿湿巾	箱	100	2	200	
6	可乐年糕	箱	100	1	100	
7	诚诚油炸花生仁	箱	100	1	100	
8	菠萝啤果味饮料	罐	50	1	50	
9	王老吉凉茶植物饮料	罐	50	1	50	
10	脉动维生素饮料（水蜜桃口味）	瓶	50	1	50	
11	云蕾沐浴按摩手套	个	50	1	50	
12	得力油性记号笔	支	50	1	50	
13	兴盛牙刷	支	50	1	50	
14	晨光订书钉	盒	50	1	50	
15	得力油性记号笔	支	50	1	50	
	总计			20	1600	

义瑷公司采购订单

订单编号：D202206300102　　　　　　　　　　　　　　　　　　订货时间：6月30日

序号	商品名称	单位	单价（元）	订购数量	金额（元）	备注
1	诚诚油炸花生仁	箱	100	6	600	
2	幸福方便面	箱	100	2	200	
3	Aige全脂羊奶	箱	100	2	200	
4	梦阳奶粉	箱	100	2	200	
5	可乐年糕	箱	100	5	500	
6	菠萝啤果味饮料	罐	50	2	100	
7	王老吉凉茶植物饮料	罐	50	2	100	
8	脉动维生素饮料（水蜜桃口味）	瓶	50	2	100	
9	美容坊梳子	个	50	1	50	
10	刷子	个	50	1	50	
11	趣行PVC成人款均码雨衣	袋	50	2	100	
12	晨光订书钉	盒	50	2	100	
13	得力油性记号笔	支	50	1	50	
	总计			30	2350	

义暖公司采购订单

订单编号：D202206300103　　　　　　　　　　　　　　　　　　　　　　　　订货时间：6月30日

序号	商品名称	单位	单价（元）	订购数量	金额（元）	备注
1	可乐年糕	箱	100	3	300	
2	三防热敏不干胶	箱	100	3	300	
3	幸福方便面	箱	100	1	100	
4	菠萝啤果味饮料	罐	50	2	100	
5	王老吉凉茶植物饮料	罐	50	2	100	
6	脉动维生素饮料（水蜜桃口味）	瓶	50	3	150	
7	晨光订书钉	盒	50	2	100	
8	得力油性记号笔	支	50	2	100	
9	诚诚油炸花生仁	箱	100	1	100	
	总计			19	1350	

义媛公司采购订单

订单编号：D202206300104　　　　　　　　　　　　　　　　　　　　　　　　订货时间：6月30日

序号	商品名称	单位	单价（元）	订购数量	金额（元）	备注
1	Aige脱脂羊奶	箱	100	4	400	
2	梦阳奶粉	箱	100	4	400	
3	幸福方便面	箱	100	2	200	
4	菠萝啤果味饮料	罐	50	2	100	
5	王老吉凉茶植物饮料	罐	50	2	100	
6	脉动维生素饮料（水蜜桃口味）	瓶	50	2	100	
7	美容坊梳子	个	50	1	50	
8	刷子	个	50	1	50	
9	晨光订书钉	盒	5	2	100	
10	得力油性记号笔	支	50	2	100	
	总计			22	1600	

义媛公司采购订单

订单编号：D202206300105　　　　　　　　　　　　　　　　　　　　　　　　订货时间：6月30日

序号	商品名称	单位	单价（元）	订购数量	金额（元）	备注
1	Aige脱脂羊奶	箱	100	4	400	
2	梦阳奶粉	箱	100	4	400	
3	幸福方便面	箱	100	2	200	
4	菠萝啤果味饮料	罐	50	2	100	
5	王老吉凉茶植物饮料	罐	50	2	100	
6	脉动维生素饮料（水蜜桃口味）	瓶	50	2	100	
7	美容坊梳子	个	50	3	150	
8	刷子	个	50	2	100	
	总计			21	1550	

义暧公司采购订单

订单编号：D202206300106　　　　　　　　　　　　　　　　　　　　　　　订货时间：6月30日

序号	商品名称	单位	单价（元）	订购数量	金额（元）	备注
1	诚诚油炸花生仁	箱	100	6	600	
2	幸福方便面	箱	100	4	400	
3	Aige 全脂羊奶	箱	100	3	300	
4	梦阳奶粉	箱	100	2	200	
5	可乐年糕	箱	100	5	500	
6	菠萝啤果味饮料	罐	50	2	100	
7	王老吉凉茶植物饮料	罐	50	2	100	
8	脉动维生素饮料（水蜜桃口味）	瓶	50	2	100	
9	美容坊梳子	个	50	5	250	
	总计			31	2550	

义暧公司采购订单

订单编号：D202206300107　　　　　　　　　　　　　　　　　　　　　　　订货时间：6月30日

序号	商品名称	单位	单价（元）	订购数量	金额（元）	备注
1	Aige 脱脂羊奶	箱	100	2	200	
2	梦阳奶粉	箱	100	2	200	
3	幸福方便面	箱	100	1	100	
4	三防热敏不干胶	箱	100	2	200	
5	婴儿湿巾	箱	100	3	300	
6	可乐年糕	箱	100	2	200	
7	王老吉凉茶植物饮料	罐	50	1	50	
8	云蕾沐浴按摩手套	个	50	1	50	
9	兴盛牙刷	支	50	1	50	
10	得力油性记号笔	支	50	1	50	
	总计			16	1400	

备注：紧急订单。

4.2.8　配送路线设计资料

配送路线设计参考资料

某配送中心 P 将于 2022 年 6 月 30 日向义媛（A）、义暖（B）、义瑗（C）、义媛（D）、义暧（E）、义慢（F）、义暧（G）、义爱（H）、义暧（I）、义暧（J）和义瑗（K）11 家公司配送货物，如下图所示。图中连线上的数字表示公路里程（千米）。靠近各公司的数字，表示各公司对货物的需求量（t）。配送中心备有 6 吨和 5 吨载重量的汽车可供使用，且车辆一次巡回行走里程不能超过 27 千米。设送到时间均符合用户要求，试用节约里程法制订最优的配送方案。

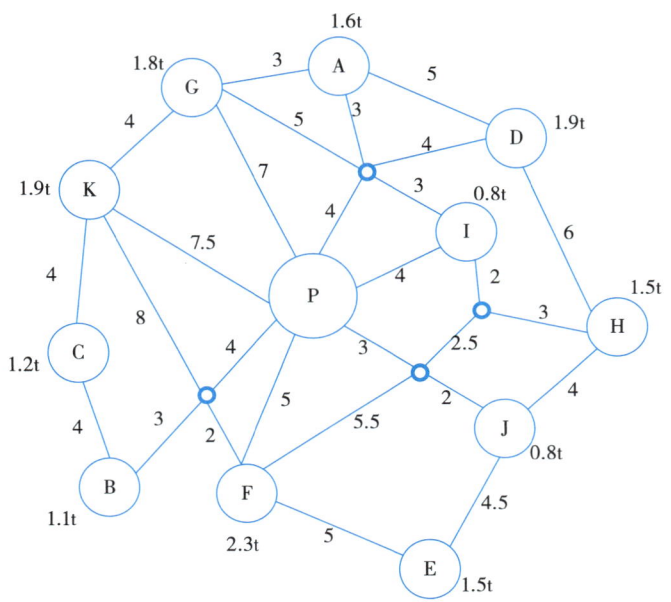

4.2.9 配送时效资料

配送时效分析

某配送中心为一重要客户配送货物，承诺服务时间为 2.5 小时，平均备货时间为 0.5 小时，标准差为 0.2，平均出行速度为 45 千米/小时，标准差为 10。已知从配送中心到客户的行车距离为 35 千米，该配送中心能否对客户承诺误点率为 0.01% 的配送服务？（计算结果向下取整保留整数）

安全系数如下表所示：

服务水平（%）	100	99.99	99.87	99.20	99.00	98.00	97.00	96.00
系数 Z	3.09	3.08	3.00	2.40	2.33	2.05	1.88	1.75

任务三　某年全国职业院校技能大赛智慧物流作业方案设计与实施赛项样题

4.3.1 物动量信息

某配送中心 6 周的出库作业周报如下表所示：

出库作业周报（物动量统计）

制表人：李毅　　　　　　　　　　　　　　　　　　　　　　　　制表时间：5 月 8 日

货品编码/条码	货品名称	出库量（箱）
6982010061891	乾广章鱼小丸子	9
6958786200067	婴儿湿巾	10
6944848456599	云南优质咖啡	12
6944848456589	隆达葡萄籽油	125

续表

货品编码/条码	货品名称	出库量（箱）
6944848456527	加州原野精选开心果	193
6944848456350	梦阳奶粉	8
6944848456290	城城花生仁	11
6944848456282	烤花生仁	210
6944848456015	大王牌大豆酶解蛋白粉	8
6944848450350	可口年糕	8
6942425987629	日明腐乳	10
6932010081891	雅比沙拉酱	4
6942425987524	山地玖瑰蒸馏果酒	10
6942423987624	隆迭葡萄籽油	12
6939261900108	好娃娃薯片	144
6934848456092	可乐年糕	94
6933434567891	幸福方便面	7
6932425987656	婴儿纸尿裤	331
6932410061891	大嫂水果罐头	16
6932010961891	兴毕苦杏仁	11
6942425987624	雅儿沙拉酱	11
6932010061976	万盛牌瓷砖	7
6932010061969	鹏泽海鲜锅底	7
6932010061952	日月腐乳	15
6932010061921	山地玫瑰蒸馏果酒	2
6932010061907	大嫂什锦水果罐头	9
6932010061900	鹏润海鲜锅底	14
6932010061891	轩广章鱼小丸子	16
6932010061887	神气松花蛋	9
6932010061884	早苗栗子西点蛋糕	10
6932010061877	华冠芝士微波炉爆米花	6
6932010061865	万胜瓷砖	11
6932010061863	脆享饼干	3
6932010061860	金谷精品杂粮营养粥	1
6932010061853	乐纳可茄汁沙丁鱼罐头	4
6932010061829	华冠黄油微波炉爆米花	9
6932010061826	好哇哇薯片	8
6932010061822	爱牧云南优质小粒咖啡	81
6932010061808	神奇松花蛋	15
6932010061780	大玉牌大豆酶解蛋白粉	7
6932010061459	幸福方便挂面	7
6921317958690	婴儿美奶粉	174
6920907800173	休闲黑瓜子	682

续表

货品编码/条码	货品名称	出库量（箱）
6920907800171	婴儿美羊奶粉	3
6920855052068	利鑫达板栗	584
6918163010887	黄桃水果罐头	316
6918011061360	鑫利达板栗	11
6918010061369	脆香饼干	10
6913221010106	顺心奶嘴	47
6901028118170	金多多婴儿营养米粉	860

制表人：李毅　　　　　　　　　　　　　　　　　　　　　　　　　　制表时间：5月15日

货品编码/条码	货品名称	出库量（箱）
6932010061822	爱牧云南优质小粒咖啡	178
6918163010887	黄桃水果罐头	73
6920907800173	休闲黑瓜子	118
6944848456015	大王牌大豆酶解蛋白粉	16
6944848456599	云南优质咖啡	12
6944848456350	梦阳奶粉	24
6932010061887	神气松花蛋	4
6932010061780	大玉牌大豆酶解蛋白粉	4
6942425987524	山地玖瑰蒸馏果酒	11
6942425987629	日明腐乳	15
6944848456589	隆达葡萄籽油	129
6921317958690	婴儿美奶粉	123
6920855052068	利鑫达板栗	491
6932010061891	轩广章鱼小丸子	14
6932010081891	雅比沙拉酱	3
6932010061877	华冠芝士微波炉爆米花	8
6918011061360	鑫利达板栗	8
6932010061459	幸福方便挂面	10
6982010061891	乾广章鱼小丸子	10
6942423987624	隆迭葡萄籽油	11
6901028118170	金多多婴儿营养米粉	800
6913221010106	顺心奶嘴	370
6932425987656	婴儿纸尿裤	456
6932010061921	山地玫瑰蒸馏果酒	6
6920907800171	婴儿美羊奶粉	5
6932010961891	兴毕苦杏仁	9
6932010061900	鹏润海鲜锅底	7
6932010061976	万盛牌瓷砖	9
6918010061369	脆香饼干	7

续表

货品编码/条码	货品名称	出库量（箱）
6932010061808	神奇松花蛋	7
6958786200067	婴儿湿巾	9
6932010061907	大嫂什锦水果罐头	7
6933434567891	幸福方便面	7
6932410061891	大嫂水果罐头	5
6942425987624	雅儿沙拉酱	11
6932010061829	华冠黄油微波炉爆米花	8
6932010061863	脆享饼干	15
6932010061952	日月腐乳	7
6944848456282	烤花生仁	329
6932010061853	乐纳可茄汁沙丁鱼罐头	13
6932010061860	金谷精品杂粮营养粥	12
6934848456092	可乐年糕	146
6932010061884	早苗栗子西点蛋糕	8
6932010061826	好哇哇薯片	3
6932010061969	鹏泽海鲜锅底	15
6944848456527	加州原野精选开心果	293
6944848456290	城城花生仁	6
6932010061865	万胜瓷砖	13
6944848450350	可口年糕	7
6939261900108	好娃娃薯片	137

制表人：李毅　　　　　　　　　　　　　　　　　　　制表时间：5月22日

货品编码/条码	货品名称	出库量（箱）
6918163010887	黄桃水果罐头	64
6932010061907	大嫂什锦水果罐头	10
6944848456350	梦阳奶粉	14
6920907800171	婴儿美羊奶粉	9
6932010061459	幸福方便挂面	9
6942425987524	山地玖瑰蒸馏果酒	4
6932010061921	山地玫瑰蒸馏果酒	5
6932010061976	万盛牌瓷砖	14
6932010061826	好哇哇薯片	3
6939261900108	好娃娃薯片	109
6932010061853	乐纳可茄汁沙丁鱼罐头	3
6944848456527	加州原野精选开心果	84
6920907800173	休闲黑瓜子	86
6944848456589	隆达葡萄籽油	99
6944848456015	大王牌大豆酶解蛋白粉	1

续表

货品编码/条码	货品名称	出库量（箱）
6942425987624	雅儿沙拉酱	14
6942423987624	隆迭葡萄籽油	15
6932010061969	鹏泽海鲜锅底	2
6944848456599	云南优质咖啡	15
6944848450350	可口年糕	3
6932425987656	婴儿纸尿裤	343
6920855052068	利鑫达板栗	473
6932010061822	爱牧云南优质小粒咖啡	125
6932010061877	华冠芝士微波炉爆米花	7
6932410061891	大嫂水果罐头	12
6982010061891	乾广章鱼小丸子	5
6932010061900	鹏润海鲜锅底	11
6921317958690	婴儿美奶粉	89
6932010061860	金谷精品杂粮营养粥	5
6958786200067	婴儿湿巾	6
6901028118170	金多多婴儿营养米粉	565
6944848456282	烤花生仁	156
6932010061891	轩广章鱼小丸子	8
6933434567891	幸福方便面	2
6918011061360	鑫利达板栗	11
6932010061887	神气松花蛋	6
6932010061780	大玉牌大豆酶解蛋白粉	2
6944848456290	城城花生仁	7
6932010081891	雅比沙拉酱	7
6932010061808	神奇松花蛋	2
6932010061952	日月腐乳	8
6934848456092	可乐年糕	112
6918010061369	脆香饼干	6
6932010061829	华冠黄油微波炉爆米花	14
6932010961891	兴毕苦杏仁	8
6913221010106	顺心奶嘴	57
6932010061884	早苗栗子西点蛋糕	4
6932010061865	万胜瓷砖	7
6932010061863	脆享饼干	11
6942425987629	日明腐乳	5

制表人：李毅　　　　　　　　　　　　　　　　　　　　　　制表时间：5 月 29 日

货品编码/条码	货品名称	出库量（箱）
6932010061865	万胜瓷砖	3

续表

货品编码/条码	货品名称	出库量（箱）
6932010061887	神气松花蛋	12
6932010061863	脆享饼干	10
6913221010106	顺心奶嘴	45
6932010061907	大嫂什锦水果罐头	11
6932010061952	日月腐乳	14
6944848456290	城城花生仁	6
6944848456015	大王牌大豆酶解蛋白粉	8
6920907800171	婴儿美羊奶粉	11
6942425987624	雅儿沙拉酱	9
6932010061780	大玉牌大豆酶解蛋白粉	17
6942425987524	山地玖瑰蒸馏果酒	7
6942425987629	日明腐乳	1
6932010061808	神奇松花蛋	15
6944848456282	烤花生仁	272
6944848450350	可口年糕	9
6942423987624	隆迭葡萄籽油	12
6932010061884	早苗栗子西点蛋糕	11
6932010081891	雅比沙拉酱	2
6932010061877	华冠芝士微波炉爆米花	5
6958786200067	婴儿湿巾	11
6932010061853	乐纳可茄汁沙丁鱼罐头	3
6932010061969	鹏泽海鲜锅底	9
6932010061860	金谷精品杂粮营养粥	7
6933434567891	幸福方便面	7
6932010061891	轩广章鱼小丸子	7
6932010061976	万盛牌瓷砖	11
6932010061826	好哇哇薯片	8
6932010061829	华冠黄油微波炉爆米花	11
6932010061459	幸福方便挂面	12
6932010061921	山地玫瑰蒸馏果酒	3
6944848456599	云南优质咖啡	9
6932410061891	大嫂水果罐头	12
6932010961891	兴毕苦杏仁	18
6932010061900	鹏润海鲜锅底	19
6918011061360	鑫利达板栗	9
6901028118170	金多多婴儿营养米粉	978
6921317958690	婴儿美奶粉	125
6918163010887	黄桃水果罐头	158
6920907800173	休闲黑瓜子	96

续表

货品编码/条码	货品名称	出库量（箱）
6934848456092	可乐年糕	175
6920855052068	利鑫达板栗	521
6939261900108	好娃娃薯片	146
6932010061822	爱牧云南优质小粒咖啡	187
6932425987656	婴儿纸尿裤	357
6944848456350	梦阳奶粉	15
6944848456589	隆达葡萄籽油	131
6944848456527	加州原野精选开心果	87

制表人：李毅　　　　　　　　　　　　　　　　　　　　　　制表时间：6月5日

货品编码/条码	货品名称	出库量（箱）
6942425987624	雅儿沙拉酱	11
6918010061369	脆香饼干	3
6958786200067	婴儿湿巾	5
6913221010106	顺心奶嘴	53
6932010061860	金谷精品杂粮营养粥	2
6932010061976	万盛牌瓷砖	11
6944848456015	大王牌大豆酶解蛋白粉	17
6944848450350	可口年糕	15
6932010061865	万胜瓷砖	10
6982010061891	乾广章鱼小丸子	10
6918011061360	鑫利达板栗	15
6932410061891	大嫂水果罐头	11
6920907800173	休闲黑瓜子	117
6944848456282	烤花生仁	231
6932010061891	轩广章鱼小丸子	10
6944848456350	梦阳奶粉	11
6932010061884	早苗栗子西点蛋糕	10
6944848456599	云南优质咖啡	6
6942423987624	隆迭葡萄籽油	14
6932010061887	神气松花蛋	9
6932010061459	幸福方便挂面	16
6932010061863	脆享饼干	5
6932010061826	好哇哇薯片	9
6932010061921	山地玫瑰蒸馏果酒	1
6932010061952	日月腐乳	9
6932010081891	雅比沙拉酱	11
6932010061829	华冠黄油微波炉爆米花	7
6932010061780	大玉牌大豆酶解蛋白粉	7

续表

货品编码/条码	货品名称	出库量（箱）
6932010061900	鹏润海鲜锅底	1
6942425987629	日明腐乳	25
6932010061877	华冠芝士微波炉爆米花	5
6934848456092	可乐年糕	167
6932010061907	大嫂什锦水果罐头	15
6944848456290	城城花生仁	12
6920907800171	婴儿美羊奶粉	6
6932010961891	兴毕苦杏仁	13
6942425987524	山地玖瑰蒸馏果酒	4
6901028118170	金多多婴儿营养米粉	1034
6918163010887	黄桃水果罐头	130
6920855052068	利鑫达板栗	495
6939261900108	好娃娃薯片	137
6932010061969	鹏泽海鲜锅底	2
6944848456527	加州原野精选开心果	190
6932425987656	婴儿纸尿裤	362
6932010061822	爱牧云南优质小粒咖啡	89
6944848456589	隆达葡萄籽油	136
6921317958690	婴儿美奶粉	124
6933434567891	幸福方便面	14
6932010061853	乐纳可茄汁沙丁鱼罐头	17
6932010061808	神奇松花蛋	7

制表人：李毅　　　　　　　　　　　　　　　　　　　　　　制表时间：6月12日

货品编码/条码	货品名称	出库量（箱）
6901028118170	金多多婴儿营养米粉	1007
6918163010887	黄桃水果罐头	51
6920907800173	休闲黑瓜子	84
6944848456282	烤花生仁	55
6944848456589	隆达葡萄籽油	135
6932010061884	早苗栗子西点蛋糕	13
6932010061969	鹏泽海鲜锅底	7
6932010061976	万盛牌瓷砖	8
6944848456599	云南优质咖啡	14
6932010061829	华冠黄油微波炉爆米花	2
6982010061891	乾广章鱼小丸子	8
6942423987624	隆迭葡萄籽油	8
6939261900108	好娃娃薯片	141
6932010061822	爱牧云南优质小粒咖啡	225

续表

货品编码/条码	货品名称	出库量（箱）
6932425987656	婴儿纸尿裤	334
6920855052068	利鑫达板栗	510
6921317958690	婴儿美奶粉	89
6932010061907	大嫂什锦水果罐头	14
6918011061360	鑫利达板栗	6
6932010061459	幸福方便挂面	7
6958786200067	婴儿湿巾	4
6934848456092	可乐年糕	142
6918010061369	脆香饼干	16
6932010061853	乐纳可茄汁沙丁鱼罐头	10
6933434567891	幸福方便面	11
6944848456015	大王牌大豆酶解蛋白粉	15
6932410061891	大嫂水果罐头	6
6942425987624	雅儿沙拉酱	17
6942425987524	山地玖瑰蒸馏果酒	12
6932010061900	鹏润海鲜锅底	9
6944848456527	加州原野精选开心果	175
6932010061860	金谷精品杂粮营养粥	9
6932010061891	轩广章鱼小丸子	14
6932010061921	山地玫瑰蒸馏果酒	3
6944848456290	城城花生仁	8
6932010061863	脆享饼干	9
6932010961891	兴毕苦杏仁	4
6932010061887	神气松花蛋	11
6932010061826	好哇哇薯片	3
6932010061877	华冠芝士微波炉爆米花	13
6913221010106	顺心奶嘴	43
6932010061808	神奇松花蛋	13
6932010081891	雅比沙拉酱	3
6944848456350	梦阳奶粉	5
6942425987629	日明腐乳	7
6944848450350	可口年糕	5
6932010061865	万胜瓷砖	8
6920907800171	婴儿美羊奶粉	4
6932010061952	日月腐乳	12
6932010061780	大玉牌大豆酶解蛋白粉	14

4.3.2 入库信息

5月29日，该配送中心收到万事通达商贸有限公司的货物如下表所示，要求当日入库。

入库通知单编号：R20220617　　　　　　　　　　　　　　　　　　　　计划入库时间：到货当日

序号	商品名称	包装规格（mm）（长×宽×高）	单价（元/箱）	重量（kg）	堆码层限	生产日期	保质期	入库（箱）
1	休闲黑瓜子	203×153×160	100	12	3层	2022年4月8日	12个月	35
2	可乐年糕	220×180×160	100	8	3层	2022年4月4日	12个月	29
3	顺心奶嘴	265×210×240	100	8	3层	2022年4月1日	6个月	30
4	婴儿美奶粉	235×160×160	100	10	3层	2022年4月10日	12个月	40

供应商：万事通达商贸有限公司。

4.3.3 库存信息

目前，仓库的库存信息如下：

1. 货位信息

重型货架（托盘货架）为1排6列3层，双货位，单货位承重≤500kg。

货位参考尺寸：第一层：L1125×W1000×H1010（mm）；第二层：L1125×W1000×H1040（mm）；第三层：L1125×W1000×H1100（mm）。

2. 货位存储信息

（1）重型货架（托盘货架）

货位30元/个（见下列货位存储图）。

请各参赛队将新上架货物用浅灰色填涂，并标明该货位货物数量，如下图所示。

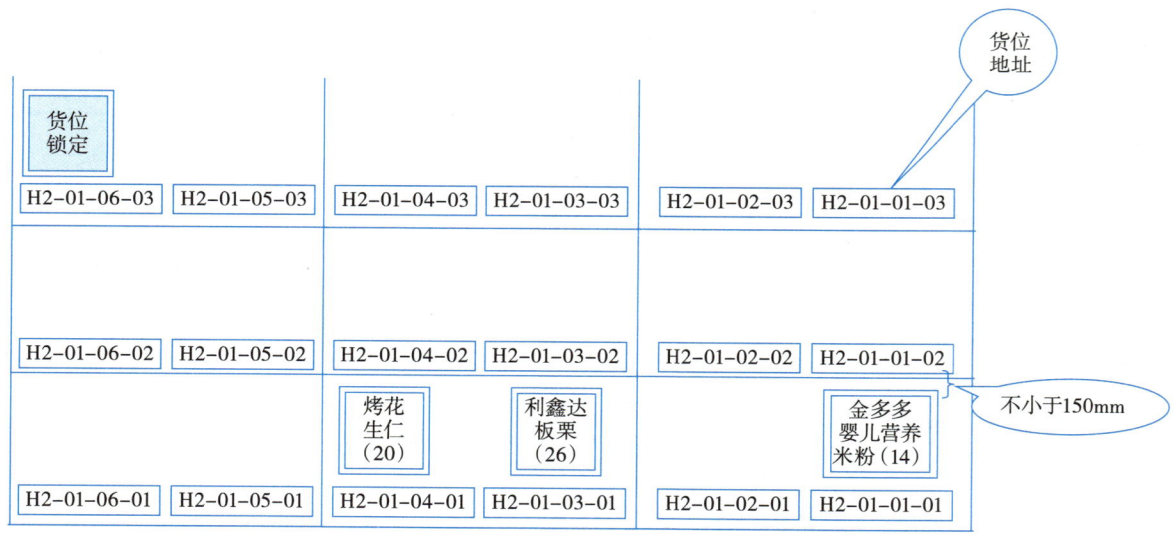

重型（托盘）货架入库任务完成前库存信息

序号	货品名称	规格（mm）	单位	箱装数	货位地址	入库日期	生产日期	保质期
1	金多多婴儿营养米粉	586×378×180	箱	12	H2-01-01-01	2022年5月5日	2022年4月22日	12个月
2	利鑫达板栗	220×180×160	箱	15	H2-01-03-01	2022年5月15日	2022年5月6日	6个月
3	烤花生仁	265×210×240	箱	24	H2-01-04-01	2022年4月6日	2022年3月5日	6个月

（2）立体库区存储信息

立体库库存信息

序号	商品品种	序号	商品品种
1	康师傅冰红茶柠檬口味 500ml	16	水溶 c100 柠檬味复合果汁饮料 445ml
2	美年达橙味 600ml	17	水溶 c100 西柚汁饮料 445ml
3	康师傅绿茶 500ml	18	雪碧纤维+清爽柠檬味 500ml
4	维他柠檬茶 310ml	19	康师傅蜂蜜柚子 500ml
5	红牛 250ml	20	伊藤园茉莉白茶无糖饮料 500ml
6	芬达苹果味汽水 500ml	21	伊藤园浓味绿茶无糖饮料 500ml
7	芬达橙味汽水 500ml	22	美汁源百香果柠檬 420ml
8	脉动青柠味 600ml	23	健力宝柠蜜味运动饮料 560ml
9	可口可乐 500ml	24	7喜冰爽柠檬味汽水 550ml
10	维他命水热带水果味 500ml	25	健力宝橙蜜味运动饮料含气型 560ml
11	维他命水蓝莓树莓味 500ml	26	统一冰红茶 500ml
12	脉动香水柠檬味 450ml	27	统一绿茶 500ml
13	维他命水柑橘风味 500ml	28	百事可乐无糖 500ml
14	维他命水石榴蓝莓风味 500ml	29	芬达水蜜桃味汽水 500ml
15	茶π西柚茉莉花茶 500ml	30	康师傅包装饮用水 550ml

注：8个单位/箱。

（3）电子标签货架区存储信息

电子标签货架区存储信息

商品名称		
艾本四六级听力耳机	得力美工刀	日天自粘性便条纸
得力订书机套装	居欢强力粘钩	沂嘉钢丝球
美汁源汁汁桃桃 420ml	康师傅酸梅汤 500ml	康师傅鲜果橙 500ml
乐虎氨基酸维生素功能饮料 380ml	康师傅水晶葡萄 500ml	康师傅蜜桃小酪 500ml
友明跳棋王 45 粒装	沃动力跳绳	TAKSUN 计算器
考尔德文具笔筒	德贤办公事务剪	三A扑克
康师傅水蜜桃 500ml	信远斋桂花酸梅汤饮料 500ml	统一冰糖雪梨 500ml
美汁源果粒奶优草莓味+椰果粒 450ml	美汁源果粒奶优蜜桃味+椰果粒 450ml	美汁源果粒奶优原味+椰果粒 450ml
和兴文化牛皮纸笔记本	得力办公黑色长尾夹 12 只	大华文具快干印台
晨光可水洗水彩笔 12 色	得力中性台笔	奥德美状元满屋答题卡铅笔
三得利乌龙茶饮料 500ml	维他柠檬茶 310ml	雀巢咖啡丝滑拿铁 268ml
雪碧 300ml	东方树叶绿茶 500ml	可口可乐零度汽水 330ml

注：7个单位/货位。

（4）DAS 作业区存储信息

DAS 作业区存储信息

序号	商品名称
1	名仁苏打水饮料 375ml
2	怡宝饮用纯净水 555ml
3	雀巢优活 550ml
4	今麦郎软化纯净水 550ml
5	海之言运动饮料柠檬味 500ml
6	农夫山泉饮用天然水 380ml
7	百岁山饮用天然矿泉水 348ml
8	冰露包装饮用水 550ml
9	农夫山泉饮用天然水 550ml
10	美汁源红葡萄+玫瑰 420ml
11	今麦郎凉白开熟水饮用水 550ml
12	阿尔卑斯饮用天然矿泉水 500ml

注：20 个单位/货位。

（5）智能台车作业区存储信息

智能台车作业区存储信息

序号	商品名称	货位地址	库存量	库存上下限
1	烤花生仁	S2-01-01-01	15	45/30
2	利鑫达板栗	S2-01-02-01	8	40/15
3	美汁源果粒橙 450ml	S2-01-03-01	13	40/10
4	美汁源白葡萄+槐花 420ml	S2-01-04-01	12	40/10

（6）密集存储区存储信息

密集存储区存储信息

序号	商品名称
1	广意不锈钢碗
2	洁柔可湿水面纸

注：40 个单位/货位。

4.3.4 客户信息

客户编号	K2003020106				
公司名称	德福公司		助记码		MF
法人代表	赵光明	家庭地址	天津市海河区滨海街渔光家园 5-505	联系方式	022-33557890
证件类型	营业执照	证件编号	120213432567876	营销区域	京津唐
公司地址	天津市海河区裕美大厦 20-3-4		邮编	321349	联系人	王彬
办公电话	022-38293647	家庭电话	022-53468679	传真号码	022-38293600

续表

电子邮箱		meifu@126.com		QQ 账号		505967892	MSN 账号	meifu@hotmail.com
开户银行		招商银行海河支行			银行账号			××××××1384
公司性质		民营	所属行业	零售		注册资金	300 万元	经营范围	日用品、食品
信用额度		12 万元	忠诚度	一般		满意度	高	应收账款	11.95 万元
客户类型			普通			客户级别		B
建档时间			2003 年 2 月			维护时间		2021 年 3 月
WEB 主页					www.meifu.com			

客户编号				K2004030123			
公司名称		德来公司		助记码		DL	
法人代表	王永红	家庭地址	天津市北开区佳和家园 5-2-502			联系方式	022-66554489
证件类型	营业执照	证件编号	120106754788763			营销区域	天津市区
公司地址		天津市西城区星河路 243 号		邮编	300875	联系人	任程程
办公电话	022-28654896	家庭电话	022-64338906			传真号码	022-28654897
电子邮箱	meilai@126.com	QQ 账号	8753885336			MSN 账号	meilai@msn.com
开户银行		新华商业银行		银行账号		××××××0427	
公司性质	民营	所属行业	零售业		注册资金	1200 万元	经营范围	食品、办公用品
信用额度	150 万元	忠诚度	高		满意度	较高	应收账款	142 万元
客户类型		重点型			客户级别		A
建档时间		2006 年 5 月			维护时间		2021 年 4 月
WEB 主页				www.meilai.com			

客户编号				K2009012403			
公司名称		德麟公司		助记码		DLL	
法人代表	李文和	家庭地址	天津市滨海区霞光街水岸渔村 3-301			联系方式	022-33438679
证件类型	营业执照	证件编号	120103789346338			营销区域	华北地区
公司地址	天津市滨海区新民道 93 号	邮编	300026			联系人	李凯
办公电话	022-82641893	家庭电话	022-37827463			传真号码	022-82641890
电子邮箱	Melin@126.com	QQ 账号	738496216			MSN 账号	meilin@msn.com
开户银行		海河银行滨海支行		银行账号		××××××6580	
公司性质	民营	所属行业	零售		注册资金	400 万元	经营范围	食品、日用百货
信用额度	160 万元	忠诚度	较高		满意度	高	应收账款	152.5 万元
客户类型		重点型			客户级别		B
建档时间		2009 年 1 月			维护时间		2021 年 3 月
WEB 主页				www.meilin.com.cn			

客户编号			K2008160902		
公司名称		德鄢公司		助记码	DY
法人代表	薛瑾	家庭地址	天津市南口区林南苑 11-3-803	联系方式	022-27655865

续表

证件类型	营业执照	证件编号		120108754377888		营销区域	塘汉大
公司地址	天津市西城区晚霞路 43 号		邮编	300587	联系人		范威
办公电话	022-23876590		家庭电话	022-28657973	传真号码		022-23876591
电子邮箱	meiyan@eyou.com		QQ 账号	2115467907	MSN 账号		meiyan@msn.com
开户银行	津广银行			银行账号	××××××5569		
公司性质	中外合资	所属行业	零售业	注册资金	3600 万元	经营范围	食品、日用品
信用额度	190 万元	忠诚度	高	满意度	高	应收账款	178 万元
客户类型		伙伴型		客户级别		A	
建档时间		2008 年 8 月		维护时间		2021 年 4 月	
WEB 主页				www.meiyan.com			

4.3.5 盘点作业

物流作业方案实施竞赛环节，使用系统盘点模块，采用暗盘的方式对智能台车作业区货物进行盘点作业。

4.3.6 补货作业计划资料

操作说明：

①盘点作业完成后，对智能台车作业区编制补货作业计划。

②以箱为单位补货。

③智能台车作业区 SKU 存量低于下限时启动补货作业。

请根据上述情况，完成下列补货计划的填制

序号	品名	源货位	目标货位	补货数量

4.3.7 客户订单

6 月 17 日客户订单信息如下表所示：

德福公司采购订单

订单编号：D20220617101　　　　　　　　　　　　　　　　　　　　　订货时间：6 月 17 日

序号	商品名称	单位	单价（元）	订购数量	金额（元）	备注
1	金多多婴儿营养米粉	箱	100	5	500	
2	利鑫达板栗	箱	100	4	400	
3	恒大冰泉 500ml	瓶	100	2	200	
4	百岁山饮用天然矿泉水 348ml	瓶	50	9	450	
5	农夫山泉饮用天然水 380ml	瓶	50	1	50	
6	康师傅包装饮用水 550ml	瓶	50	1	50	
7	名仁苏打水 375ml	瓶	50	2	100	

续表

序号	商品名称	单位	单价（元）	订购数量	金额（元）	备注
8	今麦郎凉白开熟水饮用水 550ml	瓶	50	2	100	
9	美汁源红葡萄+玫瑰 420ml	瓶	50	2	100	
10	美汁源果粒橙 450ml	瓶	50	1	50	
11	美汁源白葡萄+槐花 420ml	瓶	50	1	50	
	总计			30	2050	

德鄂公司采购订单

订单编号：D20220617102　　　　　　　　　　　　　　　　　　　　　　　　订货时间：6月17日

序号	商品名称	单位	单价（元）	订购数量	金额（元）	备注
1	金多多婴儿营养米粉	箱	100	5	500	
2	利鑫达板栗	箱	100	4	400	
3	统一冰糖雪梨 500ml	瓶	50	1	50	
4	可口可乐零度汽水 330ml	瓶	50	2	100	
5	美汁源果粒奶优草莓味+椰果粒 450ml	瓶	50	1	50	
6	雪碧 300ml	瓶	50	1	50	
7	名仁苏打水 375ml	瓶	50	2	100	
8	今麦郎凉白开熟水饮用水 550ml	瓶	50	1	50	
9	美汁源红葡萄+玫瑰 420ml	瓶	50	2	100	
10	美汁源果粒橙 450ml	瓶	50	1	50	
11	美汁源白葡萄+槐花 420ml	瓶	50	2	100	
	总计			22	1550	

德来公司采购订单

订单编号：D20220617103　　　　　　　　　　　　　　　　　　　　　　　　订货时间：6月17日

序号	商品名称	单位	单价（元）	订购数量	金额（元）	备注
1	金多多婴儿营养米粉	箱	100	4	400	
2	烤花生仁	箱	100	3	300	
3	统一冰糖雪梨 500ml	瓶	50	2	100	
4	可口可乐零度汽水 330ml	瓶	50	2	100	
5	美汁源果粒奶优草莓味+椰果粒 450ml	瓶	50	2	100	
6	雪碧 300ml	瓶	50	2	100	
7	名仁苏打水 375ml	瓶	50	1	50	
8	今麦郎凉白开熟水饮用水 550ml	瓶	50	1	50	
9	美汁源红葡萄+玫瑰 420ml	瓶	50	2	100	
10	美汁源果粒橙 450ml	瓶	50	2	100	
11	美汁源白葡萄+槐花 420ml	瓶	50	1	50	
12	广意不锈钢碗	个	50	2	100	
	总计			24	1550	

德麟公司采购订单

订单编号：D20220617104　　　　　　　　　　　　　　　　　　订货时间：6月17日

序号	商品名称	单位	单价（元）	订购数量	金额（元）	备注
1	金多多婴儿营养米粉	箱	100	3	300	
2	利鑫达板栗	箱	100	4	400	
3	康师傅冰红茶柠檬口味500ml	瓶	50	8	400	
4	三A扑克	副	50	2	100	
5	得力办公黑色长尾夹12只	盒	50	2	100	
6	日天自粘性便条纸	包	50	3	150	
7	晨光可水洗水彩笔12色	盒	50	2	100	
8	美汁源果粒橙450ml	瓶	50	2	100	
9	美汁源白葡萄+槐花420ml	瓶	50	2	100	
10	广意不锈钢碗	个	50	2	100	
	总计			30	1850	

4.3.8　配送路线设计资料

配送路线设计参考资料

某配送中心P将于2022年6月17日向德家（A）、德来（B）、德乐（C）、德麟（D）、德福（E）、德兰（F）、德程（G）、德鄢（H）、德凯（I）、德翔（J）德华（K）11家公司配送货物。图中连线上的数字表示公路里程（千米）。靠近各公司的数字，表示各公司对货物的需求量（t）。配送中心备有5吨和8吨载重量的汽车可供使用，且车辆一次巡回行走里程不能超过55千米。设送到时间均符合用户要求，试用节约里程法制订最优的配送方案。

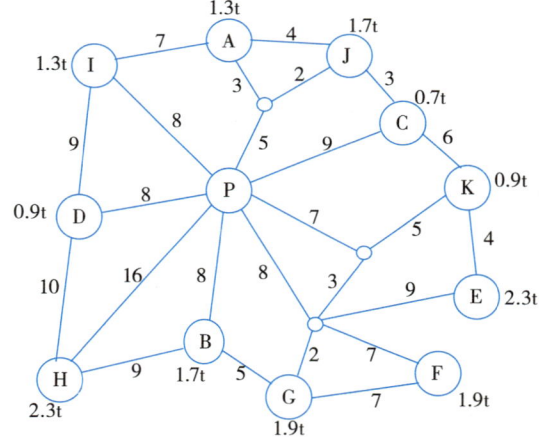

4.3.9　配送时效分析

配送时效分析

某配送中心为一重要客户配送货物，承诺服务时间为3小时，平均备货时间为1.1小时，标准差为0.3，平均出行速度为45千米/小时，标准差为10。已知从配送中心到客户的行车距离为60千

米，该配送中心能否对客户承诺误点率为 5% 的配送服务？（计算结果四舍五入保留整数）

安全系数如下表所示：

服务水平	0.9998	0.99	0.98	0.90	0.80	0.70
系数 Z	3.50	2.33	2.05	1.29	0.84	0.53

任务四　某年全国职业院校技能大赛智慧物流作业方案设计与实施赛项样题

4.4.1　智慧物流系统规划仿真与方案设计任务书

1. 任务背景

宁柳科技有限公司是一家创意小家电研发、设计、生产和销售的实业型企业，主营产品包括智能音箱、可视化门铃、智能摄像头等多款智能化小家电产品。在数字化转型发展背景趋势下，公司于广西南宁市高新工业园区新建"智能制造 2025"示范工厂，占地面积约 3000 平方米，年产量超过 200 万件。

为了有效提升公司生产运营效率、改善产品质量，满足客户需求，公司生产车间现计划改造升级为"智慧生产车间"，该车间计划占地面积为 800 平方米，主要包含原材料存储库、装配车间和成品库。

原材料存储库（长 15 米×宽 12 米）：采用货到人（GTP）作业模式与搬运机器人（AGV），主要用于原材料的存储与搬运。

装配车间（长 15 米×宽 12 米）：采用点到点（P2P）作业模式与搬运机器人（AGV），主要用于装配车间原材料补给。装配车间 AGV 原材料补给的转运接驳区域为长 7.7 米×宽 4.8 米；产成品到自动化立体仓库的转运接驳区域为长 6 米×宽 7.2 米。

2. 项目任务书

任务描述：结合公司存储/装配车间信息及生产物流等任务基础数据，完成智慧物流系统规划方案。

（1）智能生产场景规划分析

结合物料需求、产品属性、存储能力、设备配置等关键参数，完成原材料存储搬运及产成品存储搬运典型生产物流场景的规划设计。

具体任务要求如下：

1）原材料供应分析。根据原材料供应商能力评估标准，在给定供应商中，对其进行综合多维度评估，选择最优的供应商进行合作。

2）原材料需求分析。根据企业产能信息和产线规划，结合产品物料清单，计算分析各原材料月需求量、日需求量和时需求量。

根据给定的物动量周报，对生产线所需的原材料进行 ABC 分类，计算过程保留 2 位小数（四舍五入）。分类标准如下表所示：

累计品种所占比重（%）	0＜A≤10	10＜B≤42	42＜C≤100
累计周转量所占比重（%）	0＜A≤55	55＜B≤85	85＜C≤100

依据 ABC 分类结果和计算得出的需求量，按照原材料存储库存量的要求，分析计算原材料存储料箱的数量。

3）原材料存储情况分析。根据原材料存储信息，确定原材料存储所需的货架数量。

4）智能设施设备需求分析。根据生产运作效率，分析计算原材料存储库 AGV 数量、工作站数量（入库+拣选）、充电桩数量（充电桩与 AGV 按 1∶4 关系配置，充电桩不考虑备用 AGV）等；工作站数量分析与生产持续进行，保持节拍稳定生产以 1 小时为计算周期，且原材料的出入库量保持动态均衡。

分别分析计算生产车间和成品转运所需的 AGV 数量、充电桩数量（充电桩与 AGV 按 1∶4 关系配置，充电桩不考虑备用 AGV）等，以生产已经持续进行，并保持节拍稳定生产 1 小时为计算周期。

（2）智慧物流功能区域布局设计

结合背景资料中给出的物流设施设备，以及相应参数，完成生产物流系统相应功能区域、设施设备动线及站节点的布局设计。

具体任务要求如下：

1）完成物流功能区域规划设计。

2）完成设施设备站节点在不同功能区域的点位设计，并完成路径规划。

3）输出相应布局规划结果，以截图方式保存有路径规划的地图。

（3）智慧物流作业环节设计

根据不同生产节拍及物流需求，完成生产物流作业环节分析原材料运输作业设计。具体任务要求如下：

1）生产物流作业环节分析。

若生产已连续进行并保持节拍稳定，为保证生产及物流全流程的有效运营，请分析计算各原材料的补料周转库存及补货点（计算结果请根据实际情况取整）。

因安全检查需要，停线一天。根据工序节拍计算恢复生产后第 1 个小时的产成品数量，以及生产这些产成品，需要多少原材料。

2）原材料运输作业设计。

根据原材料供应需求，结合供应商位置等信息，从工厂所在地南宁出发，巡回运输取货，请进行合理的运输路径规划。运输路径方向按顺时针方向设计，并计算出各条运输线路的油耗量。

（4）智慧物流系统仿真

结合原材料存储信息表、出入库任务信息等，完成系统配置、仿真，并对仿真数据进行分析。具体任务要求如下：

1）物流仿真：对上述各任务分项中的场景规划、布局设计等进行仿真验证，并输出及留存相应技术文件。

2）数据分析：综合整体规划设计及仿真结果，对仿真运行的数据进行分析，提出优化改进方案。

（5）演示文稿制作

根据以上内容，制作方案汇报的演示文稿。

3. 任务数据

（1）规划基本数据

1）物动量表。

①第一周周报如下表所示。

入库作业周报（物动量统计）

制表人：小李　　　　　　　　　　　　　　　　　　　制表时间：2023 年 8 月 1 日

编号	零部件	入库量
6901236342009	信号中断器 F	134
6901236342010	摄像头芯片 C	113
6901236342011	电控锁 F	173
6901236342012	电热元件 D	93
6901236342013	电池 E	135
6901236342014	驱动轮 E	5108
6901236342015	外壳 C	228
6901236342016	镜头 C	477
6901236342004	电子组件 A	1383
6901236342017	开关 D	121
6901236342018	智能防撞感应器 E	216
6901236342019	陀螺仪导航 E	114
6901236342020	水箱 E	209
6901236342021	铜柱 C	433
6901236342022	镜头座 C	160
6901236342023	网络汇总器 F	174
6901236342024	视频放大器 F	196
6901236342025	视频切换器 F	761
6901236342026	解码器 F	739
6901236342006	扬声器 B	3250
6901236342027	挡风板 D	97
6901236342028	超声波感应 E	743
6901236342029	UPS 电源 F	242
6901236342030	智能芯片 E	122
6901236342031	方向轮 E	169
6901236342003	不锈钢外壳 A	819
6901236342032	主机选择器 F	99
6901236342033	尾线 C	4237
6901236342034	智能自动回应感应器 E	1097
6901236342035	边刷 E	492

续表

编号	零部件	入库量
6901236342036	摄像头导航 E	247
6901236342037	手柄 D	443
6901236342038	灯板 C	501
6901236342005	主控芯片 B	496
6901236342039	光端机 F	167
6901236342040	自动回充基座 E	206
6901236342041	电动机 D	140
6901236342008	电子组件 B	1674
6901236342007	不锈钢外壳 B	449
6901236342001	主控芯片 A	229
6901236342042	信号转换器 F	226
6901236342043	风叶 D	4180
6901236342044	闭门器 F	502
6901236342045	电源线 D	113
6901236342046	壳体 D	147
6901236342047	智能扫地机器人组件 E	256
6901236342048	智能防跌落感应器 E	480
6901236342049	主机 F	722
6901236342050	吸口或中扫吸口 E	829
6901236342002	扬声器 A	3095

②第二周周报如下表所示。

入库作业周报（物动量统计）

制表人：小李　　　　　　　　　　　　　　　　　　　　　　　制表时间：2023 年 8 月 8 日

编号	零部件	入库量
6901236342012	电热元件 D	137
6901236342003	不锈钢外壳 A	783
6901236342019	陀螺仪导航 E	147
6901236342039	光端机 F	128
6901236342044	闭门器 F	452
6901236342040	自动回充基座 E	219
6901236342036	摄像头导航 E	221
6901236342015	外壳 C	217
6901236342037	手柄 D	462
6901236342038	灯板 C	466
6901236342047	智能扫地机器人组件 E	214
6901236342022	镜头座 C	198
6901236342006	扬声器 B	3281
6901236342048	智能防跌落感应器 E	476

续表

编号	零部件	入库量
6901236342017	开关 D	163
6901236342045	电源线 D	137
6901236342033	尾线 C	4232
6901236342018	智能防撞感应器 E	193
6901236342046	壳体 D	188
6901236342041	电动机 D	128
6901236342008	电子组件 B	1687
6901236342027	挡风板 D	132
6901236342030	智能芯片 E	161
6901236342013	电池 E	153
6901236342043	风叶 D	4130
6901236342028	超声波感应 E	730
6901236342034	智能自动回应感应器 E	1120
6901236342049	主机 F	741
6901236342009	信号中断器 F	165
6901236342023	网络汇总器 F	147
6901236342024	视频放大器 F	184
6901236342020	水箱 E	195
6901236342001	主控芯片 A	209
6901236342014	驱动轮 E	5061
6901236342005	主控芯片 B	473
6901236342032	主机选择器 F	137
6901236342025	视频切换器 F	798
6901236342026	解码器 F	756
6901236342050	吸口或中扫吸口 E	825
6901236342007	不锈钢外壳 B	483
6901236342042	信号转换器 F	216
6901236342002	扬声器 A	3104
6901236342031	方向轮 E	217
6901236342016	镜头 C	476
6901236342010	摄像头芯片 C	153
6901236342021	铜柱 C	459
6901236342035	边刷 E	487
6901236342011	电控锁 F	203
6901236342004	电子组件 A	1403
6901236342029	UPS 电源 F	200

③第三周周报如下表所示。

入库作业周报（物动量统计）

制表人：小李　　　　　　　　　　　　　　　　　　　　制表时间：2023 年 8 月 15 日

编号	零部件	入库量
6901236342001	主控芯片 A	161
6901236342047	智能扫地机器人组件 E	222
6901236342009	信号中断器 F	116
6901236342021	铜柱 C	450
6901236342041	电动机 D	122
6901236342034	智能自动回应感应器 E	1139
6901236342025	视频切换器 F	750
6901236342002	扬声器 A	3147
6901236342045	电源线 D	131
6901236342013	电池 E	107
6901236342014	驱动轮 E	5018
6901236342007	不锈钢外壳 B	455
6901236342016	镜头 C	432
6901236342004	电子组件 A	1399
6901236342033	尾线 C	4244
6901236342010	摄像头芯片 C	175
6901236342026	解码器 F	780
6901236342050	吸口或中扫吸口 E	784
6901236342006	扬声器 B	3303
6901236342049	主机 F	739
6901236342037	手柄 D	462
6901236342043	风叶 D	4090
6901236342042	信号转换器 F	225
6901236342011	电控锁 F	201
6901236342044	闭门器 F	434
6901236342036	摄像头导航 E	210
6901236342017	开关 D	132
6901236342018	智能防撞感应器 E	178
6901236342029	UPS 电源 F	235
6901236342032	主机选择器 F	181
6901236342003	不锈钢外壳 A	783
6901236342019	陀螺仪导航 E	126
6901236342038	灯板 C	450
6901236342023	网络汇总器 F	185
6901236342048	智能防跌落感应器 E	444
6901236342022	镜头座 C	218

续表

编号	零部件	入库量
6901236342030	智能芯片 E	206
6901236342024	视频放大器 F	226
6901236342020	水箱 E	189
6901236342005	主控芯片 B	478
6901236342031	方向轮 E	176
6901236342008	电子组件 B	1727
6901236342039	光端机 F	156
6901236342040	自动回充基座 E	265
6901236342028	超声波感应 E	742
6901236342012	电热元件 D	179
6901236342027	挡风板 D	143
6901236342015	外壳 C	258
6901236342046	壳体 D	188
6901236342035	边刷 E	443

④第四周周报如下表所示。

入库作业周报（物动量统计）

制表人：小李　　　　　　　　　　　　　　　　　制表时间：2023 年 8 月 22 日

编号	零部件	入库量
6901236342044	闭门器 F	451
6901236342042	信号转换器 F	178
6901236342038	灯板 C	466
6901236342020	水箱 E	216
6901236342035	边刷 E	448
6901236342002	扬声器 A	3131
6901236342016	镜头 C	507
6901236342043	风叶 D	4136
6901236342029	UPS 电源 F	187
6901236342013	电池 E	110
6901236342009	信号中断器 F	194
6901236342041	电动机 D	146
6901236342050	吸口或中扫吸口 E	783
6901236342007	不锈钢外壳 B	509
6901236342010	摄像头芯片 C	202
6901236342045	电源线 D	176
6901236342018	智能防撞感应器 E	152
6901236342024	视频放大器 F	203
6901236342005	主控芯片 B	476
6901236342025	视频切换器 F	786

续表

编号	零部件	入库量
6901236342026	解码器 F	798
6901236342019	陀螺仪导航 E	171
6901236342046	壳体 D	175
6901236342008	电子组件 B	1642
6901236342030	智能芯片 E	130
6901236342015	外壳 C	249
6901236342047	智能扫地机器人组件 E	192
6901236342012	电热元件 D	107
6901236342037	手柄 D	488
6901236342049	主机 F	696
6901236342039	光端机 F	104
6901236342036	摄像头导航 E	199
6901236342033	尾线 C	4270
6901236342003	不锈钢外壳 A	777
6901236342001	主控芯片 A	174
6901236342021	铜柱 C	414
6901236342017	开关 D	201
6901236342032	主机选择器 F	135
6901236342040	自动回充基座 E	263
6901236342022	镜头座 C	226
6901236342028	超声波感应 E	731
6901236342014	驱动轮 E	5095
6901236342031	方向轮 E	182
6901236342027	挡风板 D	131
6901236342023	网络汇总器 F	144
6901236342006	扬声器 B	3290
6901236342034	智能自动回应感应器 E	1141
6901236342048	智能防跌落感应器 E	479
6901236342011	电控锁 F	203
6901236342004	电子组件 A	1415

⑤第五周周报如下表所示。

入库作业周报（物动量统计）

制表人：小李　　　　　　　　　　　　　　　　　　制表时间：2023 年 8 月 29 日

编号	零部件	入库量
6901236342021	铜柱 C	448
6901236342017	开关 D	156
6901236342005	主控芯片 B	504
6901236342015	外壳 C	191

续表

编号	零部件	入库量
6901236342045	电源线 D	125
6901236342020	水箱 E	207
6901236342036	摄像头导航 E	202
6901236342025	视频切换器 F	789
6901236342039	光端机 F	178
6901236342050	吸口或中扫吸口 E	857
6901236342009	信号中断器 F	172
6901236342032	主机选择器 F	141
6901236342044	闭门器 F	499
6901236342034	智能自动回应感应器 E	1167
6901236342029	UPS 电源 F	194
6901236342040	自动回充基座 E	231
6901236342047	智能扫地机器人组件 E	215
6901236342046	壳体 D	198
6901236342027	挡风板 D	120
6901236342043	风叶 D	4130
6901236342024	视频放大器 F	148
6901236342035	边刷 E	493
6901236342004	电子组件 A	1395
6901236342019	陀螺仪导航 E	175
6901236342008	电子组件 B	1668
6901236342030	智能芯片 E	192
6901236342037	手柄 D	445
6901236342006	扬声器 B	3293
6901236342031	方向轮 E	219
6901236342012	电热元件 D	146
6901236342013	电池 E	141
6901236342026	解码器 F	744
6901236342018	智能防撞感应器 E	160
6901236342041	电动机 D	125
6901236342049	主机 F	723
6901236342042	信号转换器 F	185
6901236342003	不锈钢外壳 A	745
6901236342048	智能防跌落感应器 E	515
6901236342016	镜头 C	469
6901236342038	灯板 C	495
6901236342022	镜头座 C	196
6901236342010	摄像头芯片 C	202
6901236342028	超声波感应 E	739

续表

编号	零部件	入库量
6901236342002	扬声器 A	3119
6901236342033	尾线 C	4231
6901236342001	主控芯片 A	246
6901236342014	驱动轮 E	5077
6901236342011	电控锁 F	201
6901236342023	网络汇总器 F	140
6901236342007	不锈钢外壳 B	487

2）产能规划信息。

产能规划信息 1

产品型号	年产能规划（件）	班次（班/日）	每日工作时长（小时/班）	月工作日（天）	产线数量（条）
智能音箱 A	786240	3	6	28	1

产能规划信息 2

产品型号	年产能规划（件）	班次（班/日）	每日工作时长（小时/班）	月工作日（天）	产线数量（条）
智能音箱 B	786240	3	6	28	1

3）产成品 BOM 清单。

智能音箱 A BOM 清单

物料编码	BOM 清单	数量（件）	长（mm）	宽（mm）	高（mm）	重量（kg）
6901236342083	主控芯片 A	1	90	62	39	0.2
6901236342084	扬声器 A	3	80	69	41	0.2
6901236342085	不锈钢外壳 A	1	190	58	47	0.3
6901236342086	电子组件 A	2	70	60	50	0.2

注：智能音箱 A 成品每件规格为 210mm×110mm×80mm，重量 1.8kg。

智能音箱 B BOM 清单

物料编码	BOM 清单	数量（件）	长（mm）	宽（mm）	高（mm）	重量（kg）
6901236342087	主控芯片 B	1	90	62	39	0.2
6901236342088	扬声器 B	3	80	69	41	0.2
6901236342089	不锈钢外壳 B	1	190	58	47	0.3
6901236342090	电子组件 B	2	70	60	50	0.2

注：智能音箱 B 成品每件规格为 210mm×110mm×80mm，重量 1.8kg。

4）组装装配工序与节拍。

组装装配工序与节拍

产线名称	供料名称	组装工序1		组装工序2		组装工序3		线边原材料安全库存	备注
		工序周期时间	物料	工序周期时间	物料	工序周期时间	物料		
智能音箱A生产线	主控芯片A 扬声器A 不锈钢外壳A 电子组件A	27s	主控芯片A 电子组件A	27s	扬声器A	27s	不锈钢外壳A	按生产15件成品设置	生产工位之间设置2个小型滚筒输送机进行连接
智能音箱B生产线	主控芯片B 扬声器B 不锈钢外壳B 电子组件B	27s	主控芯片B 电子组件B	27s	扬声器B	27s	不锈钢外壳B	按生产18件成品设置	

5）原材料存储库、线边库和成品库设备参数。

原材料存储库设备参数

货架规格（mm）	1020×1020×1900	货架底层（托举）高度（mm）	400
货架每层高度（mm）	300	货架层数（层）	5
货架排数（排）	双排	货架列数（列）	3
物料料箱容器体积（mm³）	29700000	物料料箱有效使用空间	50%
原材料存储库存储量	A类货物：1.5天 B、C类货物：1天	料箱需求比例	1.1倍

注：1. 每个AGV货架只能存放1种原材料；2. 每个货位可放置1个容器；3. 每种原材料料箱需求根据需求比例连续计算，最终结果按实际要求取整。

线边库设备参数

货架规格（mm）	1020×700×1000	货架排数	单排
物料料箱容器体积（mm³）	29700000	每货架放置容器量（个）	8
货架层数（层）	4	货架列数（列）	1
物料料箱有效使用空间	50%		

注：1. 每个生产工位设置1个原材料缓存货架，每条产线设置1个成品缓存货架；2. 每货位可放置2个容器；3. 原材料缓存货架每个货位只能存放1种原材料。

成品库设备参数

物料料箱容器体积（mm³）	29700000	货架排数	单排
货架层数（层）	2	货架列数（列）	1

6）AGV机器人运行参数。

潜伏式搬运机器人运行参数

AGV行驶速度（m/s）	1	AGV步长（m）	1.2
AGV充电时长（0%～100%）（h）	1	AGV续航时间（h）	4
AGV到达货架平均时间（s）	20	站点切换平均时间（s）	35
AGV顶举货架平均时间（s）	3	货架旋转平均时间（s）	15

续表

AGV 放下货架平均时间（s）	3	入库工作站任务平均作业时间（s/箱）	40
拣选工作站任务平均作业时间（s/箱）	35	AGV 单程平均转弯次数（次）	4
AGV 平均转弯速度（s/次）	3		

线性搬运机器人运行参数

AGV 行驶速度（m/s）	1	AGV 步长（m）	1.2
AGV 充电时长（0%~100%）（h）	1	AGV 续航时间（h）	4
载重（kg）	100	读码精度（mm）	10
AGV 单程平均转弯次数（次）	2	AGV 平均转弯速度（s/次）	3
装配车间 AGV 到达工作站平均时间（s）	11	成品转运 AGV 到达成品线边仓平均时间（s）	11

7）供应商评估指标。

某原材料供应商指标数据

序号	供应商名称	供应商代码	供货价格（元/件）	提前期（天）	准时率（%）	合格率（%）
1	长沙立远	AD10001	214	4.0	97.33	94.62
2	贵阳信达	AD10002	183	3.0	88.21	87.96
3	武汉简约	AD10003	198	3.0	91.16	91.95
4	广州阳沙	AD10004	185	3.0	95.17	85.18

评估指标权重表

序号	评价指标	评价指标权重（%）
1	价格水平	30
2	交货时间	25
3	准时表现	30
4	质量表现	15

8）运输里程表。

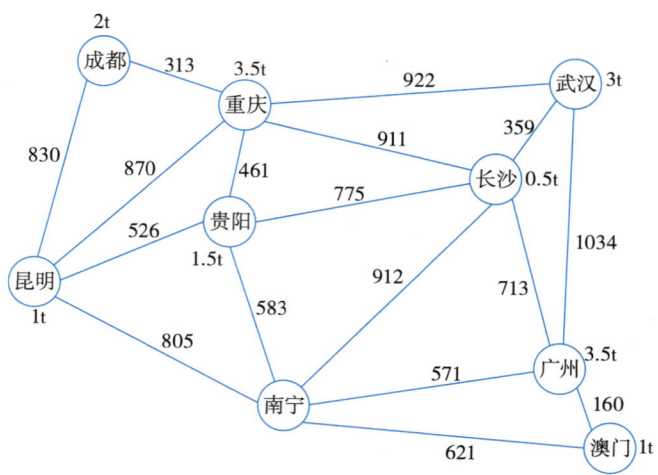

上图中连线上的数字表示公路里程（千米），靠近各城市的数字表示原材料供应的需求量（t）。请根据节约里程法，优化运输路线。（计算结果均四舍五入保留两位小数）

备注：6.3 米货车总行驶里程不超过 2860km；6.5 米货车总行驶里程不超过 3090km；7.2 米货车总行驶里程不超过 4120km。

9) 车辆参数。

车型	数量	车长（m）	车宽（m）	车高（m）	额定载重（t）	空驶平均油耗（升/百公里）	重驶增加油耗（升/百公里·吨）
6.3 米货车	2	6.3	2.2	2.2	6	10	0.75
6.5 米货车	2	6.5	2.4	2.4	8	11	0.9
7.2 米货车	2	7.2	2.3	2.7	10	13	1

（2）仿真基本数据

1) 任务信息表。

任务 ID	任务编号	任务开始时间	预计完成时间	任务名称	任务种类	类目名称	类目数量（件）
1	R3240	2023/9/23 8：00	2023/9/23 9：05	入库 1	入库任务	扬声器 A	136
2	R3241	2023/9/23 8：00	2023/9/23 9：05	入库 2	入库任务	扬声器 B	141
3	R3242	2023/9/23 8：00	2023/9/23 9：05	入库 3	入库任务	电子组件 A	111
4	R3243	2023/9/23 8：00	2023/9/23 9：05	入库 4	入库任务	电子组件 B	115
5	R3244	2023/9/23 8：00	2023/9/23 9：05	入库 5	入库任务	主控芯片 A	76
6	R3245	2023/9/23 8：00	2023/9/23 9：05	入库 6	入库任务	主控芯片 B	77
7	R3246	2023/9/23 8：00	2023/9/23 9：05	入库 7	入库任务	不锈钢外壳 A	78
8	R3247	2023/9/23 8：00	2023/9/23 9：05	入库 8	入库任务	不锈钢外壳 B	76
9	R3248	2023/9/23 8：00	2023/9/23 9：05	入库 9	入库任务	扬声器 A	129
10	R3249	2023/9/23 8：00	2023/9/23 9：05	入库 10	入库任务	扬声器 B	136
11	R3250	2023/9/23 8：00	2023/9/23 9：05	入库 11	入库任务	电子组件 A	99
12	R3251	2023/9/23 8：00	2023/9/23 9：05	入库 12	入库任务	电子组件 B	98
13	R3252	2023/9/23 8：00	2023/9/23 9：05	入库 13	入库任务	主控芯片 A	70
14	R3253	2023/9/23 8：00	2023/9/23 9：05	入库 14	入库任务	主控芯片 B	69
15	R3254	2023/9/23 8：00	2023/9/23 9：05	入库 15	入库任务	不锈钢外壳 A	75
16	R3255	2023/9/23 8：00	2023/9/23 9：05	入库 16	入库任务	不锈钢外壳 B	74
17	R3256	2023/9/23 8：00	2023/9/23 9：05	入库 17	入库任务	扬声器 A	79
18	R3257	2023/9/23 8：00	2023/9/23 9：05	入库 18	入库任务	扬声器 B	69
19	R3258	2023/9/23 8：00	2023/9/23 9：05	入库 19	入库任务	电子组件 A	89
20	R3259	2023/9/23 8：00	2023/9/23 9：05	入库 20	入库任务	扬声器 B	78
21	R3260	2023/9/23 8：00	2023/9/23 9：05	入库 21	入库任务	电子组件 B	79
22	3261	2023/9/23 8：00	2023/9/23 9：05	入库 22	入库任务	扬声器 A	68
23	C3001	2023/9/23 8：00	2023/9/23 9：05	生产 1	生产任务	智能音箱 B	25
24	C3002	2023/9/23 8：00	2023/9/23 9：05	生产 2	生产任务	智能音箱 B	20
25	C3003	2023/9/23 8：00	2023/9/23 9：05	生产 3	生产任务	智能音箱 B	25

续表

任务 ID	任务编号	任务开始时间	预计完成时间	任务名称	任务种类	类目名称	类目数量（件）
26	C3004	2023/9/23 8：00	2023/9/23 9：05	生产 4	生产任务	智能音箱 B	20
27	C3005	2023/9/23 8：00	2023/9/23 9：05	生产 5	生产任务	智能音箱 B	25
28	C3006	2023/9/23 8：00	2023/9/23 9：05	生产 6	生产任务	智能音箱 B	15
29	C3007	2023/9/23 8：00	2023/9/23 9：05	生产 7	生产任务	智能音箱 A	25
30	C3008	2023/9/23 8：00	2023/9/23 9：05	生产 8	生产任务	智能音箱 A	20
31	C3009	2023/9/23 8：00	2023/9/23 9：05	生产 9	生产任务	智能音箱 A	25
32	C3010	2023/9/23 8：00	2023/9/23 9：05	生产 10	生产任务	智能音箱 A	20
33	C3011	2023/9/23 8：00	2023/9/23 9：05	生产 11	生产任务	智能音箱 A	25
34	C3012	2023/9/23 8：00	2023/9/23 9：05	生产 12	生产任务	智能音箱 A	15

2）存储信息表。

货架编号	货架名称	储位编码	类目名称	最大可容纳货品数量	已容纳货品数	补货/移库点	补货/移库量
（自填）	（自填）	（自填）	（自填）	（自填）	（自填）	（自填）	（自填）

注：原材料存储货架初始库存量：主控芯片 A、扬声器 A、不锈钢外壳 A、电子组件 A、主控芯片 B、扬声器 B、不锈钢外壳 B、电子组件 B 均为 2 箱。

智能音箱 A 生产线线边库各原材料初始库存均为 1 箱；智能音箱 B 生产线线边库各原材料初始库存均为 2 箱。产成品智能音箱 A 和智能音箱 B 的线边初始库存量均为 2 箱。

4.4.2 智慧物流系统方案实施任务书

1. 任务背景

宁柳科技有限公司是一家创意小家电研发、设计、生产和销售的实业型企业，主营产品包括智能音箱、可视化门铃、智能摄像头等多款智能化小家电产品。在数字化转型发展背景趋势下，公司于广西南宁市高新工业园区新建"智能制造 2025"示范工厂，占地面积约 3000 平方米，年产量超过 200 万件。

2. 项目任务书

请根据任务基础数据，按要求完成作业策略配置和原材料入库任务，并基于生产计划进行生产补料、齐套检查和成品存储。要求如下：

1）实操存储策略、补货策略等配置，需与方案一致。

2）必须严格按照原材料入库、班次开始前的初始补料作业、排产指令下达的顺序操作。

3）排产计划不能拆分，必须一次性排产并生产完成。

具体阐述如下：

（1）作业策略配置

1）电子拣选区用于存储包装材料、货到人拣选区用于存储其他原材料，请完成智能音箱A所对应原材料的存储策略设置。

2）根据存储区、装配工序和拣选配送数据，分析计算智能音箱A各原材料补料点，并完成补料规则设置。

（2）原材料入库

根据BOM表和现有库存数据及装配工序数据，综合考虑工位配送效率优先，制订原材料的入库作业计划，并完成入库作业。入库后的库存需满足未来1小时生产所需，入库量应为各原材料1个周转箱存储量的整数倍。

（3）生产补料

在系统中下达36个智能音箱A产品的排产指令，并完成生产补料的组织管理。按要求完成下列任务：

1）根据排产计划，完成班次开始前的初始补料作业，并进行物料齐套性检查。

2）在系统中下达排产指令，系统按照节拍自动完成模拟仿真流程，并根据配置驱动生产补料和产成品下线指令的自动下达。

3）结合补料配置和作业看板提示，及时完成JIT生产补料作业，避免出现停工待料。

（4）成品存储

随时跟进作业看板，根据进度完成生产下线后产成品的入库作业。

3. 项目任务书

（1）产品与BOM数据

智能音箱A BOM清单

物料编码	物料名称	数量（件）	长（mm）	宽（mm）	高（mm）	重量（kg）
6901236342083	主控芯片A	2	50	50	10	0.2
6901236342086	电子组件A	2	100	50	10	0.2
6901236342085	不锈钢板A	3	150	100	10	0.3
6901236342084	扬声器A	2	50	50	10	0.25
6911236343045	外包装A	1	150	100	10	0.05
6911236343046	防震泡沫A	1	100	50	10	0.01

产成品信息

货品编码	货品名称	长（mm）	宽（mm）	高（mm）	重量（kg）
6901236342095	智能音箱A	150	100	10	2.3

注：智能音箱A及其所有原材料在实操中均为模拟货物，无须考虑其实际尺寸关系。

（2）智能音箱 A 装配工序与节拍

智能音箱 A 装配工序与节拍

产线名称	物料名称	组装工序 1		组装工序 2		组装工序 3	
		工序周期时间	物料	工序周期时间	物料	工序周期时间	物料
智能音箱 A 生产线	主控芯片 A 扬声器 A 不锈钢板 A 电子组件 A 外包装 A 防震泡沫 A	20s	主控芯片 A 电子组件 A	20s	不锈钢板 A 扬声器 A	20s	外包装 A 防震泡沫 A

（3）存储区数据

拣选区及存储区基本信息

原材料货到人存储区			
货架规格（mm）	880×880×1800	货架层数（层）	5
货架底层（托举）高度（mm）	400	每层（双面）货位（个）	6
货架每层高度（mm）	300	货架数量（个）	4
物料料箱容器尺寸（mm）	350×270×125	货位数量（个）	120
原材料电子拣选区			
容器规格（mm）	410×310×150	货位数量（个）	12
产成品自动化立库存储区			
容器规格（mm）	350×270×125	货位数量 A 面（个）	18
单位货格承重（kg）	21	货位数量 B 面（个）	20
线边缓存区			
容器规格（mm）	350×270×125	工位可存储容器量（个）	4

货位编码规则

区域	编码规则
整体储位规则	储位编码采用四级编码结构，即库区代码—货架代码/工位代码—层代码—列代码
原材料电子拣选区	1. 库区代码为 DZ； 2. 共 1 个货架，货架采用 2 层 6 列； 3. 示例：货架 1 第 1 层第 1 列的货位编码为 DZ – R1 – 01 – 01
产成品自动化立库存储区	1. 库区代码为 LK； 2. 共 1 个货架，货架采用 4 层 5 列，分 AB 面，A 面第 1 层代码即为 A1； 3. 示例：货架 1A 面第 1 层第 1 列的货位编码为 LK – R1 – A1 – 01
原材料货到人存储区	1. 库区代码为 HD； 2. 共 4 个货架，货架编码依次为 R1、R2、R3、R4；货架采用 5 层 3 列，分 AB 面，A 面第 1 层代码即为 A1； 3. 示例：货架 R1 的 A 面第 1 层第 1 列货位编码为 HD – R1 – A1 – 01、第 2 列为 HD – R1 – A1 – 02、第 3 列为 HD – R1 – A1 – 03
线边缓存区	1. 库区代码为 SC； 2. 共 4 个工位，工位编码依次为 R1、R2、R3、R4，其中 R4 工位用于存放产成品；每个工位均为 1 层，含 4 个储位； 3. 示例：工位 1 第 1 个货位编码为 SC – R1 – 01 – 01，工位 1 第 2 个货位编码为 SC – R1 – 01 – 02

拣选区及存储区初始库存数据

原材料货到人存储区库存数据

储位编码	物料编码	物料名称	数量（件）
HD－R1－A2－01	6901236342083	主控芯片A	40
HD－R1－A2－02	6901236342083	主控芯片A	40
HD－R1－B2－01	6901236342083	主控芯片A	40
HD－R1－B2－02	6901236342083	主控芯片A	40
HD－R2－A2－01	6901236342084	扬声器A	55
HD－R2－A2－02	6901236342084	扬声器A	55
HD－R2－B2－01	6901236342084	扬声器A	55
HD－R2－B2－02	6901236342084	扬声器A	55
HD－R2－B2－03	6901236342084	扬声器A	55
HD－R2－A3－01	6901236342085	不锈钢板A	47
HD－R2－A3－02	6901236342085	不锈钢板A	47
HD－R2－B3－02	6901236342085	不锈钢板A	47
HD－R2－B3－03	6901236342085	不锈钢板A	47

注：货到人存储区采用5层双面拣选，共4个货架，其中第五层被其他货物占用，此次货物入库仅可使用货架的第一层、第二层、第三层和第四层。

原材料电子拣选区库存信息

储位编号	物料编码	物料名称	数量（件）
DZ－R1－01－01	6911236343045	外包装A	48
DZ－R1－01－02	6911236343045	外包装A	48
DZ－R1－01－03	6911236343045	外包装A	48
DZ－R1－01－04	6911236343045	外包装A	48
DZ－R1－02－01	6911236343046	防震泡沫A	66
DZ－R1－02－02	6911236343046	防震泡沫A	66
DZ－R1－02－03	6911236343046	防震泡沫A	66

产成品自动化立库存储区库存信息

储位编号	货品编码	货品名称	数量（件）
LK－R1－A1－02	6901236342095	智能音箱A	9
LK－R1－A2－01	6901236342095	智能音箱A	9

注：产成品自动化立库存储区其余皆为空储位。

线边缓存区库存信息

工位储位编号	物料编码	物料名称	数量（件）
SC－R1－01－01	6901236342083	主控芯片A	5
SC－R1－01－03	6901236342086	电子组件A	17
SC－R2－01－01	6901236342084	扬声器A	30
SC－R2－01－03	6901236342085	不锈钢板A	25
SC－R3－01－01	6911236343045	外包装A	5

续表

工位储位编号	物料编码	物料名称	数量（件）
SC-R3-01-03	6911236343046	防震泡沫A	12

注：每个工位可存放4个周转箱的缓存物料；补货需按整箱补货。

（4）周转箱装箱量数据

周转箱装箱量

原材料/产成品	周转箱（350×270×125 mm）装箱量（件）	周转箱（410×310×150mm）装箱量（件）
主控芯片A	40	58
电子组件A	49	60
扬声器A	55	65
不锈钢板A	47	59
外包装A	32	48
防震泡沫A	56	66
智能音箱A	30	40

（5）智能设备运行数据

智能设备运行数据

线性搬运AGV前往货到人拣选区完成补料作业的平均往返时间	160秒
线性搬运AGV前往电子拣选区完成补料作业的平均往返时间	120秒
线性搬运AGV机器人最多可承载周转箱数量	2个
线性搬运AGV将产成品从工位运送至立库存储区的平均时间	15秒
立库料箱从起始位运行至设定库位的平均时间	35秒

项目五

电商企业实战篇

任务一　生鲜电商物流配送

学习目标

知识目标

1. 了解生鲜商品的概念和特点。
2. 了解生鲜电商的运营模式。
3. 掌握冷链物流的概念。
4. 熟悉冷链物流的设备和工具。

技能目标

1. 能够分析生鲜冷链物流的模式和特点。
2. 能够根据不同商品特点匹配对应的冷链设备和工具。
3. 能够灵活应用冷链设备和体系提高生鲜冷链物流效率。

素养目标

1. 培养物流配送人员的责任意识。
2. 培养成本节约的职业习惯。

引导案例

美团优选

美团优选于2020年7月上线，作为美团旗下的社区电商业务，采取"今日下单+次日自提"

的模式，为社区家庭用户精选高性价比的蔬菜、水果、肉禽蛋、酒水零食、家居厨卫、速食冻品、粮油调味等品类商品。采用严格的品控标准，保证每一个环节都精益求精，致力于为广大消费者提供新鲜、安全、有保障的高品质食材，提供愉悦、便捷的购物体验。2020年底，美团优选推出"农鲜直采"计划，与全国多个地方政府建立合作，加大优质农产品源头直采的力度，加速优质农产品从原产地直达社区，通过科技创新助力改善农产品生产、分配、流通、消费各环节，并推动需求牵引供给、供给创造需求的更好动态平衡，让城乡居民受益的同时也让农民实现增收。2022年10月，美团优选正式将品牌定位升级为"明日达超市"，并推出全新的品牌口号"真的真的省"。目前，美团优选已覆盖全国2000余市县。

美团优选的物流采用全程冷链配送，专业的配送团队和设备保障，确保生鲜食材在运输过程中的温度和质量安全。

采购环节。美团优选的采购团队对所有供应商和食材都进行严密的管理和筛选，确保所有商品都符合质量、安全、新鲜的标准。

运输环节。美团优选采用专业的冷链车辆或包装箱进行食材运输，在运输过程中保持低温、保鲜，避免过度挤压、摩擦等操作损坏食材。

仓储环节。美团优选的仓储环节采用冷链技术，始终保持恒定的温度和湿度，同时管理人员也进行定期检测和维护，确保仓库环境良好。

配送环节。美团优选的配送团队采用冷链配送技术，专门使用冷链车辆或包装箱，对食材进行保鲜和保温处理，确保在配送过程中食材的新鲜度和安全性。

与此同时，美团优选的物流在自动化方面有很大的进展。采用了一系列自动化技术和设备，提高仓储和物流的效率和准确性。比如，美团优选在配送仓库中通过使用货架输送机、Laser AGV 智能小车等，实现库存管理、分拣、装箱等主要物流环节的自动化。这样可以提高工作效率，降低配送成本，提高配送精确度，同时减少人为因素的影响。而且，公司也在不断地投入研发和应用新技术，以提高物流的自动化程度，将来还会不断地优化和创新。

启发与思考

1. 什么是生鲜？生鲜的特点是什么？
2. 生鲜电商为什么能受到大量客户的欢迎？

3. 美团优选是凭借什么形成自己的生鲜电商优势的？

5.1.1 生鲜产品

1. 生鲜产品的概念

生鲜产品是指未经过加工或加工处理较少的食品，需要在较短时间内消费或储存，以保证其新鲜度和营养价值。常见的生鲜产品主要包括新鲜蔬菜瓜果类、牛羊猪等动物肉类、鸡鸭鹅等禽蛋类、鱼蛙贝等水产品类、牛羊奶等乳制品类等。根据售卖前的处理程度和存放方法，可将生鲜产品分为三种类型：

第一种类型是最初级生鲜产品，其主要包含新鲜蔬菜、时令水果等。针对此类产品只需要做好保鲜措施，如保持适宜的温度和湿度，以延长其保质期，并可直接对外售卖。

第二种类型是加工生鲜产品，其主要包含熟食、乳制品等。针对此类产品需要在售卖前进行一些必要的加工和处理，如烹饪、杀菌等，以确保其安全和品质，并可售卖给消费者。

第三种类型是需要冷冻或冷藏的生鲜产品，其主要包含家禽肉制品、海鲜类产品等。针对此类产品需要在售卖前进行冷冻或冷藏处理，以延长其保质期，并可在适当的时候解冻或加热后售卖给消费者。

生鲜产品的分类是根据其处理程度和存储方式的不同进行划分的，消费者在购买时可根据不同的产品类型和保质期做出选择。

2. 生鲜产品的特点

与普通商品不同，生鲜产品具有其特殊属性，具体表现在如下几个方面：

第一，生鲜产品具有季节性。生鲜产品的供给受气候、土壤、温度等自然条件的影响，生产、市场供应和产品开发具有季节性强的特点。在夏秋季节，农产品大量上市，供应渠道畅通，品种丰富；而在冬春两季，则渠道供应不足，需要积极拓宽供应渠道。不同的季节和气候对于配送的保温、保湿要求也不同。比如，在温度较高的季节，更应注重隔热，而在温度较低的季节，则更注重保温。由于消费者越来越注重"时令"和食品安全，生鲜产品的季节性供给对销售的影响愈加显著。

第二，生鲜产品易腐蚀。易腐性主要包括数量和品质两个方面。数量损失是指在从产地到销售点的运输、装卸和顾客挑选等过程中由于自然条件和其他原因导致的生鲜产品数量减少。品质损失是指生鲜产品的新鲜程度会随着存储时间的延长而逐渐下降，最终腐烂。虽然这不会对消费者的日常食用造成影响，但会影响消费者购买意愿。这种损失主要是由于贮存条件不当，如温度、湿度和时间过长等。

第三，生鲜产品具有价值递减性。随着生鲜产品的新鲜程度降低，其食用价值也会降低，消费者对其的心理估值和购买意愿也会下降，从而导致零售商的利润减少。生鲜产品的产销分离、信息不对称和对储运条件的要求较高，都增加了企业的经营难度，导致生鲜产品的价格下跌。

第四，生鲜产品对配送要求极高。生鲜产品对配送要求主要体现在两个方面：配送质量和配送时效。如上所述，生鲜产品易腐蚀，在配送过程中如果不注意很容易导致磕碰，影响产品的质量。此外，如果没有及时完成生鲜产品的配送，可能在配送途中生鲜产品就已经腐败变质，送到客户手中就会导致客诉，最终影响企业在消费者心中的形象。

5.1.2 生鲜电商

1. 生鲜电商的概念

电子商务是指以电子化、数字化的方式完成交易并从事与交易有关的服务活动，将传统商业活动转移到了网络平台之中，涉及货币交换、营销活动、信息交换、收集数据、存货管理等方面的内容。生鲜电商的定义则是在网络平台中销售与购买生鲜类产品，如肉类、水果等，这是一种依赖电子商务网络平台和信息技术的商业模式。生鲜电商的出现是对传统生鲜产品线下交易模式的拓展和变革，同时也促进了线上线下双渠道营销的发展。

2. 生鲜电商的发展历程

生鲜电商自问世以来，经历了以下三个阶段的发展历程：

（1）第一阶段：起步阶段（2013—2018年）

随着生鲜产品在市场上的需求增加，一些企业陆续意识到在电商平台销售生鲜产品的商机。2005年，易果网上线，这代表着国内第一家生鲜电商平台诞生。2008年，沱沱工社成立，线下水果连锁品牌百果园试水线上运营，但当时的生鲜电商商业模式还不成熟，无法完全满足当时的市场需求。2009—2012年，随着互联网迅速发展带动了生鲜电商的快速发展，一大批垂直型生鲜平台企业相继兴起，不同的生鲜电商企业步入了差异化竞争中。其中，在2012年，顺丰、京东等大型集团分别开始试水生鲜电商，分别成立了顺丰优选、京东生鲜等垂直电商平台。

（2）第二阶段：发展阶段（2013—2018年）

从2013年开始，国内的生鲜电商企业数量飞速增长，各类资本也陆续涌入生鲜电商领域。2014—2015年，生鲜电商行业迎来了爆发式增长，多家电商企业如1号店、天猫等陆续布局生鲜领域，不少生鲜电商企业获得了融资，京东到家、美团等生活服务O2O平台也陆续跻身生鲜领域。当时，生鲜电商企业如雨后春笋般涌现，全国共有4000多家生鲜电商企业，市场竞争十分激烈。因此，在持续的激烈竞争中，部分中小型生鲜电商企业逐步被淘汰，初步完成了行业筛选。同时，随着生鲜冷链配送技术的不断进步，各种新的服务模式陆续被提出，例如前置仓模式，与线下便利店、超市合作的寄放生鲜产品，在社区设置生鲜自提柜等，这些新模式持续推动着生鲜电商行业的发展。

（3）第三阶段：调整阶段（2019年至今）

自2019年以来，多家生鲜电商平台企业因资金链断裂陆续倒闭。与普通货物配送相比，生鲜配送对配送车辆的温度、时效等要求更高，配送成本因此也会很高。不少生鲜电商平台企业为了满足快速扩张的需求投入了大量资金，但由于收益无法覆盖高额的运营成本，导致长期亏损，生鲜电商行业陷入低迷期。转折点出现在2020年初，受新冠疫情影响，社区团购模式再次成为消费者关注的焦点，并且越来越多的消费者开始习惯这种商业模式。根据中商产业研究院的相关报告，2020年生鲜电商市场规模增长率达到了42.54%，超过了2019年的31.00%的增长率，新冠疫情一定程度上催生了生鲜电商市场的再次发展。

3. 生鲜电商运营模式

生鲜电商的运营较为复杂，存在多模式、多层次并行发展的情况，根据生鲜电商运营的方式不同，可以将其分为以下几类：

(1) 综合型生鲜电商平台

综合型生鲜电商平台指的是企业搭建自己的平台，通过运营平台来吸引客户流量并获取利润的一种商业模式。综合型生鲜电商企业通常会与生鲜供应商合作，在符合安全标准的前提下定期采购生鲜产品，通过在线平台展示相关商品信息，利用促销等方式吸引客户下单。此外，综合型生鲜电商平台会吸引各类生鲜店铺入驻，入驻商家自行组织货源进行商品销售等，平台提供交易平台、综合监管并收取入驻费。常见的综合型生鲜电商平台有淘宝生鲜、天猫生鲜、京东生鲜等。综合型生鲜电商平台通常将其配送外包给第三方物流配送企业，专注于平台本身的运营，因此运营成本较低。然而，由于目前传统的线下直接购买仍然是消费者购买生鲜产品的首选方式，因此仍存在一定的局限性。另外，由于大部分企业线下运输配送由第三方配送企业完成，生鲜产品在运输过程中的质量和安全性很难保障，导致送达客户时生鲜产品的质量可能与平台宣传内容存在差异，从而影响客户的满意度，最终导致平台声誉受到影响。

(2) 垂直生鲜电商平台

垂直生鲜电商平台致力于提供生鲜产品，专注于生鲜细分市场领域，参与并严格把控生鲜产品从生产到配送等供应链全过程。垂直生鲜电商平台在线下物流配送体系建设中投入了大量的资金，构建高质量和高效率的线下生鲜物流配送体系，确保配送的质量和安全，保障产品的新鲜度，提升用户的满意度。这类电商平台的核心竞争力就是其安全、高品质的生鲜产品，因此企业对生鲜产品的供应链管控十分严格，同时，企业高度重视产品的溯源，力求保障其销售的生鲜产品质量标准统一。相比综合型生鲜电商平台企业，垂直生鲜平台侧重于生鲜用户的服务体验，能够提供更完善的售后服务。然而，垂直生鲜电商平台也面临一定的发展局限性，比如其获取客流量的成本较高，因此如何吸引并留住新客户成为其面临的一大挑战。为确保高效的配送服务，垂直生鲜电商平台在线下物流配送体系建设上也投入了更多的资金。

(3) O2O 生鲜电商模式

O2O 生鲜电商模式是指生鲜企业将线上、线下双渠道相结合的营销模式。O2O 生鲜电商平台将社区作为营销单位，综合了线上展示、支付的便利性以及线下社区门店体验、配送的服务优势。为了保障产品的质量，与其他运营模式相比，O2O 模式对供应链整体有更严格的把控。此外，O2O 线上销售平台还为消费者提供了售后服务，消费者可以通过平台反馈不满意之处，以帮助生鲜电商企业进一步调整发展方向，吸引更多客流，增加效益。然而，O2O 模式也存在缺陷，由于 O2O 模式非常注重生鲜产品质量和配送体系建设，其对配送要求更严格。因此，企业需要在生鲜产品源头和冷链物流建设上投入更多的资金。O2O 模式示意见图 5-1-1。

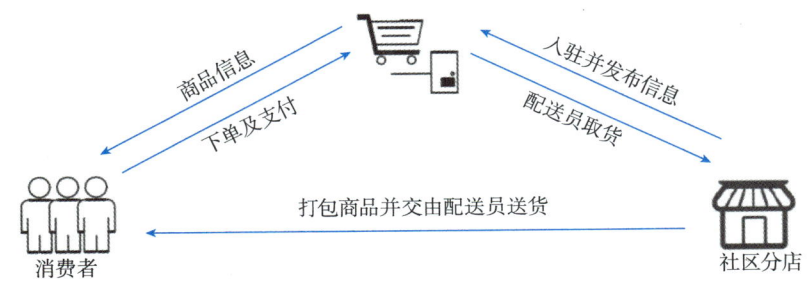

图 5-1-1　O2O 模式示意

(4) 线下新业态模式

线下新业态主要指的是以盒马鲜生为代表的线上与线下融合的创新模式。生鲜电商企业在线下门店开设集仓储和销售于一体的门店，消费者可直接在门店选购生鲜产品，也可以在线上平台下单，一般可在一小时内收到下单的商品。在线下新业态模式下，生鲜供应商将生鲜商品送至区域仓储中心，区域仓储中心再根据不同门店的需求批量配送商品，此时线下门店扮演的就是前置仓的角色。这种前置仓通常可以覆盖周边1~3千米区域的配送，因此其配送时效较高（见图5-1-2）。同时，由于线下门店往往开在距离消费者较近的位置，方便消费者直接到店线下选购生鲜商品，这有利于提升用户黏性。然而，线下新兴业态类型也给企业带来了巨大挑战，具体体现在以下方面：第一，线下门店的选址一般需要在人流量较大的地方，这就会增加线下开店的固定成本，进而增加企业的运营固定成本。第二，生鲜产品因其易腐的特殊性，需要低温环境来储存，并且在配送过程中也需要一定程度的制冷以保持产品的新鲜度，因此需要构建冷链物流体系，而冷链物流体系的建设需要大量的资金支持。第三，线下门店的管理对专业度要求更高，缺乏相关的管理经验可能会导致货品的积压和缺货等问题，最终影响生鲜产品的销售。综上，线下门店的运营成本是远高于线上平台的，为提升线下门店的知名度和口碑，前期需要大量的资金支持。

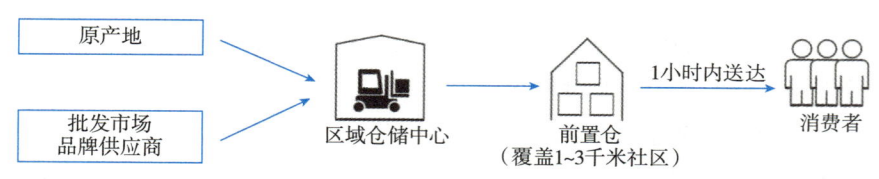

图5-1-2　线下新业态模式

(5) 社区团购模式

社区团购是一种通过招募团长吸引客流的生鲜网购模式。生鲜电商企业通过招募社区居民作为团长，利用团长的拉客引流吸引用户下单。在这种模式下，电商平台负责商品的展示、货源组织、物流建设以及品牌建设，团长负责社群用户的运营，吸引更多的客户下单。社区用户下单后，电商平台企业就会根据下单情况配送货物至团长处，然后再由消费者到团长处自提。自2020年初新冠疫情暴发以来，这种团购方式越来越受到客户的欢迎。这种社区团购模式为电商平台企业减少了线下开设门店的成本、各种人力成本、配送成本等。然而，社区团购模式也存在一定的弊端，主要体现在如下两个方面：第一，这种模式非常依赖于线下人员的推广销售，客户往往掌握在团长手中。如果合作结束，生鲜电商平台很难转化之前的客户群体，这对生鲜电商平台来说是不利的。第二，在社区团购模式下，生鲜电商平台能够提供的生鲜产品种类十分有限，并不能满足不同客户的多品类需求。社区团购生鲜电商模式见图5-1-3。

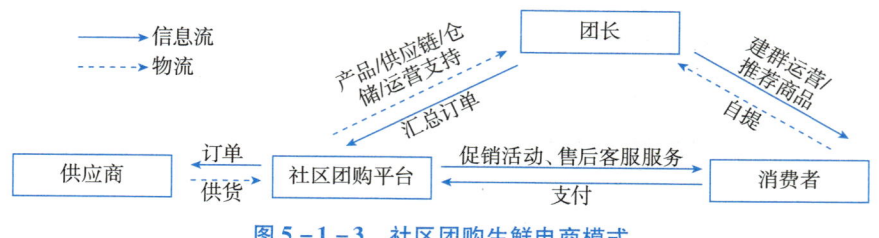

图5-1-3　社区团购生鲜电商模式

5.1.3 生鲜电商冷链物流

1. 冷链物流的概念

冷链物流是指根据商品本身的特性，为保证其品质所采用的是从生产、储存、运输、销售到消费前的各个环节中始终处于规定的低温状态的物流网络。冷链物流是一个极其庞大的物流网络，与一般的常温物流网络相比，其要求更高、更复杂，投入成本更高。冷链物流通常用于存储及配送一些对温度要求高的商品，如新鲜水果、海鲜水产品、冷冻及加工食品、特殊药品等。不同商品对冷链物流的温度要求有所不同，冷链物流可以根据不同商品的需求设置对应的存储和配送温度（见表5-1-1）。冷链物流对生鲜电商企业的发展至关重要，加强冷链物流的建设有助于提升生鲜电商企业的供应链服务能力、降低生鲜电商企业的运营成本、提升服务质量以及用户体验。

表5-1-1 冷链物流温度适用范围

产品	温度	举例
冷链食品	0℃~7℃	生鲜蔬菜、果汁、乳制品、豆腐、加工肉类等
冰温食品	-2℃~2℃	禽肉类、水产品等
冰冻食品	-18℃	冷冻食品、冷冻药品等
超冷链食品	-50℃	生鱼片等

2. 冷链物流的特征

相较于其他物流体系，冷链物流具有以下四大特征：

（1）物流成本高

冷链物流与普通物流相比，全链路需要保持低温，因此需要投入一些温控设备，包含制冷设备和冷藏设备等，而这些设备的投入无疑增加了企业的前期投入成本。此外，制冷设备的运行需要耗费大量的能耗成本。因此，无论是前期的投入还是后期的运营过程，冷链物流的成本都是远高于普通物流的。

（2）协调性要求高

冷链物流所要配送的生鲜产品往往易腐易损，对全链路的协调性要求非常高，任何一个供应链节点出现问题都可能导致生鲜产品的损耗。因此，各个节点企业需要加强沟通协调、保证统筹兼顾，严格把控各环节的质量，在运输过程中不出现或者少出现耽搁的情况。

（3）具有一定的复杂性

不同的生鲜产品的特性不同，在配送和存储过程中对温度、湿度和存储时间的要求有所不同。冷链物流需要关注到配送商品的特性，并根据不同商品的特性设置对应的存储和配送条件，因此具有一定的复杂性。

（4）时效性要求高

生鲜产品的新鲜度不仅与存储、配送的条件有关，还与时间的长短有关。在存储、配送过程中，即使严格按照要求保证了温湿度等条件，随着时间的推移其腐败程度仍会不断加剧，因此必须保证其时效性，才能减少生鲜产品的损耗。

5.1.4 生鲜电商冷链物流设备和体系

1. 冷链仓库

生鲜商品对存储和配送的环境要求都非常高，因此在生鲜商品存储的过程中会专门启用冷链仓库。冷链仓库通常会设有四种不同的温度区：控温区、冷藏区、冷冻区和深冷区。控温区的温度通常为10℃~15℃，作业人员会在此区域进行生鲜商品的预处理，包含对绿叶菜的挑选、对水果的大小分拣以及包装、称重等。冷藏区的温度通常为-4℃~0℃，主要用于存储乳制品、水果、蔬菜等生鲜商品。冷冻区的温度通常为-22℃~-18℃，主要用于存储深水海鲜、冷冻肉类等生鲜商品。深冷区的温度通常为-22℃以下，主要用于存储冰激凌、特殊冷冻海鲜、肉类等生鲜商品。

为把控生鲜商品的入库质量，大部分生鲜电商公司会在冷链仓库中建立一个快速检测生鲜商品的实验室。比如，京东阳澄湖大闸蟹协同仓（见图5-1-4）内就设立了专门的生鲜检测实验室（见图5-1-5），在实验室内对大闸蟹进行氯霉素、孔雀石绿、重金属等指标的检验。通过快速检测可以将不合格品拒之仓外，保障入库商品的质量。此外，为保障作业质量，一些生鲜电商公司的冷链仓库内引入了一些自动化设备，从入库、分拣、包装到出库等环节全方面地提升了作业效率。

图5-1-4 京东阳澄湖大闸蟹协同仓

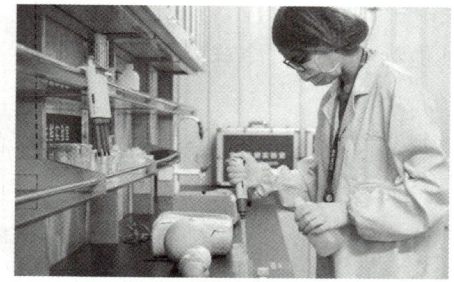
图5-1-5 京东生鲜实验室

2. 冷链运输装备

生鲜商品在运输过程中需要专业的运输装备来控制温度，根据不同的运输方式可以将运输装备分为以下几类：

（1）公路冷链运输装备

在公路上使用的冷链运输装备为冷藏运输车，即冷藏汽车，这种运输车兼具了隔热和制冷两种功能。根据制冷机理的不同可以将冷藏汽车分为四种类型：第一种是通过制冷设备制冷的机械冷藏汽车；第二种是通过制冷板制冷的冷板冷藏汽车，通常适用于中、轻型冷藏汽车；第三种是通过液氮制冷的液氮冷藏汽车，其具有降温速度快、无噪声的优点，但成本也非常高；第四种是通过干冰制冷的干冰冷藏汽车，其具有制作方便、无噪声、成本低等优点，但制冷效果不如液氮制冷。

（2）铁路冷链运输装备

在铁路上使用的冷链运输装备为铁路冷链运输车，这种运输车具有良好的气密性和隔热性。铁路冷链运输车主要有两大类：第一种是冰盐冷藏车，这种冷藏车是通过水和盐的掺杂来制冷的，是早期的冷藏车，但其具有腐蚀性，因此逐渐被淘汰；第二种是机械冷藏车，这种冷藏车与上述的公路机械冷藏车原理一致。

（3）水路冷链运输装备

在水路上使用的冷链运输装备为冷藏船，这种冷藏船具有多个独立的冷藏舱，这些冷藏舱具有密闭性好、隔热性强的特点，但吨位往往不大。

（4）航空冷链运输装备

空运过程中使用的冷链运输装备是航空集装箱，这些集装箱通常采用干冰和液氮制冷，制冷成本很高，因此一般只用于运输价格昂贵的冷链商品，如疫苗、药品等。

（5）冷藏集装箱

在多式联运的场景下使用的冷链运输装备通常为冷藏集装箱，这种冷藏集装箱可以作为公路和铁路运输过程中的制冷和存储装备，可以通过相应的中转方式实现多式联运中的换装。冷藏集装箱的内部构造如图5-1-6所示，其通过水冷机组进行制冷，使用IT设备进行温度检测和监控以实现温控。

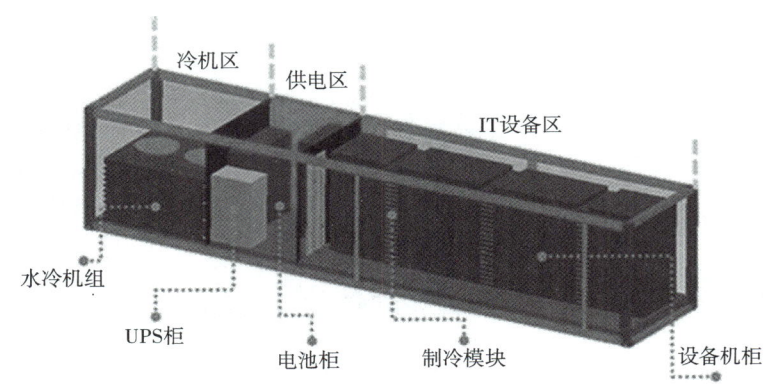

图5-1-6　冷藏集装箱内部构造

3. 冷链包装

冷链包装是冷链物流中的重要部分，指的是在寄送运输的过程中，通过使用制冷、保温技术和设备等，实现对包装内温度的控制，从而在规定时效内达到保鲜、保质和防腐的目的。冷链包装主要包含保温包装箱、冷媒、填充物和辅助物等，在运输过程中需要搭配冷藏和冷冻设备才能达到整体冷链效果。

（1）保温包装箱

保温包装箱是冷链包装的最重要部分，冷链保温箱的好坏会直接影响冷链运输的效果。冷链保温箱通常由导热系数小的轻质层状保温材料组成，这种材料能维持内装物的低温环境，保障内装产品的质量。按照保温箱的材质不同，可以将其分为EPS保温箱、EPP保温箱、VIP保温箱以及铝箔保温箱，见表5-1-2。EPS保温箱是一次性保温箱，其余三种保温箱均是循环保温箱。同等规格尺寸的保温箱中，EPS保温箱价格最低，其使用量也是四种保温箱中最大的。但是，循环使用场景下EPP保温箱和VIP保温箱的使用成本更低，因此通常应用于同城冷链运输。

表 5–1–2　不同材质保温箱示例

保温箱型	EPS 保温箱	EPP 保温箱	VIP 保温箱	铝箔保温箱（EPE）
示例图				
导热系数	0.04~0.045W/m·K	0.04W/m·K	≤0.0025W/m·K	
材质	聚苯乙烯泡沫（Expanded Polystyrene）	聚丙烯塑料发泡材料（Expanded Polypropylene）	真空绝热板（Vacuum Insulation Panel）	聚乙烯泡沫塑料（Expandable Polyethylene）

（2）冷媒

冷媒是一种从周围物体中吸收热量，从而使物体处于规定温度范围的蓄冷材料，使用前需要将冷媒彻底冷却、冻结。根据冷媒的包装结构和样式不同，可以将冷媒分为冰板、冰袋和冰瓶等（见图 5–1–7）。

图 5–1–7　冷媒示例

（3）填充物

填充物多为包装缓冲产品，一般用于填补包装间的空隙，其可以对内装物寄送过程中的碰撞起到缓冲作用。填充物根据材质不同可以分为植物纤维类、发泡类以及充气类三种，具体见表 5–1–3。

表 5–1–3　填充物示例

类别	植物纤维类	发泡类	充气类
填充物	由植物纤维经过造浆、造纸、模塑等工艺而制成的填充物，如纸类、纸浆模塑、吸水纸等	简称"泡沫塑料"，以降低泡沫塑料密度，从而具有缓冲和保护作用的填充物	在封闭空间内填充气体形成垫、袋、柱等形状，从而具有缓冲和保护作用的填充物

（4）辅助物

辅助物指的是除主体包装以外的辅助包装物，如绑绳、胶带、捆扎带、面单等，其主要作用是固定内装物。

4. 冷链智能装备

生鲜电商的迅速发展，对冷链物流的速度和效率均提出了新的要求，倒逼着冷链物流朝着智能化、高效化的方向发展。当前，不少生鲜电商巨头通过不断升级自身的冷链系统和装备，实现了专业化、精细化、智能化的发展。下面列举当前部分生鲜电商企业已经在使用的一些冷链智能装备。

（1）温湿度监控器

为了保障生鲜商品在整个链路中的质量，在冷链仓库、冷藏车、保温箱内一般都会配有温湿度监控器。这种监控器可以监控各个物流节点的温湿度相关信息，并与生鲜商品所要求的温湿度标准进行对比，一旦出现异常可以及时预警，保障全链路可监控、可追溯。

（2）智能语音拣选器

智能语音拣选器不仅应用于冷链物流，也应用于常温物流，能极大提高拣选效率，减轻作业人员的负担。这种智能语音拣选器可以佩戴在作业人员的头上，外观类似于耳麦。拣选器通过听筒发送拣选指令，提示商品所在的位置，作业人员可以通过提示快速找到对应的商品。

（3）冷链物流管理系统

冷链物流管理系统需要 GPS/GIS、RFID、ERP（企业资源计划系统）、GPS（通用无线分组业务）、EDI（电子数据交换技术）、温度传感技术、物联网技术等的支持。冷链物流管理系统实现了全方位的物流监控，实时收集不同仓在不同物流节点的温湿度、地理位置等相关信息。

任务二　跨境电子商务物流配送

学习目标

知识目标

1. 了解跨境电子商务的概念和特点。
2. 了解跨境电子商务的现状及发展趋势。
3. 掌握跨境电子商务物流配送的概念。

技能目标

1. 能够分析跨境电子商务物流配送的模式。
2. 能够分析跨境电子商务物流配送存在的问题。

素养目标

1. 培养跨境电商从业人员的诚信经营意识。
2. 培养跨境电商物流配送人员的遵纪守法意识。

引导案例

云途物流有限公司

云途物流创立于 2014 年,是国内全球领先的跨境电商基础设施服务商,聚焦跨境仓储和物流,为跨境电商商户提供海外仓储、专线物流服务及商品分销、供应链服务等一体化物流解决方案。旗下拥有"谷仓海外仓""云途物流""冠通""沃德太客""跨呗"等知名服务品牌。

公司主营业务:

云途物流,聚焦电商件,为全球跨境电商企业提供优质的全球小包裹直发服务。跨境 B2C 商业专线服务模式:自主安排头程航班,在目的国进行商业清关,委托本土最后一公里专业物流商派送,帮助卖家将货物以最快的速度交付给海外买家,年订单处理量已超 3 亿元,年营业额 14 亿元,日处理包裹 140 万件。覆盖国家及地区:美国、英国、欧盟(27 国)、挪威、瑞士、日本、澳大利亚、加拿大、南非、拉丁美洲、东南亚、中东地区。

谷仓海外仓,为全球电商提供标准化仓配、头程、尾程以及定制化服务的正逆向一体化供应链解决方案。为卖家在销售目的地提供货品仓储、分拣、包装、派送的一站式控制与管理服务;FBA、仓库代运营等多元化定制服务。谷仓海外仓作为行业头部跨境电商海外仓储品牌,日均订单处理量超 40 万,业务覆盖全球 30 多个国家,全球员工 2000 人以上,仓储面积超 100 万平方米,是中国首家跨越百万级海外仓企业。

为什么云途物流能够做得好?

第一,**性价比高**。提供了远超邮政和商业快递的性价比体验,能够快速扩大规模和市场份额。

第二,**优化关键节点**。头程揽收:自营国内揽收体系;国际干线:关键线路货机包机、租赁、自购。

第三,**关注海外末端服务**。自建分拨,自建海外物流网络,增加服务商数量,细化区域颗粒度。

第四,**全链路可控**。谷仓的尾程与云途无缝承接,真正意义上全链条可控,而不是分段采购;从商业本质上优化利润空间,实现更高自控力,通过动态规划、干线合流,信息系统全链路打通,云途谷仓共建 Pan-Europe 的仓网体系。

启发与思考

1. 什么是跨境电子商务?跨境电子商务的特点是什么?
2. 跨境电子商务的物流配送与普通物流配送有什么区别?
3. 云途物流的跨境物流配送有哪些优势?

5.2.1 跨境电子商务

1. 跨境电子商务的概念

跨境电子商务指的是分属于不同关境的交易主体，通过电子商务平台达成交易、进行支付结算并通过跨境物流送达商品、完成交易的一种国际商业活动。跨境电子商务通过互联网完成交易、支付和结算等一系列线上交易活动，最终货物通过跨境物流来完成实际交付。从广义来讲，跨境电子商务指的是贸易主体通过数据信息、电子技术以及互联网等形式进行跨境交易的国际性商业活动。从狭义来讲，跨境电子商务指的是不同海关区域间的贸易主体通过跨境电商平台完成支付与结算等一系列国际贸易的交易活动。跨境电子商务有利于推进贸易全球化和经济一体化，对经济发展具有十分重要的战略意义。

2. 跨境电子商务的特点

跨境电子商务的特点如下：

（1）交易便捷、高效

商家和消费者足不出户就可以通过跨境电子商务平台完成完整的交易，操作非常便捷，效率也非常高。依靠完善的跨境物流配送服务，消费者可以在一到两周内就收到货物。

（2）高盈利性

与传统贸易相比，通过跨境电子商务平台，商家可以直达消费者，减少了中间代理商环节，每个环节的减少都可以实现成本的节约。跨境电子商务跳过了中间环节，直接采取点对点的交易，虽然报价下降不少，但是由于节约了成本，实际利润比传统模式高很多。

（3）通关效率高

跨境电子商务的发展得到了政府的大力支持，各地政府针对跨境电子商务出台了专门的政策，极大地提高了通关效率。

（4）跨境物流配送成为其发展瓶颈

跨境电子商务的发展主要瓶颈是跨境物流配送，如何解决跨境物流配送的运输时间长、成本高、退货问题多、售后服务等相关问题至关重要。

3. 跨境电子商务的现状

2005年前后，全球跨境电商的发展较为缓慢，主要原因是当时的全球跨境网购的需求量不大，消费者暂未形成消费习惯，相关的行业配套服务也并不完善。2010年，随着政策的规范化、海淘阳光化，跨境电商得到了快速的发展。2012年年末，国家发展改革委推出了"1137号文"，由海关总署主导，跨境电商通关服务试点拉开了序幕。自2012年后，我国跨境电商的发展规模持续扩大，增长规模超50%。2018年，我国跨境电商的用户规模达到了1亿人以上，交易规模总额超过了9万亿元。2020年，网经社电子商务研究中心与网经社跨境电商平台共同发布的《2020年度中国跨境电商市场数据报告》显示，中国跨境电商市场规模达12.5万亿元，同比增长19.04%。

4. 跨境电子商务的发展趋势

近年来，我国跨境电商的发展呈现如下趋势：

（1）规模不断扩大

自 2012 年以来，我国跨境电商的规模不断扩大，且一直保持高速增长。从 2018 年至今，我国跨境电商的三年复合增长率高达 16.44%，渗透率高达 37.6%，这表明跨境电商仍有极大的发展空间。

（2）行业逐渐成熟

良好的政策条件和广阔的海外市场为跨境电商行业的发展提供了稳定的外部环境，我国跨境电商行业的发展逐渐成熟。我国跨境电商企业发展态势良好，出口量稳定；进口方面，消费者规模不断扩大，消费不断升级。总体来说，近些年，我国跨境电商能在积极发挥自身交易流程扁平化、服务集约化优势的同时，为消费者提供更优质的服务。

（3）涉及领域不断丰富

近年来，我国跨境电商涉及的品类不断丰富，除生活消费、电子产品、鞋服、饰品外，家居园艺、汽配、智能产品、家居用品、服务贸易等也加入了跨境电商的贸易行列。

（4）运营模式不断丰富

跨境电商发展初期，主要是以 B2B 发展模式为主，电商平台发挥的功能主要是信息展示和信息交流。2007 年，B2C 模式开始发展，受 2008 年金融危机的影响，大规模市场采购受到影响，小规模、多频次的 B2C 模式得到了快速发展。2015 年后，跨境电商的另一种新模式 O2O 开始出现，这种模式是在线下建设实体购物体验店，并将线上购物和线下体验相结合。2018 年，随着互联网社交新模式的发展，涌现了社交电商、小程序、短视频等跨境电子商务新模式，跨境电商的运营模式不断丰富。

5. 跨境电子商务的分类

根据不同的业务标准，跨境电商有两种不同的分类：

（1）按交易主体类型分类

按照交易主体类型的不同可以将跨境电商分为 B2B 跨境电商、B2C 跨境电商以及 C2C 跨境电商。B2B 跨境电商的交易双方是企业和企业，企业向企业提供产品和服务，通常交易金额巨大，代表平台有环球资源网、中国制造、阿里巴巴国际站和敦煌网等；B2C 跨境电商的交易双方是企业和个人，最终消费对象是个人消费者，通常以零售为主，交易金额较小，代表平台有亚马逊、速卖通等；C2C 跨境电商的交易双方是个人和个人，个人卖方在平台上发布商品信息，针对的消费者是个人买方，交易金额也比较小，代表平台有 eBay（见图 5-2-1）等。

（2）按关境不同分类

按照关境不同，跨境电商企业可以分为进口和出口两种电商模式。出口指的是，企业通过跨境电商平台与境外的企业或个人达成交易，将商品销售到境外的贸易模式；进口指的是，企业通过电商平台将产品从国外引入国内的贸易模式，如网易考拉（见图 5-2-2）邀请国外品牌入驻平台，将优质的商品引入给国内消费者。

图 5-2-1 eBay

图 5-2-2 网易考拉

5.2.2 跨境电子商务物流

1. 跨境电子商务物流的概念

跨境电子商务物流是两个及两个以上的国家之间进行的物流活动，是伴随着跨境电子商务产生的行业，指的是将跨境电商平台上的商品通过各种物流方式组合，由生产供应国家运输到需求地国家的一种物流活动。跨境电子商务物流的建设对跨境电商的发展至关重要，在跨境物流方面具备优势的企业将在竞争中获得更多的商机。在互联网时代，跨境电商的购买和支付在线上平台或者移动平台都能比较容易地实现，而构建高品质、高效率的物流能力对企业来说具有一定的挑战性。跨境电商物流包括七个物流节点：揽收、国际物流运输、海关清关、海陆空干线运输、目的地清关、目的地仓储和分拣、末端运输配送，这就要求跨境电商企业具有强大的整合能力来完成全链路的履约服务。

2. 跨境电子商务物流的特点

跨境电商物流涉及物流节点众多且跨越了不同的地区和国家，具有如下特征：

（1）复杂性

跨境电商物流具有复杂性的特征。跨境电商物流相比普通物流来说更为复杂，其涉及了不同的地区和国家，运输距离远、时间长、流程复杂，需要进行烦琐的清关商检活动，还需要考虑到不同国家的法律政策变动的影响。

（2）国际性

跨境电商物流具有国际性的特征。跨境电商物流涉及了不同的国家和地区，因此会受不同国家、地区的经济、政治、文化、法律以及政策差异的影响。

（3）整合性

跨境电商物流具有整合性的特征。跨境电商物流服务涉及了产品、物流、信息流、资金流等，需要多个企业间的相互合作。因此，跨境电商公司的整合能力非常关键。

（4）多样性

跨境电商物流具有多样性的特征。跨境电商物流涉及的物流节点多，各个物流节点有着不同的运输形式，如海运、陆运、空运以及专线运输等多种运输方式。

3. 跨境电子商务物流发展的困境

虽然当前跨境电子商务物流的模式丰富多样，消费者和商家可以根据自身需求灵活地选择适合的跨境电商物流模式，但是跨境电商物流的发展也存在一些问题，具体体现在以下方面：

（1）跨境电商物流成本高

与非跨境电商相比，跨境电商的订单呈现明显的分散性，因此跨境电商物流的规模相对较小、批次较多、运输成本较高。此外，跨境物流需要在海关或边境进行商检，并且各个国家和地区的商检标准和要求有所不同，这不仅加大了跨境物流的难度，还增加了跨境物流的成本。即使一些企业与海外企业建立了长期合作关系，但其跨境物流成本仍然远高于国内物流成本，甚至存在物流成本高于商品本身价格的情况。

（2）退换货服务难度大

除了环节上的复杂外，跨境物流在服务上的难度也是远高于国内物流的。跨境电商涉及多个运输环节，实际运作中更容易产生客户退换货。同时，国外一些国家对消费者权益的重视度更高，卖家为提升客户体验基本上都是提供无理由退换货服务。但是，由于跨境物流的成本高，退换货所需要的时间长，操作也非常复杂，很多商家会选择将商品直接赠予顾客换取好评以降低逆向物流成本。高额的物流成本和复杂的流程给跨境电商退换货增加了难度，不利于跨境电商物流的有序发展。

（3）运输信息更新实时性差

当前，国内物流基本上已经实现了运输信息的实时更新，消费者能通过平台直接看到商品的实时状态。但是，跨境电商物流的运输更新实时性较差，消费者无法及时看到商品的实时状态，或者看到的状态准确度较低。商家和第三方物流的合作密切度不够，只是简单的货物配送合作关系，缺乏更深层次的合作与交流，因此物流运输信息传输方面存在一些障碍，导致商家无法为消费者提供真实有效的实时物流数据。

（4）专业性人才匮乏

跨境电商物流属于一种新型的物流模式，相关行业的人才目前仍然比较匮乏。当前，跨境电商物流的培训和教育往往是理论和知识方面，缺乏实际经验的沉淀，与当前行业现状贴合度不高。高校和培训机构无法为企业培养专业的跨境物流人才，专业性人才的缺口较大，不利于行业的良性发展。

（5）基础设施建设不完善

如上所述，跨境电商物流的复杂度高、耗费成本高，需要完善的基础设施来提高运输效率以降低成本、提升服务质量。但是，当前跨境电商物流的基础设施建设不够完善，无法为跨境电商物流的发展提供有效的硬件支持，如铁路运输、空运的中转站等数量无法满足跨境电商的交易，不利于跨境电商行业的发展。

5.2.3 跨境电子商务物流配送模式分析

1. 进口跨境电子商务物流配送的模式及特点

进口跨境电商主要有三种物流配送模式：直邮模式、集货模式、保税模式。

（1）直邮模式

概述：直邮模式指的是商家在消费者下单之后，从海外直接采购商品，并通过国际物流将订单依次单独送至国内清关，直接配送到消费者手中。

优点：不用囤货，适用于非标品。

缺点：物流配送时间长，效率低，收货周期长达一个月左右；物流成本高且运输质量无法保障；通常不支持退换货，客户满意度较低。

应用场景：通常使用直邮模式的是C2C卖家，如天猫国际的全球探物采用的就是直邮模式。通常，如果平台中提供的商品支持直邮模式会在配送方式处进行标注，如图5-2-3所示。直邮模式下商品的承运通常由第三方国际物流公司完成，通常不支持退换货。

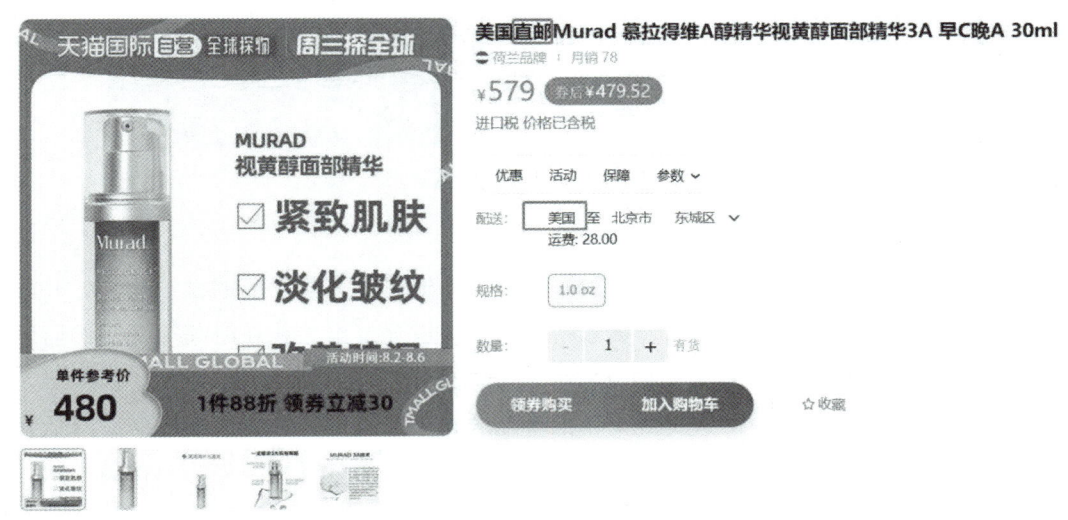

图5-2-3 支持直邮模式的商品

（2）集货模式

概述：集货模式指的是商家在消费者下单之后，先将货物集中存储在海外的集货仓内，当订单达到一定数量后，再统一通过国际物流发送至国内清关，最后再配送到消费者手中。

优点：集货模式将多个消费者的订单共同发送到国内，可以极大地节约物流成本；通常由跨境电商平台提供统一的入境清关服务，包裹的运输服务质量更高、包裹丢失的概率更低；部分能够提供退货服务。

缺点：由于需要等待订单达到一定数量才统一发送到国内，物流效率较低，消费者收到商品所需要的时间较长。

应用场景：通常使用集货模式的是拥有广泛海外集货仓资源、具有较强清关能力以及多元化干线运输能力的跨境电商企业和平台。集货模式和直邮模式相比，能够更好地适应跨境电商平台上不同销售产品的发货需求和不同类型的卖家需求，可以最大限度地缩短全程物流时间，提升性价比。成立于2009年的跨境电商平台洋码头（见图5-2-4）就应用了集货模式，洋码头在海外建立了多个海外仓。在消费者下单后，工作人员就在集货仓内进行拣货打包，当包裹数量积累到一定量后，就使用国际物流统一发送至国内清关，后由国内快递进行配送。

图 5-2-4　洋码头官网首页

（3）保税模式

概述：保税模式又称为保税备货模式，指的是商家从海外提前完成商品的批量采购，并将商品存储到保税仓免税备货。当消费者下单后，商家将商品从保税仓发出，并在海关等部门的监管下通关后送至消费者手中。保税仓是一种"先物流后订单"的模式。

优点：批量采购可以降低企业的进货成本，批量配送和存储也可以形成规模效应，降低物流成本和人力成本；保税模式提高了物流效率，其订单的到货速度基本可以和国内订单保持一致，通常可以在 3～5 天内送至消费者手中；保税仓的库存也可以保障客户的售后体验，通常可以支持退换货。

缺点：由于批量采购，存在一定的囤货风险，同时会存在一定的仓储成本。

应用场景：通常使用保税模式的是一些具有一定规模的跨境电商平台，他们针对销量比较大的标品会选择保税仓备货模式。如天猫国际、考拉海购、京东全球购、亚马逊海外购等平台主要采用的模式就是保税模式，如图 5-2-5 所示。在实际跨境电商平台的运营过程中，大部分平台不只选择一种模式，而是同时采用两种或两种以上的模式。比如，京东全球购采用的是"保税+直邮"两种模式。

图 5-2-5 天猫国际保税仓发货模式

2. 出口跨境电子商务物流配送的模式及特点

出口跨境电商物流配送主要包含两种模式：直邮模式和海外仓模式。

（1）直邮模式

直邮模式主要包括邮政小包、国际快递、专线物流、国内快递四种物流模式。直邮模式下的物流体系非常灵活，商家可以根据自己的需求灵活地选择物流模式。

1）邮政小包。

中国邮政的国际航空小包（以下简称"邮政小包"）能够送达许多国家和地区，收费价格低。中国出口跨境电商中，70%的包裹是通过邮政系统投递的，其中，中国邮政占比达到50%左右，邮政小包是出口跨境电商中最常见的物流模式。

但是，这种物流模式存在一些不足：首先，物流效率低，运输速度慢，通常邮政小包的运输时间超过30天，时效性很差；其次，单个小包的质量与体积受到了严格的限制；最后，物流信息更新不及时，消费者难以及时查询物流状态，包裹丢失率高。

2）国际快递。

国际快递主要指的是FedEx、TNT、UPS和DHL四家国际巨头快递公司。该模式主要依托于完善的物流信息平台以及超高的全球区域覆盖率。这种模式的优点主要是运输效率高、时间短、质量高、支持信息实时更新。但是，使用这种模式的物流成本高且运输的商品类型十分有限。

3）专线物流。

专线物流模式在国际物流中比较常见，通常采用包舱运输的方式。该模式主要通过集中大批量商品，统一时间包机发货，以达到规模效应来实现成本的降低。其优点是邮寄费用低，时效比邮政小包要快很多，但是比国际快递要慢一些，比较适用于发货目的地集中的跨境电商企业。

4）国内快递。

国内快递主要指的是EMS、顺丰以及"四通一达"（申通、圆通、中通、百世汇通、韵达），这些国内快递企业正在逐步开展跨境物流业务。其中，顺丰的国际化业务已经比较成熟，目前已开启了美国、澳大利亚等多个国家的快递业务。通过顺丰发往亚洲国家的快件通常可以在2~3天内到达。EMS依托着邮政的渠道，可以直达全球60多个国家和地区，且费用与四大国际快递相比要低一些，且EMS凭借着在中国境内极强的出关能力，到货速度也很快，可以在2~3天内到达亚洲国家，5~7天内到达欧美国家。

（2）海外仓模式

海外仓指的是跨境电商企业和出口企业为了提高订单的交付能力，在国外与买家比较近的地区设立的仓库。这种仓库能够提供境外货物存储、流通加工、本地配送以及售后等服务。跨境电商企业和出口企业将货物批量发送至海外仓库，实现在海外销售和配送的功能。

1）海外仓的种类。

海外仓主要分为以下三种：

第一，自建海外仓。一些大的商家和品牌具有较强的实力，一般会选择自建海外仓。在航运通畅的情况下，海外仓的性价比较高。但是，如果在销售旺季的时候，爆仓严重，就无法保障配送时效。因此，必要时需要与当地的第三方建立合作，或建立当地团队。

第二，平台相关海外仓（如亚马逊的FBA仓）。FBA仓只面向亚马逊平台，要想成为亚马逊的商家就必须将FBA仓作为必选，但是必要时也需要结合第三方海外仓或者是自建仓来拓宽销售渠道。

第三，第三方海外仓。一些中小型商家通常会选择第三方海外仓，虽然这种模式的物流成本高，但是可以节约人力成本。出口企业只需要负责提供货物，这样就较好地解决了前两种模式的问题。

2）海外仓的优点。

海外仓具有如下优点：

第一，错开物流高峰。在国外的一些购物节如"黑五"和"网一"到来时，国内卖家的物流配送会受到极大的影响。卖家可以在销售旺季来临前提前将商品批量送至海外仓，提高后端配送效率，错开物流高峰。

第二，扩大选品范围。受跨境物流配送方式的影响，轻便商品一直是买家的首选。但是，一些体积大、重量大的商品如家具、家电等的市场需求也很大。但是，这类商品由于高额的物流配送费用，一般卖家不会选择跨境购买。海外仓可以帮助商家扩大经营的品类和销售范围，扩大选品范围。

第三，缩短配送时长。与从国内直发的快递相比，海外仓模式下能够有效节省50%~70%的订单配送时长，能极大地提升客户体验。例如，一个包裹如果从国内发出需要15天左右，从海外仓发出只需要3~7天。

第四，降低了物流成本。与分散的快递不同，商家先批量将商品送至海外仓，然后利用国外当地的快递配送至消费者手中。由于海外仓与消费者距离很近，商品能快速到达消费者手中，且在进入海外仓之前已经完成了清关手续，减少了商品的等待和处理时间，可以极大降低全程的物流成本。

第五，能够提供售后服务。跨境电商的一个比较大的问题就是售后，消费者可以通过海外仓实现商品退换货服务，能够极大提升客户体验。

3）海外仓的缺点。

虽然，海外仓具备诸多的优势，但是也存在一些不足之处：

第一，建设资金成本高。海外仓的建设资金和运营成本都非常高，尤其是海外的用工成本往往很高，给企业经营带来了巨大的成本压力。

第二，库存压力大。海外仓内存储的商品对企业来说是一种库存压力，尤其是一些长期存储未能销售掉的商品，这些商品不仅占用了仓库面积，也会占用企业的资金。

第三，政策法规不稳定。跨境电商海外仓在不同国家受到不同的政策和法规的影响，政策变化有时对海外仓来说是利好，有时会利空。如近些年爆发的贸易摩擦，一些国家对进口商品加收关税或采取其他限制措施，这些都不利于海外仓的发展。

任务三　电商仓配一体化物流配送

学习目标

知识目标

1. 熟悉电商仓配一体化的概念和目标。
2. 了解电商仓配一体化的优势。
3. 了解电商仓配一体化的发展趋势。

技能目标

1. 能够分析电商仓配一体化的模式。
2. 能够结合企业案例灵活分析电商仓配一体化的应用。

素养目标

1. 培养电商仓配一体化从业人员的责任心、沟通能力和应变能力。
2. 培养电商仓配一体化从业人员的团队协作精神。

引导案例

京东物流与李宁公司的仓配一体化合作

根据2023年3月9日京东物流股份有限公司发布的2022年度业绩报告，京东物流在2022年营收高达1374亿元，同比增长31.2%。财报显示，截至2022年12月31日，京东物流已在全国运营超1500个仓库，以及超2000个云仓，仓储网络总管理面积超3000万平方米。京东物流凭借着其自建物流体系，充分发挥了供应链、仓储、物流以及技术优势，不断地提升自身在物流领域的综合竞争力。

京东物流除了实现自身的快速发展外，还有助于改善一些企业的物流运营。京东物流与服装品牌李宁的合作就是一个典型的物流运营改善案例。在与京东物流合作之前，李宁公司的线上、线下仓储分立，库存存在冗余现象，经营业绩受到了很大的影响。

2015年9月,京东物流与李宁公司开展了合作,李宁公司将全部订单接入了京东物流位于北京、上海、广州的3个仓库,打通了全渠道订单,使用京东物流履约,实施了仓配一体化,对线上、线下库存进行集中管理。工厂将生产出来的商品集中到一个仓库中,使用同一个仓库向经销商、门店、C端消费者等不同渠道供货。线上、线下全渠道实现了库存共享,最大限度地利用京东物流的库存资源,既帮助李宁公司节约了库存面积,又提升了供应链效率,节省了经销商和门店的补货时间。

京东物流使用短途快递替代长途快递,不仅帮助李宁公司缩减了商品的到货时间,还改善了消费者的线上购物体验。在门店配送方面,通过京东仓将商品发送到京东分拣中心,在订单量较少的时候,由京东物流站点配送到门店,在订单量较多的时候,由京东物流车队直接配送到门店。O2O配送依据的是门店到消费者的距离:3千米以内的由门店发货,经由京东配送员送到消费者手中;超3千米则由京东仓发货,通过分拣中心发往站点,最终送至客户手中,这样可以减轻门店补货的压力。

通过与京东物流的深入合作,李宁公司的库存情况得到了很大的改善,物流成本下降明显,物流效率获得提升,企业利润和效益均得到改善。

图5-3-1 京东与李宁签署战略合作协议

启发与思考

1. 什么是仓配一体化?
2. 为什么京东的仓配一体化有助于改善李宁公司的物流运营?

5.3.1 电商仓配一体化的概念和目标

1. 电商仓配一体化的概念

仓配一体化,从字面意思理解就是"仓储+配送"的整合,旨在为客户提供一站式的仓储和配送服务。早期的仓配一体化指的是第三方物流企业为商家提供的"仓储+配送"服务,但随着电商的发展,仓配一体化更多指的是电商环境下的B2B、B2C仓配一体化服务。在电商仓配一体化场景下,电商企业专注于市场,而仓配一体化企业专注于为客户解决商品进仓、存储、流通加工、分拣、包装、配送等方面的物流相关问题。电商仓配一体化很好地将仓和配相结合,将产生订单后的一系列物流活动进行整合,高效率地完成物流需求,提供了一站式的物流服务。

2. 电商仓配一体化的目标

电商仓配一体化的总体目标是通过仓与配之间的无缝衔接,提升订单和仓配集成度,简化供应链环节，提升物流作业效率、改善物流服务质量、提升客户满意度。具体目标体现在如下三个方面：

（1）资源整合

在电商仓配一体化业务中涉及的资源非常多，主要包含两个方面：实体资源如仓储设施、配送车辆、作业设备、作业人员等；虚拟资源如物流信息和数据等。不管是实体资源还是虚拟资源的整合，都需要应用到互联网和信息技术。通过资源的整合，能够实现资源的高效利用，促进仓配作业流程的标准化、规范化发展。

（2）信息传递

电商仓配一体化的实现离不开信息的共享和传递，信息传递的效率对仓配一体化的运作效率具有很大的影响。电商仓配一体化业务中的信息传递包含了内部信息的传递以及内外信息的交换，目标是通过内部各系统之间的无缝衔接和 EDI 中心与外部系统互联，最终使得信息能高效、准确、无纸化以及系统化地传递。

（3）作业流程

电商仓配一体化的实现是需要以作业流程的标准化、规范化、智能化为基础的。只有各作业流程之间的高效和无缝衔接才能保障仓配一体化的高效推进。标准化和规范化指的是各作业环节严格按照 SOP（Standard Operation Procedure）标准作业流程执行。智能化指的是作业流程中应用一些智能化的物流设施设备、信息技术等。

5.3.2 电商仓配一体化的模式

电商仓配一体化按照电商平台是否对仓配环节进行管控分为三种模式：

1. 自营模式

少数大型电商平台企业会通过自建仓配体系来开展仓配一体化业务。电商平台需要投入大量的资金、人力等在某区域进行仓配业务的布局，通过自营模式实现对仓配环节的强有力管控。这种模式下，电商平台能够严格把控从客户下单到最终送达客户手中的全流程，为客户提供高质量、高效率的服务，提升客户满意度。但自建仓配需要耗费大量的资金，需要专业的物流团队来进行管理，对电商平台来说也是一种挑战。

2. 仓储自营+配送外包模式

仓储自营+配送外包模式是当前大多数电商平台采用的一种模式。在这种模式下，仓储和配送分别由两家企业完成。与配送运营相比，仓储运营会更加复杂一些，因此，大多数电商平台会自建配送中心，并吸引品牌商家入驻，对仓储环节进行强有力的管控，保障仓储环节的质量和效率。该模式下，订单的配送会外包给第三方配送企业，电商平台需要与第三方配送企业实现系统和操作层面的无缝衔接，以达到仓储和配送的一体化运营。这种模式对比自营模式成本会更低一些，但是，对第三方配送企业的选择就变得非常重要，配送是直达客户的关键环节，稍有不当会影响客户体验。

3. 第三方仓配一体化模式

一些小型电商平台会采用第三方仓配模式。这种模式下，电商平台将仓储和配送全部外包给第三方仓配企业，这是一种轻资产运营，可以为电商平台节省资金和人力。零售商通过电商平台下采购单，电商平台通过与第三方仓配一体化企业系统的对接，将订单传递至第三方仓配一体化企业的订单管理系统（OMS）。OMS 又向仓储管理系统（WMS）和配送管理系统（TMS）发送拣货任务和配送任务（见图 5-3-2）。电商平台可以通过与仓配一体化企业系统的对接来监控订单的完成情况，同时还能进行库存管理。

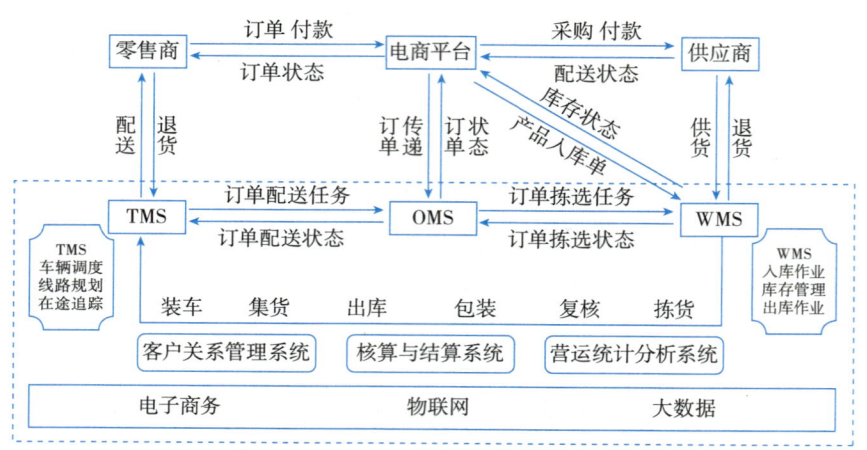

图 5-3-2　第三方仓配一体化模式

5.3.3　电商仓配一体化的优势

仓配一体化能够节省仓储和配送成本，提高物流运作效率，降低运营风险。第一，在仓配一体化下实现了货物的集中存储、管理和配送，能够实现规模效应，节省仓储和配送成本。第二，物流环节存在一定的悖反效应，如果不能协调好物流各环节之间的关系，就会导致运作效率低下。第三，仓配一体化能够实现仓储和配送的紧密链接，从供应链整体的角度来统筹安排，提高物流整体运作效率，实现价值最大化。第四，部分企业没有仓配能力，使用第三方专业的仓配资源能够弥补自身能力的不足，提高物流运作效率，降低企业自身运营的风险。

5.3.4　存在问题

随着电商市场的蓬勃发展，仓配业务的需求不断增长，同时也产生了一些问题：

1. 经营管理不规范

仓配业务涉及的流程多且操作复杂，需要企业具有较强的管理能力和经验。但是，由于当前仓配行业的发展并不成熟，许多企业管理水平不够，经营管理不规范，给企业的经营带来了一些风险。比如，一些企业会出现仓配过程中货物丢失、货物破损等货物安全问题。

2. 面临风险高

仓配业务需要企业投入大量的资金、人力、设备和系统等，对企业来说前期大量的投入意味着巨大的压力和风险。如果不能够在行业竞争中形成自己的品牌、技术和管理优势，则会限制企业的发展，严重时甚至会让企业面临生存危机。

3. 运营成本高

仓配业务的成本主要包含场地租金、人工成本、运输设备成本、仓储设备成本和耗材成本等。企业需要根据业务情况进行适时的调整和管控，比如销售旺季，需要投入更多的人力成本，销售淡季，则要严格控制人力成本。这些成本管控对企业的长久运营来说至关重要，对企业的综合管理方面也提出了更多的要求。

5.3.5 电商仓配一体化的发展趋势

仓配一体化是电商发展到一定阶段的产物。随着电商的快速发展，传统仓储物流企业的单一作业模式已无法满足市场需求。因此，各大物流企业都在向综合型物流的方向转型，纷纷搭建仓库，以实现仓配一体化。2013年以来，顺丰、京东、菜鸟等大规模企业陆续开展仓配一体化业务。但是，仓配一体化的成本投入非常大，需要企业具有雄厚的资金作为后盾。因此，经过多轮竞争后，行业中逐渐会留下有实力的仓配一体化企业，而一些竞争力较弱的企业最终将会慢慢被淘汰。竞争力较强的企业具有高度信息化和专业化的优势，这些企业会在竞争中全面覆盖电商的B2B和B2C市场，最终实现全面的仓配一体化。

参考文献

[1] 杨爱明,李述容. 配送管理实务(第二版)[M]. 北京:高等教育出版社,2023.

[2] 中国物流与采购联合会. 电商配送服务能力评估规范[M]. 北京:中国标准出版社,2024.

[3] 王转,程国全. 物流配送中心管理技术(第四版)[M]. 北京:机械工业出版社,2022.

[4] 国家发展改革委. 城乡高效配送专项行动计划(2023—2025)[R]. 北京:国务院办公厅,2023.

[5] 李雪松. 新零售背景下的物流配送实务[M]. 上海:复旦大学出版社,2025.

[6] 刘昌祺. 自动化立体仓库系统设计[M]. 北京:化学工业出版社,2021.

[7] 胡建波. 物流职业技能竞赛全流程解析[M]. 成都:西南财经大学出版社,2024.

[8] 彭秀兰,马冬梅. 配送作业管理[M]. 北京:机械工业出版社,2019.

[9] 刘雅丽,解翠杰. 仓储与配送管理[M]. 北京:高等教育出版社,2021.

[10] 王柳,宋林. 配送管理实务[M]. 苏州:苏州大学出版社,2024.